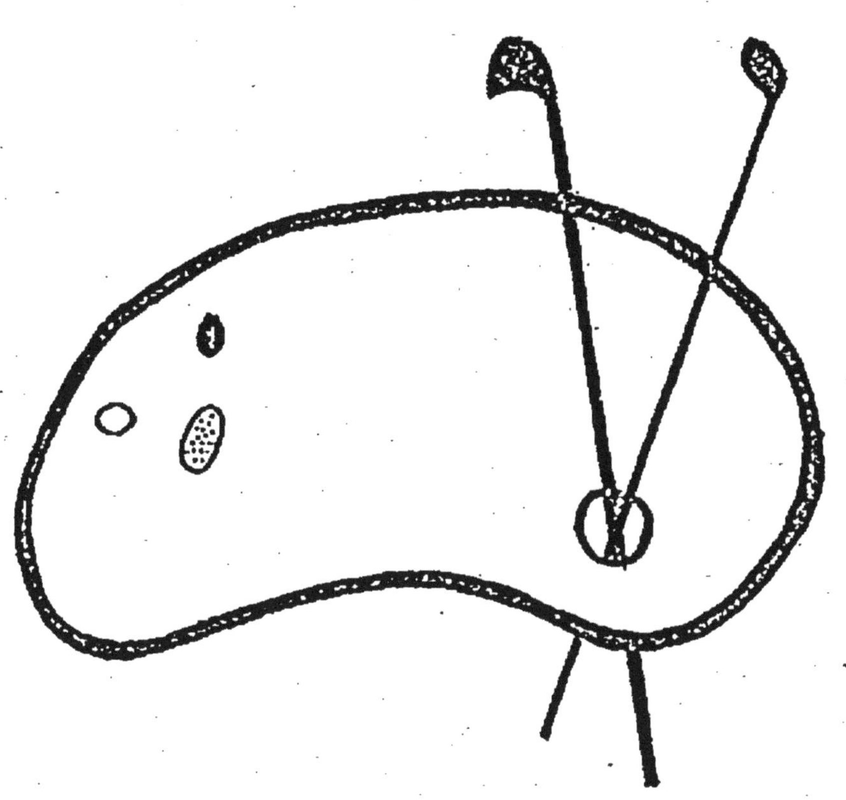

COUVERTURE SUPERIEURE ET INFERIEURE
EN COULEUR

AUTOUR DU FOYER

OUVRAGES DU MÊME AUTEUR :

HISTOIRE DE LA VILLE DE POISSY, depuis son origine jusqu'à nos jours, ornée de 5 gravures hors texte. In-8, 1869. (*Épuisé.*)

HISTOIRE DE LA FAMILLE ROYALE DE SUÈDE. In-8, 1870. (*Épuisé.*)

HISTOIRE DU BILLET DE BANQUE. In-8, 1872. (*Épuisé.*)

LA QUESTION DES CHEMINS DE FER. Brochure in-8. 1877. Guillaumin.

HISTOIRE DU COMMERCE EXTÉRIEUR DE LA FRANCE depuis la Révolution. 1 vol. in-8. Guillaumin et Cie, 1879.

ÉTUDE HISTORIQUE SUR L'ORGANISATION FINANCIÈRE DE LA FRANCE. 1 vol. in-18. G. Charpentier.

LIBRE-ÉCHANGE ET PROTECTION. brochure in-18. G. Charpentier.

EN PRÉPARATION :

HISTOIRE FINANCIÈRE DE LA FRANCE depuis 1870.

LES FINANCES DE LA FRANCE comparées à celles des autres nations étrangères.

2402-81. — CORBEIL. Typ. et stér. de CRÉTÉ.

AUTOUR DU FOYER

CAUSERIES

ÉCONOMIQUES ET MORALES

PAR

OCTAVE NOËL

MEMBRE DE LA SOCIÉTÉ D'ÉCONOMIE POLITIQUE
ET DE LA SOCIÉTÉ DE L'HISTOIRE DE FRANCE

« L'erreur est la cause du malheur des hommes. »

OUVRAGE COURONNÉ PAR L'ACADÉMIE FRANÇAISE

QUATRIÈME ÉDITION

PARIS
G. CHARPENTIER, ÉDITEUR
13, RUE DE GRENELLE-SAINT-GERMAIN, 13

1881

A MON PÈRE

HOMMAGE

DE RESPECTUEUSE TENDRESSE

ET

DE PROFONDE RECONNAISSANCE

PRÉFACE

Les questions économiques prennent, de nos jours, une importance de plus en plus considérable. A mesure que l'instruction se répand, que le sentiment de la responsabilité se fortifie dans les âmes et que l'éducation politique se développe dans toutes les sphères, on sent plus vivement le besoin de comprendre, d'analyser et de faire connaître à ceux qui les ignorent ces lois primordiales sur lesquelles reposent la vie, l'ordre et l'harmonie des sociétés modernes.

Longtemps laissée dans l'oubli, pour ne pas dire dans le mépris, la science économique, *cette partie si essentielle de l'éducation populaire*, ainsi que l'appelait l'illustre Rossi, apparaît enfin au grand jour. Après avoir été introduite, il y a bientôt dix-sept ans, dans l'enseignement secondaire, par un ministre libéral (1), elle règne maintenant dans nos écoles de droit, et tend à descendre des hauteurs où elle a plané jusqu'ici pour se glisser, par la voie de l'enseignement primaire, dans les plus humbles régions.

En effet, de nobles et courageuses tentatives

(1) M. Victor Duruy.

ont été faites récemment dans cet ordre d'idées; des esprits éclairés et des âmes viriles, inquiets des progrès croissants de l'ignorance et des funestes conséquences de l'erreur, se sont imposé la délicate mission d'organiser une croisade contre les doctrines subversives et de marcher à la conquête des intelligences. Le succès, d'abord lent, s'est peu à peu accentué, la froideur primitive s'est changée en sympathie, et il nous est permis, dès maintenant, de compter sur une prochaine et complète victoire.

Nous avons voulu, nous aussi, prendre part à cette œuvre éminemment patriotique et morale et unir nos efforts à ceux de nos maîtres et de nos devanciers. Notre ambition a été d'essayer d'acclimater, dans les classes moyennes et inférieures de notre pays, les notions indispensables de la science sociale, en appelant à notre aide les ressources si précieuses et si fortifiantes de l'histoire, et surtout les salutaires influences de l'exemple. Nous avons cherché à instruire et à intéresser tout à la fois, à mettre, autant que possible, la pratique à côté de la théorie, l'effet en face de la cause, et, selon le sage conseil du poëte, à mêler l'agréable à l'utile.

Si ce but a été atteint, nous croirons avoir accompli un travail profitable et contribué, dans notre sphère modeste, à ce rapprochement et à cette réconciliation des classes d'où dépendent l'avenir et la gandeur de notre société.

O. N.

Juillet 1877.

EXTRAIT

DU RAPPORT DE M. CAMILLE DOUCET

SECRÉTAIRE PERPÉTUEL DE L'ACADÉMIE FRANÇAISE

SUR LES CONCOURS DE L'ANNÉE 1878

Voici un livre utile, qui se présente sans bruit et sans étalage, sous un titre peu fait pour piquer la curiosité publique et pour se concilier d'avance l'attention du lecteur : *Autour du foyer.*

Déjà, sans doute, on a publié un grand nombre de livres spéciaux destinés à répandre les connaissances usuelles et à mettre la science de l'économie domestique et politique à la portée de tout le monde ; mais, presque toujours arides comme les sujets qu'ils traitent, ces manuels manquent le but qu'ils devraient atteindre.

Souvent mêlé d'anecdotes agréables, écrit d'ailleurs avec beaucoup de clarté et de charme, l'ouvrage de M. Octave Noël a cela d'excellent, qu'il ne sépare pas la morale de l'instruction. Bon à lire *autour de tous les foyers*, pour les gens du monde comme pour les ouvriers, il contient des notions élémentaires très-précieuses, sur la fortune publique et privée, sur la formation de la propriété, sur le capital, le crédit et les institutions de banque ; il démontre l'heureuse influence des machines substituées au travail manuel qu'elles ne dépossèdent pas entièrement, mais dont elles sont les plus utiles auxiliaires; il fait la part du bon luxe et celle du mauvais; il va enfin jusqu'à justifier l'impôt en le défendant contre les préjugés qui l'attaquent.

Somme toute, et dans son ensemble, cet ouvrage est très-estimable; il rentrait particulièrement dans les conditions de notre concours, et M. de Montyon l'eût encouragé avec plaisir.

AUTOUR DU FOYER

PREMIÈRE PARTIE

I

Un conte de fée. — Qu'est-ce que l'économie politique? — Définition de J.-J. Rousseau. — Organisation des sociétés. — Influence de l'économie politique sur le progrès et l'amélioration de l'humanité. — Ses rapports avec les sciences humaines. — Ses grandes divisions.

Qui n'a lu, dans les jours, hélas ! si courts de la jeunesse, peut-être même aux heures de délassement que laisse parfois l'âge mûr, cette spirituelle et fantastique saillie que Perrault a immortalisée sous le titre de *Riquet à la houpe ?* Un jeune seigneur, riche, puissant, entouré de tout ce qui peut séduire et charmer, vivait, isolé des siens, dans un palais splendide, situé dans la région la plus sereine de la terre. Autour de lui, une armée de serviteurs se pressait à l'envi et répondait comme par enchantement à ses moindres désirs : tout ce que le luxe le plus délicat sait inventer, tout ce que la pensée humaine peut créer d'inimaginable ou de prodigieux devenait, à sa voix, facile et réalisable. Malheureusement, à cet ensemble merveilleux, le hasard avait mêlé une ombre : le prince était repoussant de laideur, horrible même.

Aussi vivait-il loin de toute société, et, malgré l'éclat de ses réceptions et le raffinement de ses festins, sa table restait-elle vide et ses jardins déserts. L'infortuné, cependant, était un gentilhomme accompli, de manières élevées et d'un esprit si délié qu'il en était bruit de toutes parts.

Or, un jour que, le cœur oppressé, il promenait sa mélancolie par les allées de son parc, il rencontra soudain une jeune déesse, belle comme le jour. A sa vue, l'inconnue fit un geste de terreur et voulut fuir ; mais le prince s'approcha avec tant de respect, et, de sa voix la plus harmonieuse, lui dit des choses si fines et si flatteuses, qu'elle se rassura et consentit à l'entendre.

Le langage du jeune seigneur avait, en effet, toutes les séductions ; sous cette enveloppe grossière, sous ces traits déformés, presque hideux, se cachaient une âme supérieure, un esprit lumineux, un savoir universel.

Notre héroïne fut subjuguée. A force d'entendre les accents enchanteurs de son chevalier galant, d'étudier cette belle âme qui se reflétait dans ses moindres mouvements et jusque dans l'horizon imperceptible de ses petits yeux, la jeune beauté le trouva sublime, et, dans un élan d'admiration, lui donna et son cœur et sa main. Miracle de l'amour ! disent les poëtes : sans doute, mais à coup sûr et plus encore, ajouterons-nous, miracle de l'esprit, prodige de l'utile et du vrai !

Nous pouvons, sans nul doute, appliquer à la science dont nous nous proposons d'exposer ici les premiers éléments, la morale qui ressort de ce brillant apologue. L'économie politique apparaît, en effet, aux esprits prévenus, sous des dehors peu flatteurs. Son nom, dès l'abord, a le pénible privilége d'effrayer les âmes tendres et les intelligences délicates. Sa consonnance, sa composition, les rapports qu'on lui suppose avec la politique proprement dite, sembleraient faire craindre que, sous cette dénomination, se cachent les éléments d'une science toute d'hypothèses, une série de formules plus ou moins arides, empruntant à l'algèbre sa sécheresse, sinon sa rigoureuse exactitude. Mais si, à l'exemple de la belle inconnue de Perrault, nous faisons taire nos premiers sentiments d'antipathie, si nous voulons consentir à écarter la robe magistrale dans laquelle se drape l'économie politique, et à examiner les beautés qu'elle recouvre, notre esprit, à son tour, sera séduit et par la diversité de ses enseignements et par le charme qui en découle.

Et d'abord, qu'est-ce que l'économie politique? Sur quelles bases repose-t-elle, et quelle est son influence sur les sociétés humaines ? L'économie politique est une science expérimentale fondée sur les faits et dont le but est d'étudier et de définir tout ce qui peut contribuer à la perfectibilité et à l'amélioration matérielle de l'homme. Son nom est déjà bien ancien; on le retrouve chez les Grecs, qui l'avaient formé de deux mots: οἶκος, maison, et νόμος, loi, c'est-à-dire la loi ou l'administration de la maison. Aristote, l'un des plus grands philosophes de l'antiquité, qui vivait trois siècles avant l'ère chrétienne, en formait le titre d'un de ses ouvrages, *l'Économique*, et en étendait le sens à l'administration de la famille sous le rapport moral comme sous le rapport matériel. Xénophon déjà l'avait précédé dans cette voie.

Toutefois la science économique était restée enfermée dans les limites étroites de la vie intime, et n'avait jamais franchi le seuil de la famille. Ce n'est qu'au commencement du dix-septième siècle que le mot *économie*, attribué à un sens plus étendu, conçu dans une acception plus générale, publique, apparut pour la première fois. Ce n'est plus la loi de la maison, ni la règle de l'administration patriarcale qu'il désigna désormais, mais bien les lois qui régissent les nations et président à l'ensemble des richesses. Et Jean-Jacques Rousseau, qui collaborait à l'Encyclopédie, en fait bien ressortir la distinction : « Le mot *économie*, écrit-il, ne signifie originairement que le sage et légitime gouvernement de la maison pour le bien commun de toute la famille. Le sens de ce terme a été dans la suite étendu au gouvernement de la grande famille qui est l'État. Pour distinguer ces deux acceptions, on l'appelle dans ce dernier cas *économie générale* ou *politique*, et, dans l'autre, *économie domestique* ou *particulière*. »

La science économique ne s'est pas produite spontanément; son existence n'est pas essentielle comme celle de la géométrie ; elle est née de l'expérience.

A l'origine, l'homme isolé, livré à ses seuls instincts, dut, pour satisfaire aux exigences de la vie, se faire tour à tour cultivateur, mineur, constructeur de maisons. La nécessité de se nourrir, de se vêtir, de s'abriter contre les rigueurs de l'hiver ou contre les ardeurs de l'été, de se préserver des atteintes des êtres nuisibles ou des maladies, le contraignit à étudier la puissance des simples et à quitter la charrue pour chasser les animaux dans les forêts. Peu à peu, les besoins resserrant les liens des hommes, il s'ensuivit une agglomération d'individus, puis de familles dépendantes les unes des autres, douées des mêmes instincts, vivant des mêmes éléments, aspirant au même but.

Avec le temps, ces besoins se multiplièrent et prirent une forme plus exquise, plus recherchée : ce qui était au commencement l'occupation d'un seul devint le labeur d'un grand nombre. Le travail se divisa, et de cette division naquirent le progrès et la sociabilité. L'amour de la famille engendra alors la propriété, et les sociétés s'organisèrent. L'expérience enseigna graduellement les lois de la richesse ; chaque région améliorée par le travail et par le génie de ses habitants, favorisée de dons spéciaux de la nature, voulut jouir des bienfaits des zones étrangères ou des produits des peuples éloignés ; les relations internationales s'établirent, l'échange s'organisa et la valeur des choses se fixa.

. Tous ces progrès ne se sont accomplis que graduellement, avec l'aide des siècles et de la civilisation ; et c'est sous l'influence de l'économie politique qu'ils se développent et se répandent chaque jour davantage. Le domaine de l'économie politique est, en effet, très-étendu : il s'exerce sur tout ce qui intéresse la vie, le bien-être et l'avenir des sociétés et, par voie de déduction, des individus.

C'est par elle que nous savons le rôle et la valeur de la monnaie dans l'usage de la vie, ce qu'est un budget, quels en sont les éléments ; c'est elle qui enseigne la puissance du crédit et les prodiges de l'épargne. C'est de son étude que découlent l'élévation des esprits et la connaissance des grandes vérités qui dirigent les hommes et rapprochent les races.

C'est elle qui a construit nos lignes de chemins de fer et amélioré nos terres ; c'est à elle que l'industrie est redevable de sa prospérité et de ses merveilles ; c'est elle qui détermine les lois de l'échange et développe avec le bien-être matériel des masses les sentiments moraux de l'âme humaine. L'homme placé au milieu des transformations réalisées par le travail dont les lois économiques fixent la durée, la direction ou la forme, a pu, avec l'aide de cette science, élever ses pensées aux plus hautes conceptions de l'art.

C'est l'économie politique qui a affranchi l'homme jadis servile et lui a appris que le travail est non-seulement un droit, mais un devoir; qu'il est la source de l'honneur et de la richesse, et que son essence est la liberté. Grâce à elle, les famines qui attristaient nos pères sont devenues, pour ainsi dire, impossibles : les approvisionnements se font avec régularité, les lois de l'échange sont connues et s'observent naturellement.

Ses rapports avec les sciences humaines sont constants : elle en forme une vaste chaîne dont les anneaux sont indissolublement reliés entre eux. Le *droit* et la *morale* ont avec elle une relation intime; la *législation* a besoin d'elle pour ne pas faire fausse route sur les nombreuses questions qui intéressent le travail et la richesse ; l'*histoire* lui prête son expérience, et la *géographie*, avec ses problèmes chaque jour plus absolus et plus rigoureux, la dirige avec une certitude croissante dans la solution des questions pratiques. Elle est le meilleur auxiliaire de la *religion;* elle prêche le *travail*, l'*épargne* et la *fraternité humaine* au nom même de l'*intérêt* bien entendu.

Toutefois son action directe comme science ne s'applique qu'à des valeurs *réelles et échangeables*, et son rôle bien tracé est d'enseigner comment se *forment* les richesses, sous quel aspect elles *circulent* et se *distribuent*, se *consomment* ou s'*échan-*

gent. Ainsi (pour fournir un exemple matériel de cette définition), le cultivateur qui, sa récolte faite, la vend sur les marchés, puis, avec le produit de cette vente, paye ses impôts, fournit à son entretien et agrandit sa propriété, parcourt, sans qu'il s'en doute, les diverses phases qui composent l'ensemble de l'économie politique.

II

La propriété. — Les richesses naturelles. — Les fondements de la propriété. — Les peuples agriculteurs. — Le partage des terres. — Les lois de Lycurgue. — Le meunier de Sans-Souci. — La propriété en Orient. — Les forêts et les plaines de l'Amérique. — Le communisme et le socialisme. — Le Code civil.

De même que l'*Économie politique* est la science des richesses, de même la *propriété* est la véritable base de l'économie politique. En effet, la science économique ayant pour principe constitutif l'étude des richesses échangeables, ne peut s'exercer que sur des valeurs *acquises avec effort*, de nature à *être mises dans la circulation*, et, par conséquent, *appropriées*, c'est-à-dire appartenant à quelqu'un à l'exclusion de tout le monde. Ainsi l'air, la lumière, l'eau, la chaleur du soleil dont Dieu a gratifié l'humanité, sont assurément des richesses; mais, quoique réparties inégalement sur la terre, selon les situations géographiques, elles sont naturelles, communes à tous les hommes et ne peuvent être l'objet d'un échange. L'économie politique n'est certainement pas indifférente à ces sortes de biens, mais elle ne peut *scientifiquement* s'y intéresser. Il n'en est pas de même d'un pré, d'une pièce de toile, d'un cheval ou d'une somme d'argent. Ces derniers objets possèdent véritablement le caractère de valeurs faciles à échanger, et chacun d'eux appartient en propre à un individu qui l'a acquis par le travail ou par l'épargne. Le pré, défriché avec peine, est, sans doute, le patrimoine d'un laboureur qui l'a ensemencé et amélioré; la pièce de toile est le résultat du labeur d'un artisan habile; le cheval a exigé de l'éleveur des soins assidus et constants, et la somme d'argent est le fruit d'un travail opiniâtre et d'économies péniblement accumulées. Les propriétaires de ces biens en peuvent donc faire l'usage qu'ils jugent convenable parce qu'ils en ont la possession à l'exclusion de tout autre. C'est de ces sortes de biens que s'occupe la science économique.

L'origine de la propriété a, de tout temps, été l'objet de nombreuses et ardentes polémiques, et l'ignorance des lois sociales a parfois converti en théories absurdes ou dangereuses un des principes les plus inhérents à notre nature. C'est une erreur de croire que le droit de propriété a été créé par la *loi*, et que tout ce que nous avons nous appartient, uniquement parce que la loi nous a donné des droits dessus. Le droit de propriété n'est point dû à la loi ; il existe de toute éternité : la loi ne fait que le reconnaître et le sanctionner.

Quelle est donc la source de la propriété? Le *travail*. — Dieu, en créant l'homme, lui a donné des besoins; mais, en même temps, il a mis à sa portée les moyens de les satisfaire. Il lui a livré la terre avec sa puissance productrice et les éléments de richesse qu'elle renferme, mais inculte et désordonnée, laissant à son initiative, à son énergie, le soin d'en tirer les produits nécessaires à sa conservation et à son bien-être. Dès l'origine du monde, la terre s'est donc ainsi trouvée la propriété du *premier occupant;* mais cette propriété, improductive par elle-même, n'a pu attirer l'attention de l'homme et fixer son génie que lorsque de longs et rudes labeurs lui eurent donné une valeur réelle et l'eurent pour ainsi dire créée. Aussi Michelet a-t-il pu dire avec raison : « L'homme fait la terre, » c'est-à-dire : c'est le travail qui fait d'un objet sans valeur une richesse productive; c'est le travail qui, trouvant la terre couverte de ronces, la défriche, la prépare à recevoir la semence et la rend fertile.

Au début de la civilisation, ce que l'homme possède est peu de chose : des troupeaux, quelques ustensiles grossiers et un coin de terre pour récolter des fruits ou des grains et pour s'abriter durant la nuit, forment l'ensemble de sa fortune. Les peuples agriculteurs qui succèdent aux tribus de pasteurs, comprenant quelles richesses ils peuvent retirer de la terre, se mettent à la cultiver et, en peu de temps, centuplent la propriété qui s'attache peu à peu à la surface du globe. Alors le sol s'individualise, et chaque parcelle tombe dans le domaine d'un propriétaire qui la féconde de ses capitaux et de ses sueurs. Puis, à mesure que l'homme se développe, il devient plus attaché à ce qu'il possède, plus *propriétaire,* en un mot. Bientôt la richesse se généralise, et, à côté de la propriété foncière, se forment d'autres valeurs d'une égale importance. La propriété, en effet, existe sous plusieurs aspects. En dehors de la terre et des immeubles, il est d'autres sources de biens, d'autres éléments de la propriété. Le berger qui élève un troupeau, l'artiste qui collectionne des tableaux et des gravures, le capitaliste qui joint à des valeurs mobilières des bronzes, des livres, des objets de luxe ou d'art, sont également en possession d'une part de la richesse générale et par conséquent maîtres absolus de choses acquises par le travail ou par l'épargne et dont ils peuvent disposer à leur gré. Tous ces genres de propriété ont entre eux un lien de solidarité indéniable et constant; la propriété mobilière est greffée sur la foncière comme celle-ci sur l'immobilière, et toutes ont besoin de la sécurité pour se développer et pour produire.

Le principe de la propriété n'a pas été, de tout temps, respecté, et, de nos jours, certains sectaires, sous le nom de communistes et de socialistes, en contestent encore la légitimité et les avantages. Dans l'antiquité, le droit de posséder *individuellement* était méconnu dans un grand nombre de contrées, et les hommes les plus renommés par leur science et leur sagesse penchaient visiblement vers la communauté et l'égalité des biens. La Grèce ignorait totalement les lois économiques, et l'État était, en quelques endroits, considéré comme le maître absolu des biens des citoyens, ayant le droit d'en disposer, même sans l'assentiment des possesseurs légitimes. Lycurgue, le législateur de Sparte, inscrivait, en tête de son code, le partage des terres et le faisait exécuter. Le territoire de la République était, par ses soins, divisé en un nombre de parts égal à celui des habitants et confié à chacun pour être cultivé. La puissance de la loi était telle que cette incroyable révolution s'opérait sans résistance. On raconte qu'un jour Lycurgue traversant les plaines de la Laconie qui venaient d'être moissonnées, et voyant les tas de gerbes parfaitement égaux, se tourna vers ses compagnons et leur dit en riant : « Ne semble-t-il pas que la Laconie soit l'héritage de plusieurs frères qui viennent de faire leurs partages? » Cette tendance au communisme était alors très-répandue ; Platon et Aristote, ces deux lumières des vieux âges, bien que moins absolus dans leurs théories que le législateur spartiate, ignoraient l'influence prépondérante du principe de propriété sur l'affermissement et le progrès des sociétés.

Mais plus tard, lorsque l'histoire se forma, quand les nations, lasses de courir le monde sans profit et sans but, se furent fixées sur un point déterminé du globe, la notion *du tien* et *du mien* que la nature a gravée dans le cœur de tout homme, se traduisit par des actes, et la propriété individuelle fut consacrée par les mœurs et par les lois. La pensée de l'avenir, le sentiment de la famille, donnèrent à cette consécration le caractère d'un acte saint, et il n'est pas permis de nier que c'est à lui que les peuples modernes doivent leur puissante organisation. « Sans la propriété mobilière, a écrit M. Thiers dans un fort beau livre publié en 1848, il n'y aurait pas même de société; sans la propriété immobilière, il n'y aurait pas de civilisation. » Le principe de la propriété est d'ailleurs inné dans le cœur de l'homme; le sauvage tient à ses flèches et à son arc; l'Arabe vagabond défend son cheval et sa tente. A toutes les époques, la propriété a trouvé des interprètes fidèles et d'ardents et éloquents défenseurs. Du monarque au plus humble artisan, chacun est jaloux de son bien, et, à défaut du respect naturel, invoque, pour le défendre, l'autorité de la loi.

> Mon moulin est à moi
> Tout aussi bien au moins que la Prusse est au roi,

disait le meunier de Sans-Souci à l'intendant du grand Frédéric, et, devant cette fière réponse, le prince retirait sa menace. Et quelles raisons alléguait ce pauvre artisan pour conserver la modeste cabane enviée de son puissant voisin? Le droit du travail qui l'avait rendu propriétaire et le sentiment de la famille qui l'avait encouragé à accroître sa richesse pour la léguer à ses enfants.

> Entendez la raison,
> Sire, je ne puis pas vous vendre ma maison :
> Mon vieux père y mourut, mon fils y vient de naître,
> C'est mon Potsdam à moi...

Quel touchant langage! quelle philosophie dans ces mots que le poëte a placés au cœur et sur les lèvres de son héros! Quel aiguillon pousserait le père de famille à la nécessité de l'épargne, quel puissant ressort le pourrait engager à augmenter chaque jour ses richesses, si ce n'est cette louable pensée de laisser en héritage à ses enfants ce que le travail a fait *sa propriété*, son bien? Enlevez l'héritage, et les vertus civiques, les plus nobles instincts disparaissent presque entièrement. La résignation, la patience, le courage, seraient lettre morte si l'espérance de l'héritage, conséquence naturelle de la sécurité de la propriété, n'existait pas dans les âmes. Là, en effet, où manque une pensée d'avenir, où les individus ne sont pas certains de jouir librement de leurs biens, point d'amélioration sérieuse, point de population nombreuse et suffisamment entretenue, point de civilisation ayant des racines profondes, soit morales, soit matérielles.

Chez les peuples de l'Orient, où le despotisme le plus absolu pèse sur l'homme et se prétend propriétaire du sol, où la loi ne protége pas les biens des citoyens, la terre est négligée et la culture en est réservée à des bras esclaves, c'est-à-dire insuffisants; le commerce languit et l'industrie ne fait pas de progrès. Aussi les produits agricoles et industriels y sont-ils peu abondants et peu appréciés. Les habitants, exposés à être violés dans leur personne et spoliés dans leurs biens, se livrent de préférence aux commerces qui permettent plus facilement de dérober aux regards inquisiteurs du gouvernement la véritable valeur des objets dont ils disposent, tels que l'or, l'argent, les bijoux. Parcourez les régions les plus favorisées de certains pays de l'Asie, vous y verrez des terres négligées, des vallées stériles et des ouvriers indolents. Pourquoi, d'ailleurs, travailleraient-ils, puisque leur labeur ne leur doit point profiter, et que le plus pur de leur avoir passera peut-être entre les mains d'un maître impitoyable et absolu? Aux États-Unis, au contraire, pour attirer les colons dans les vastes contrées inhabitées et incultes du Nouveau-Monde, la loi leur attribue en propriété, à des conditions séduisantes, des parts de terres dont elle s'engage à leur garantir la possession. Les fondateurs de ce grand État connaissaient bien le cœur humain, et ils savaient que le sentiment de la propriété seul pourrait engager des millions d'individus à quitter leur patrie, à traverser plusieurs mille lieues d'Océan, à affronter les dangers de la mer, à supporter les privations et les fatigues d'un voyage prolongé à travers des contrées inconnues, et à courir les hasards d'un avenir plein de promesses, il est vrai, mais aussi plein d'incertitudes.

C'est au respect du principe de propriété que les États-Unis doivent d'avoir aujourd'hui de grandes cités : cette vaste région, qui n'était habitée à la fin du dix-huitième siècle que par 4 millions d'individus à peine, en compte aujourd'hui environ 40 millions; elle possède des ports de premier ordre, une marine puissante, une civilisation avancée, des richesses considérables et un commerce qui s'étend dans l'univers entier et peut le disputer en éclat à celui des nations les plus considérables et les plus civilisées de l'ancien monde.

La propriété est donc, comme nous l'avons exposé en commençant, de droit social et la source vraie des valeurs dont s'occupe la science économique. Ainsi que le disait Napoléon devant le conseil d'État en 1809, « elle est inviolable », ce que M. Portalis, le principal rédacteur du Code civil, commentait en ces termes : « Le principe du droit de propriété est en nous ; il n'est point le résultat d'une convention humaine ou d'une loi positive. Il est dans la constitution même de notre être et dans nos différentes relations avec les objets qui nous environnent. »

III

La production. — Les produits matériels et les productions immatériels. — Les instruments de la production. — La loi du travail. — L'esclavage. — Mépris des Romains pour le travail manuel. — Le christianisme. — Travailler c'est prier. — La liberté du travail. — La concurrence. — Les corps de métiers. — Le chef-d'œuvre. — Les confréries. — Les crieurs de vin de Paris. — Les règlements. — Maxime de Turgot.

Le premier objet dont s'occupe l'économie politique est la *production des richesses ;* et ce mot *produire*, tel que l'entend la science, ne signifie pas *créer de la matière*, ce qui n'appartient qu'à Dieu seul, mais *créer de l'utilité*, de la *valeur*. Il n'est pas donné à l'homme, en effet, de produire un champ ou de créer un bloc de minerai; mais il rentre dans ses attributs, dans ses facultés, de transformer ce champ et de l'améliorer, d'extraire ce minerai du sol et de faire de l'un une terre fertile et de l'autre un objet d'utilité.

Tous les produits ne sont pas de même nature : les uns sont composés d'éléments appréciables aux sens et ont, pour cette raison, reçu la dénomination de *matériels;* les autres, au contraire, ne se présentent pas sous des formes palpables et ont été appelés *immatériels*, tels sont la sentence du juge, le sermon du prêtre, la leçon du professeur ou la consultation de l'avocat. Leur œuvre, bien que n'offrant pas les apparences d'un objet échangeable, est cependant un *produit* réel, doué de toutes les qualités d'une richesse appréciable, et tombe, à ce point de vue, dans le domaine de la science économique. Ainsi le juge, par ses arrêts, impose le respect de la loi ; le prêtre enseigne la morale, la crainte de Dieu et la fraternité entre les hommes et les races ; le médecin rend la santé aux malades ; le savant, le philosophe, élèvent l'esprit, forment le goût, dirigent les pensées ou consolent les âmes. Tous concourent, dans leur sphère, à l'amélioration matérielle et morale de l'humanité, et tous *produisent* des résultats capables de s'accroître et de s'accumuler. Un bon conseil et une leçon de morale peuvent faire acquérir à celui qui les reçoit plus de vertus, plus de connaissances, partant plus de perfection dans l'accomplissement de ses actes matériels. Les avis d'un économiste éclairé peuvent avoir pour conséquence immédiate une amélioration sensible dans la culture d'une contrée et dans l'aménagement d'une manufacture, et, par suite, une augmentation dans le rendement des récoltes ou un perfectionnement dans le tissage d'un textile.

Ce sont là des produits qui, bien qu'immatériels, se traduisent souvent en produits matériels d'une valeur très-appréciable ; nous dirons plus, c'est à eux que les produits matériels doivent, dans la plupart des cas, leur transformation et leurs progrès.

Quelle que soit la nature des produits dont s'occupe la science des richesses, pour les réaliser deux instruments sont nécessaires : le TRAVAIL et le CAPITAL.

La loi du travail date des premiers jours du monde. Adam, chassé du paradis terrestre après avoir désobéi aux ordres du Créateur, se trouva nu, faible, seul devant les difficultés de la vie. Dieu, pour le punir de sa faute, lui infligea la *peine du travail.* « Tu mangeras ton pain à la sueur de ton front, » lui dit-il, et, en même temps, il le jeta sur une terre aride, ingrate, dépouillée de toute culture. Le premier homme, livré à ses seules ressources, tourmenté par la faim, assujetti aux rigueurs des saisons, inquiété par les créatures devenues sourdes à sa voix, dut creuser péniblement la terre, dompter les animaux et rechercher dans un rude labeur les moyens de *satisfaire à ses besoins.* Dès ce jour, le *travail* devint ainsi le droit et la nécessité de l'humanité, la cause première de son existence et de ses progrès. Toutefois, il conserva longtemps le stigmate dont le Créateur l'avait marqué, et, à mesure que l'humanité se répandit et que les sociétés s'établirent, ceux qui, dans ces sociétés, possédaient plus d'intelligence, de force ou de richesses, s'abstinrent peu à peu de travailler, formèrent une caste à part, soumettant au joug du travail les êtres qui leur étaient ou leur paraissaient inférieurs.

De là naquit l'*esclavage.* Rome patricienne et guerrière considérait les occupations manuelles, l'industrie et le commerce comme des arts avilissants, et les laboureurs du Latium qui, dans les premiers jours de son existence, donnaient à la République des généraux et des consuls, n'étaient plus recrutés, à l'époque de Cicéron, que parmi les mercenaires et les étrangers. « L'invention des arts, disait un jour Sénèque le philosophe, appartient aux plus vils des esclaves. La sagesse habite des lieux plus élevés : elle ne forme pas les mains au travail ; elle dirige les âmes.... ; encore une fois, elle ne fabrique pas des ustensiles pour les usages de la vie. »

L'histoire du travail, dans l'antiquité et chez les peuples barbares, présente à peu près partout les mêmes faits, la même répulsion pour les œuvres des mains. Il n'a fallu rien moins que l'avénement du Christianisme pour arracher au travail le cachet d'infamie qui s'y était attaché. Le Christ, en se livrant lui-même, dans son enfance, aux occupations les plus vulgaires, et, plus tard, aux jours de sa prédication, en donnant au travail un but de sanctification, lui a enlevé le caractère humiliant de peine qu'il avait reçu du Créateur et l'a élevé à la dignité d'un devoir. Au pamphlet de Sénèque, le peuple répond maintenant par ce dicton devenu universel : « Travailler, c'est prier. » Aujourd'hui le travail est la raison d'exister de tout être humain, dans les sociétés modernes surtout où la valeur réelle de l'homme repose entièrement dans son utilité matérielle et morale.

La principale qualité nécessaire au travail pour *produire* le maximum de sa puissance, c'est la *liberté*. Forcer un individu à suivre une carrière qui ne lui plaît pas, le détourner de ses goûts d'étude, l'entraver dans l'exercice d'une profession préférée, c'est non-seulement une injustice évidente, une atteinte au droit naturel, mais encore une erreur économique dont les conséquences pèsent sur l'ensemble de la production. Personne, en effet, mieux que l'être intéressé, n'est en état de juger ce que lui permettent de faire ses aptitudes et les ressources dont il dispose. Vouloir faire un classement des travaux de l'homme, suivant les talents et les moyens de chacun, apprécier une à une les facultés de l'esprit humain et la manière dont elles peuvent se combiner, est une entreprise au-dessus du pouvoir social, et dont la seule pensée paraîtrait aujourd'hui téméraire sinon grotesque. Cependant cette vérité élémentaire a été méconnue pendant de longs siècles, et ce n'est que depuis la Révolution de 1789 que le principe de la liberté du travail a été proclamé et mis en pratique.

Pendant tout le moyen âge et jusque dans les derniers jours du dix-huitième siècle, le commerce et l'industrie, confinés dans certaines classes de la société, étaient régis par des règlements arbitraires souvent en désaccord complet avec le bon sens et avec l'intérêt général. Chaque profession avait ses limites déterminées qu'elle ne pouvait franchir sans se heurter à la loi et sans soulever les colères d'une profession rivale : les couteliers, fabricants de manches, ne pouvaient confectionner les lames ; les filateurs ne devaient pas filer ensemble le chanvre et le fil ; il était défendu aux savetiers de faire des souliers neufs et aux cordonniers de raccommoder les chaussures, et les menuisiers avaient des attributions distinctes de celles des charpentiers. Chaque époque, chaque changement de régime, avaient aggravé cet état de choses, et, afin de défendre plus facilement et avec plus d'autorité leurs intérêts, les membres de chaque métier s'étaient réunis en corporations ou jurandes, soumises à des règlements particuliers et fermées à tout étranger non reconnu *maître* en sa partie. Et, pour obtenir ce brevet, que de difficultés il fallait surmonter ! Nul ne pouvait être maître sans avoir fait un apprentissage qui, dans certains métiers, était porté à dix et même à douze ans, et sans avoir exécuté ce que, dans le langage du temps, on appelait le *chef-d'œuvre*.

Cette formalité était décisive, mais elle exigeait des peines incalculables, des intrigues perpétuelles et des sommes d'argent souvent très-importantes. La nature du chef-d'œuvre variait selon les métiers et suivant le grade que désirait obtenir le candidat. Les selliers fabriquaient une selle de haquenée, une selle de mule ou un bât ; les sculpteurs une statuette de trois pieds et demi ; les brodeurs un tableau de même dimension dont le dessin devait être d'abord approuvé par les *gardes* du métier. Les charrons faisaient un fer de charrues et les maréchaux les quatre fers d'un cheval La confection de ce travail exigeait de huit jours à huit mois et plus, et les obstacles les plus multipliés, les plus onéreux attendaient le récipiendaire à son entrée dans la maîtrise. Il devait, en effet, payer une somme déterminée à la corporation, une autre aux jurés qui avaient présidé à son examen, une autre encore au maire ou au juge pour l'enregistrement de la maîtrise ; puis donner un dernier banquet à tous ceux qui l'avaient assisté. Il résultait de toutes ces entraves que bon nombre d'ouvriers habiles, ne pouvant suffire à de telles dépenses, n'osaient pas affronter la maîtrise.

Pour donner un caractère plus solennel à l'institution des corporations, les métiers formaient des confréries qu'ils plaçaient sous l'invocation des saints et en faveur desquelles ils obtenaient du pouvoir certaines immunités. Le but de cette organisation avait été, à l'origine, de réunir, comme dans une seule famille, tous les membres du même métier, de venir en aide aux malades et aux nécessiteux, de remplir, en un mot, à peu près toutes les conditions de nos sociétés de secours mutuels. Mais, dans la pratique, ce but fut rarement atteint, et les réunions auxquelles conviaient les confréries ne donnèrent souvent prétexte qu'à de honteuses débauches et à des désordres dangereux. Quand les crieurs de vin de Paris, formés en confrérie, accompagnaient un des leurs à sa dernière demeure, ils agitaient chacun une cloche sur tout le parcours, de la maison du défunt au lieu de la sépulture. Autour du cercueil, deux crieurs, tenant l'un un broc, l'autre une large coupe, donnaient à boire aux porteurs et aux assistants ; à chaque carrefour, le cortége s'arrêtait, on déposait le cercueil sur des tréteaux, et toute la compagnie buvait à discrétion, puis le convoi continuait sa route. L'enterrement dégénérait ainsi en partie de plaisir, dont la caisse de la confrérie payait les frais au moyen des cotisations fixées par les statuts.

A ce classement des métiers venait s'ajouter la réglementation de l'industrie par le gouvernement. La qualité des étoffes était soumise à certaines conditions imposées ; le nombre des fils qui entraient dans la composition d'un tissu était fixé d'avance. Nul ne pouvait teindre les draps que d'une manière déterminée ; les couleurs étaient indiquées ainsi que leur mélange. — De nombreuses ordonnances réglaient la dimension des métiers, la nature des laines, la mesure de l'aunage et jusqu'au prix des matières premières destinées à l'industrie. Le lieu et les heures de vente des marchandises étaient prévus par la loi qui intervenait également dans le mode et les conditions des échanges. Aucun commerçant ne devait offrir ses produits qu'à certains jours, sur des marchés indiqués par le prévôt, et après avoir reçu la visite d'officiers délégués à l'inspection des boutiques.

La conséquence de ces nombreuses entraves à la liberté, de cette contrainte et de ces règlements imposés aux hommes et aux institutions a été un ralentissement dans le progrès du commerce et de l'industrie, une infériorité dans le génie de l'artisan. Il suffit d'examiner l'ensemble de notre richesse actuelle pour se convaincre que la liberté du travail a produit d'immenses et heureux résultats. Sans elle, nous n'aurions pas eu ces voies ferrées qui sillonnent le pays et y portent la civilisation et la prospérité ; sans elle, ces magnifiques machines dont sont dotées l'agriculture et l'industrie n'eussent pas été construites et utilisées. Nous lui devons nos grands inventeurs, nos ingénieurs, nos artistes et nos savants. La liberté du travail est, dirons-nous, de droit divin. Dieu a donné, en effet, à tous les hommes un génie différent et varié, et en arrêter l'essor ou en contrarier la marche serait une atteinte aux desseins de la Providence. Turgot, ce grand penseur du dix-huitième siècle, le comprenait bien, lorsqu'il disait à Louis XVI, en lui proposant d'abolir les jurandes : « Dieu en donnant à l'homme des besoins, en lui rendant nécessaire la ressource du travail, a fait du droit de travailler la propriété de tout homme, et cette propriété est la première, la plus sacrée et la plus imprescriptible de toutes. »

IV

Division du travail. — L'union fait la force. — Dix-huit ouvriers pour une épingle. — Les machines. — Idées fausses qu'on se fait de leur influence. — Les mouchoirs sous Henri II. — Résultats de la découverte de l'imprimerie. — Une Bible au moyen âge. — Les cotonnades. — Les machines améliorent le sort de l'ouvrier. — La solidarité humaine. — Un individu profitant du travail de cent mille.

Nous avons vu que la *richesse* consistait dans la propriété d'une quantité plus ou moins grande de *valeurs utiles;* que, plus l'homme possédait de ces valeurs, plus il pouvait *satisfaire de besoins* et se dire riche. Nous avons reconnu également que le *travail* seul était productif et que la *liberté* lui était nécessaire pour devenir véritablement fécond. Or, à la liberté se joint une autre condition de fécondité qui en dérive, et dont l'utilité n'est pas moins absolue pour donner à l'œuvre humaine une puissance plus considérable : c'est la *division du travail.*

L'homme, en effet, qui voudrait vivre isolé et s'astreindre à faire de ses propres mains toutes les choses essentielles à son existence n'y pourrait point parvenir. Il lui serait matériellement impossible de coudre ses habits, de confectionner ses chaussures, de créer le fil, les aiguilles et les outils indispensables pour accomplir ces divers ouvrages; puis d'ensemencer sa terre, de moudre son blé, de préparer son pain, de construire sa demeure, en un mot, de faire en même temps et même successivement tous les objets dont il aurait besoin. Chacune de ces occupations exigerait une grande partie de ses forces, et ses jours s'écouleraient dans un labeur ingrat, pénible et insuffisant, puisqu'il ne pourrait produire ce qu'il en aurait attendu.

Supposons à un producteur la pensée de faire une montre sans le concours de ses semblables. Il lui faudra d'abord rechercher dans le sein de la terre l'or, l'argent, le fer ou le cuivre qui entrent dans la composition de cette montre, puis extraire ces métaux du sol qui les contient; ensuite, au moyen d'instruments spéciaux qu'il aura dû créer auparavant, il sera obligé de donner à ces blocs informes la *façon* qu'il leur destine, *découper*, *ciseler*, *fondre*, *ajuster* chacune des pièces et accomplir environ les *cent deux opérations* délicates et distinctes que comprend l'art de l'horlogerie. Or, l'ensemble de ce gigantesque travail suppose une série d'apprentissages et des connaissances variées acquises par une longue pratique.

La vie entière de ce personnage original ne suffirait donc pas pour l'exécution de sa fantaisie, et, en admettant qu'il atteignît son but, la montre ainsi fabriquée serait probablement très-imparfaite. Mais si, au lieu de confier à un seul individu la confection de cette montre, nous chargeons cent ouvriers de l'exécution des détails qu'elle comporte, chacun d'eux concentrant ses facultés sur une part quelconque du travail, la montre sera produite en peu de temps dans les meilleures conditions possibles.

On l'a dit souvent avec raison : l'*union fait la force*, c'est-à-dire : l'association des efforts, la *coopération* vers un même but, contiennent en elles une force productive immense. En vain multiplierait-on cent fois par lui-même le travail isolé, il n'aura pas la centième partie de la puissance que possèdent les efforts combinés et simultanés de cent travailleurs tendant vers un même résultat. Dans un livre admirable où il a posé les bases de la science économique, l'Anglais Adam Smith (1) cite un exemple frappant du prodigieux effet de la division du travail.

La fabrication des épingles, dit-il, exige *dix-huit* opérations distinctes qui sont généralement réparties entre un nombre égal de mains. Un ouvrier tire le fil à la *bobille*, un autre le *dresse*, un troisième coupe la *dressée*, un quatrième *empointe*, un cinquième est employé à *émoudre* le bout qui doit recevoir la *tête*. Cette *tête* demande elle-même des détails très-minutieux, et ce n'est qu'après avoir été blanchies, piquées et mises en ordre sur des papiers, que les épingles sont livrées à la consommation. Dans une petite manu-

(1) Adam Smith est un célèbre penseur né en Écosse, en 1723, et mort en 1790, qui, le premier, a posé les bases véritables de l'économie politique moderne dans un livre admirable intitulé : *Recherches sur la nature et les causes de la richesse des nations.*

facture de ce genre, qui n'employait que dix ouvriers et où, par conséquent, quelques-uns d'entre eux réunissaient entre leurs mains plusieurs opérations, le célèbre écrivain a constaté que le résultat total de leur travail journalier était de douze livres d'épingles, c'est-à-dire, à quatre mille épingles par livre, de quarante-huit mille épingles environ. Ainsi, par suite de la division du travail, de la coopération de tous vers un même but, le produit de chacun de ces dix ouvriers était de quatre mille huit cents épingles par journée; mais s'ils avaient tous travaillé indépendamment les uns des autres, chacun d'eux n'eût certainement pas fabriqué vingt épingles, peut-être même pas *une* entière. Par cet exemple, il est facile de se convaincre que la séparation des travaux donne lieu à un accroissement important dans la puissance productive du travail.

Mais à cet avantage s'en joignent d'autres non moins précieux : *l'épargne du temps*, *l'habileté* et *l'adresse* du producteur dans l'exécution du travail et *le bon marché* des objets fabriqués. En effet, l'ouvrier chargé d'un seul ouvrage qui ne le contraint pas à changer de lieu ou d'outils, n'a point à regretter de perte de temps; de plus, l'habitude de faire sans cesse la même chose lui permet d'acquérir chaque jour plus d'adresse; et, enfin, les produits devenant plus abondants sont livrés aux consommateurs à des prix moins élevés.

Ainsi *produire plus*, *plus vite* et à *meilleur marché*, telle est la formule de tout progrès économique obtenu par un meilleur emploi des instruments de travail.

A ce point de vue, les *machines*, combinées de façon à réunir dans la main d'un seul travailleur les mille détails d'une fabrication qui sans cela en exigerait un grand nombre, douées d'une puissance de production de beaucoup supérieure à celle de l'homme, sont un exemple frappant de ce progrès. Homère, le grand poëte épique de l'antiquité, nous apprend que, de son temps où la meule à bras était seule employée pour broyer le blé, le travail d'un esclave suffisait à peine pour produire la farine destinée à nourrir vingt-cinq personnes de la cour du roi d'Ithaque. Aujourd'hui, grâce à l'emploi des machines, un meunier peut satisfaire aux besoins de 3,600 personnes.

On entend souvent exprimer, à l'égard des machines et de leur influence sur le bien-être de la société, les opinions les plus contradictoires. La plus répandue est que les avantages des machines ne profitent qu'à ceux qui les possèdent, et qu'elles enlèvent le travail et les moyens d'existence aux ouvriers, qui sont ainsi exposés à la faim et à la misère.

Rien n'est plus faux que cette idée. En réalité, les machines *déplacent* le travail, mais ne l'*enlèvent* pas à l'ouvrier. Admettons qu'un industriel qui jusqu'ici employait cent ouvriers dans ses ateliers invente une machine à l'aide de laquelle il puisse fabriquer autant de produits que ses cent ouvriers dans le même espace de temps. Aussitôt il congédie 95 ouvriers, et il en garde quatre ou cinq seulement pour surveiller la machine, l'entretenir et en diriger la marche. Le résultat *immédiat* de l'invention de cette machine sera, à la vérité, de priver de travail 95 personnes, tandis que, par contre, le fabricant trouvera, dans sa nouvelle combinaison, l'origine d'une fortune plus rapide et l'économie des salaires autrefois payés aux ouvriers qu'il a renvoyés. Mais l'influence de la machine ne se borne pas à cet unique et dernier avantage. Si le manufacturier accroît ses profits, premièrement de l'économie réalisée sur ses ouvriers, ce qui, à 3 fr. environ par jour et par tête, fera 265 francs, et, secondement, des bénéfices nouveaux acquis par une plus grande production d'objets fabriqués, il augmentera en même temps ses dépenses dans la même proportion, soit en achetant des objets de luxe ou de consommation, soit en donnant à sa fabrication une plus grande extension. Or, les unes et les autres de ces solutions, la satisfaction de ces nouveaux besoins, exigeront le travail des 95 ouvriers congédiés qui retrouveront là leur salaire perdu.

Il y aura donc compensation, et la machine, loin d'*enlever* le travail aux ouvriers, n'aura fait, comme nous l'avons dit, que le *déplacer*.

Un autre avantage précieux des machines est *d'abaisser les prix* des produits, et de les mettre à la portée des consommateurs les moins aisés

Un objet de consommation usuelle qui exigeait

une dépense de cinq francs avant l'invention des machines, ne coûte plus, après leur mise en usage, que deux francs et même moins, selon la nature du produit et sa qualité ; quelques objets même, que leur difficile confection et leur cherté rendaient fort rares, sont devenus communs. Sous Henri II, roi de France au seizième siècle, l'usage des mouchoirs était presque inconnu, le prix en était excessif, et la plupart des grands seigneurs, ne pouvant s'en procurer, avaient pris l'habitude de s'essuyer le nez sur leur pourpoint ; cet objet, par suite de l'invention du métier à tisser, est devenu, de nos jours, très-répandu jusque dans les dernières classes de la société qui peuvent l'acheter à un taux modeste. Avant la découverte de l'imprimerie, vers 1450, les livres étaient fort rares. Copiés à la main par des érudits dont la plupart se recrutaient dans les couvents de moines, ils tombaient dans le domaine des rois ou des personnages importants et riches qui les conservaient comme des reliques précieuses.

Leur valeur était alors considérable : une Bible coûtait 40 livres et un Saint-Augustin se vendait jusqu'à 1,000 livres, somme énorme pour le temps et répondant à 80,000 francs de notre monnaie. Il ne pouvait en être autrement, parce que les copieurs et les enlumineurs étaient peu nombreux et qu'il fallait beaucoup de temps pour reproduire les textes. De nos jours, grâce aux caractères mobiles et aux améliorations apportées dans l'art de l'imprimerie, les livres sont répandus partout, à des prix accessibles à tous et en nombre chaque jour plus considérable.

Il y a un siècle et demi à peine, le coton était généralement ignoré en Europe, et la plupart des étoffes de cette substance, amenées à grands frais de l'Inde, servaient à confectionner les vêtements des personnages les plus opulents qui seuls pouvaient en acquitter le prix. Depuis cette époque, des machines ont été inventées et perfectionnées; par une série de mécanismes habilement combinés, le coton se trouve filé, nettoyé, tissé, teint et imprimé, et il n'est pas une ouvrière, si pauvre qu'elle soit, qui ne puisse se donner des robes de cotonnade qu'eût certainement enviées une grande dame au temps de Louis XIV.

Ainsi donc, bien loin de nuire aux ouvriers et de leur enlever les moyens d'existence, les machines leur procurent du travail, et, en leur permettant d'acquérir à plus bas prix les objets de consommation, elles contribuent puissamment à leur bien-être.

En dehors des résultats matériels que nous avons exposés, et dont la valeur est indiscutable, la division du travail atteint un but moral d'une grande élévation et d'une réelle importance : la *solidarité humaine*, la *sociabilité*. Entrons pour un instant dans le plus modeste village. Qu'y voyons-nous? Tandis que le cultivateur retourne la terre et l'ensemence, le forgeron, le taillandier et le charron fabriquent les faux et les faucilles qui serviront à couper la récolte et les charrettes qui doivent la transporter. Pendant ce temps, le tailleur confectionne la blouse de travail et l'habit des jours de repos, tandis que le boulanger, le boucher et le vigneron préparent le pain, la viande et le vin qui répareront leurs forces et entretiendront leur gaieté. Si du village nous passons à la ville, l'horizon s'agrandit et les liens qui unissent les hommes deviennent plus intimes encore. Là, en effet, la division du travail, conséquence naturelle du développement de la civilisation, se reproduit à l'infini. Tandis que l'architecte trace des plans et dirige les travaux de construction, les maçons cimentent les pierres que des ouvriers spéciaux ont taillées et équarries, les charpentiers et les menuisiers fabriquent la charpente, les parquets et les portes; puis viennent tour à tour les peintres, les vitriers, les fumistes, les gaziers, les serruriers et cent autres représentants de diverses professions qui contribuent à la construction d'un immeuble. Toutes ces individualités dépendent les unes des autres, et leurs intérêts sont à ce point liés que le malaise de l'une est vivement ressenti par les autres.

Ce sentiment de la solidarité, fruit de la division du travail, n'est pas adhérent à une société, à une communauté : il s'étend à l'ensemble des sociétés, il sort de la ville pour comprendre toutes les villes du même royaume, du même empire, et pour embrasser même l'univers.

Les habitants des diverses contrées de la terre travaillent dans l'intérêt général suivant leurs facultés, leur tempérament, la nature de leurs territoires et leur situation géographique. Le Nord envoie ses produits au Midi, qui correspond avec l'Ouest et nourrit les régions de l'Est. Partout, grâce à la séparation des travaux, l'échange s'établit et s'accroît, et plus le progrès de la science se fait sentir, plus la fraternité se fonde entre les peuples, plus les frontières s'abaissent et plus les intérêts se mêlent.

L'humanité entière produit pour chacun de ses membres, comme chacun de ses membres travaille et produit pour elle. Tandis qu'un individu, dans le cercle de son intelligence, de ses moyens et de ses forces, apporte sa part modeste à la richesse de l'humanité, cent mille autres, répartis sur les points du globe les plus éloignés et les plus opposés, concentrent tous leurs efforts pour satisfaire à ses besoins et à ses caprices. C'est pour lui que le sel qui assaisonne les aliments est extrait des profondeurs de l'Océan, que les Antilles fournissent le sucre, que le café vient de la Martinique ou du Brésil, que le paysan chinois récolte le thé ou que les Moluques, dans l'océan Indien, expédient les épices.

C'est ainsi que la division du travail, tout en facilitant et en étendant considérablement la production, contribue à développer le sentiment de la sociabilité dont elle est l'expression la plus nette et la plus franche.

V

Le capital. — Sa formation. — Capital fixe et capital circulant. — Capitalistes et capitaux. — Utilité du capital. — Les premiers mille francs. — Ce que produisent cinquante centimes. — Prodige des petits capitaux. — Les équitables pionniers de Rochdale.

De tous les mots de la langue française, il n'en est peut-être pas de plus simple, de plus facile à expliquer et à comprendre que celui de *capital*, et il n'en est pas un seul sur lequel on ait échafaudé plus d'erreurs grossières ou d'utopies dangereuses.

Grâce aux déclarations des prétendus défenseurs du droit de l'ouvrier, le capital est représenté à certaines classes de la société comme un épouvantail, comme un obstacle à tout progrès social et matériel.

« Le capital nous écrase », entendez-vous crier autour de vous ; « l'*infâme* capital est la cause de la misère », répète-t-on sans cesse ; et s'il vous prenait fantaisie de demander aux insensés ou aux demi-savants qui se font l'écho de ces sottes paroles, de les expliquer, bien certainement ils ne pourraient le faire et resteraient confondus.

Qu'est-ce donc alors que le capital, et comment se forme-t-il ? Le capital, c'est tout ce qui sert à produire : c'est la bêche du jardinier, la machine de l'industriel, les granges, les charrettes et les che-

4

vaux du fermier; ce sont les outils du maçon, les aiguilles et le fil du tailleur; c'est encore, cher lecteur, la plume dont je me sers pour converser avec vous; c'est, en un mot, l'instrument avec lequel nous pouvons nous livrer à une occupation productive de salaires ou de revenus. Plus les instruments sont nombreux et d'une valeur élevée, plus le capital est puissant et plus il peut produire.

Mais ce capital, ces instruments et ces valeurs qui le composent n'ont pas toujours existé; il a fallu, pour les acquérir, se donner de la peine, s'imposer des efforts, et cette acquisition n'a pu se faire que par le *travail.*

Nous pouvons donc dire que l'origine du *capital* est le *travail.* C'est, en effet, avec du travail *accumulé, économisé,* que le capital se forme et devient propre à la production.

Pour tout réduire à un seul terme, LE CAPITAL N'EST AUTRE CHOSE QUE DU TRAVAIL ACCUMULÉ.

Supposez deux ouvriers doués de la même activité et de la même intelligence; confiez-leur le même travail et attribuez-leur le même salaire, 3 francs par jour. L'un d'eux, rangé, économe, consommera 2 fr. 50 pour sa subsistance et son entretien et mettra de côté 50 centimes, tandis que son compagnon, imprévoyant et léger, dépensera au jour le jour le montant de sa solde. Or l'épargne de l'ouvrier économe, accumulée avec un soin et une régularité extrêmes, s'élèvera, à la fin d'une année, à la somme d'environ 200 francs, et formera ce que nous appelons un capital. A l'aide de ce capital, accru par de nouvelles économies, l'ouvrier pourra, au bout d'un temps déterminé, acquérir les moyens de s'établir, de travailler pour son compte, pendant que son camarade, toujours sans ressources et sans avances, sera contraint de rester peut-être toujours simple ouvrier.

Le capital se présente sous deux formes, quoique, dans les deux cas, il puisse s'évaluer en argent. Il y a le *capital fixe* et le *capital de circulation.*

Le capital fixe se compose d'objets qui ne se reproduisent ni en nature ni en argent, par l'effet de l'industrie; tandis que le capital de circulation, au contraire, se reproduit sous une forme quelconque.

Prenons par exemple un cultivateur fermier. Son capital fixe comprend ses champs, ses prés, des faux, des faucilles pour couper les foins et les céréales, des charrettes et des chevaux pour enlever les produits, des greniers, des granges, des étables, enfin des bâtiments en rapport avec l'étendue de l'exploitation. Tout cela forme pour ainsi dire l'instrument principal avec lequel il est possible au fermier de travailler et de produire.

Mais ce capital ne lui suffit pas; il lui faut des semences qui se reproduiront, des bestiaux qu'il engraissera et revendra sur les marchés, des provisions pour nourrir ses domestiques et des avances de fonds pour payer leur salaire. Cette nouvelle série de valeurs compose ce que nous appelons le *capital de circulation*, parce qu'il se reproduit, soit sous sa forme primitive, soit sous une nouvelle forme, en donnant à son propriétaire un bénéfice. Qu'est-ce, en effet, que le grain qu'il récolte, si ce n'est la représentation de la semence qu'il a jetée dans ses sillons, du salaire et des aliments qu'il a donnés à ses serviteurs, du foin dont il a nourri ses chevaux?

Tout ouvrier qui travaille pour son propre compte, tout industriel qui monte une manufacture, possèdent nécessairement un capital sous ces deux formes. Pour un menuisier, le capital fixe est représenté par sa boutique, son établi et ses instruments de travail, tandis que les planches dont il fait provision composent son capital circulant. Le capital fixe du manufacturier, ce sont l'usine et les machines à vapeur; le capital circulant, ce sont les matières premières qu'il emploie et l'argent nécessaire à la paye des ouvriers.

Mais alors, me direz-vous, le plus modeste artisan qui possède un coin de terre ou même seulement ses outils est donc un capitaliste?

Certainement, puisque le capital est le résultat de l'accumulation du travail, et que, pour acheter les instruments qui lui sont nécessaires, cet artisan a dû économiser une certaine somme sur son salaire.

Cependant, ajouterez-vous, quand on parle des capitaux, il semble qu'on entende toujours parler de l'argent.

Cela tient absolument à ce qu'on apprécie mieux

le capital lorsqu'il est sous la forme d'argent. Pour évaluer la fortune d'une personne, nous traduisons toujours en argent la valeur de ce qu'elle possède, parce que cela est plus facile que de l'exprimer par le nombre de ses troupeaux, l'étendue de ses terres ou de ses bâtiments.

Ainsi, cette qualité de *capitaliste*, qu'on attribue d'ordinaire aux riches réputés possesseurs de sommes d'argent considérables, appartient également aux pauvres qui possèdent un capital. Et ce n'est pas ce dernier qui est le moins considérable. Il résulte, en effet, des documents officiels, que les sommes placées en France dans les Caisses d'épargne par les petits cultivateurs, les ouvriers, les domestiques et les artisans, s'élèvent en ce moment à plus de 500 millions de francs (1), sans compter les sommes encore plus importantes converties en rentes sur l'État et en actions ou obligations de chemins de fer.

Et en dehors de tous ces capitaux, combien de gens dans ces classes moins favorisées possèdent une parcelle de terre, une maisonnette, un jardin, un mobilier. Quoique de peu de valeur en détail, tout cela forme un capital fort important, et ceux à qui il appartient sont de véritables capitalistes au même titre que les plus riches propriétaires.

Maintenant que nous savons ce qu'est le capital, recherchons quel est son *but*, son *utilité;* car sa formation n'offrirait aucun intérêt, nous dirons

(1) Avril 1817.

plus, elle serait insensée, si elle ne devait aboutir qu'à une simple accumulation de travail et de peine sans profit et sans résultat appréciables.

Or vous savez tous par expérience que le capital se place toujours facilement et que, quelle que soit son étendue, il trouve sans cesse des besoins nouveaux à satisfaire.

L'un des grands faits généraux qui découlent de l'existence du capital, c'est l'allégement graduel de la charge du travail à mesure que le capital se développe et que la production s'accroît.

Autrefois, dans les ateliers, on travaillait treize, quinze et même dix-huit heures par jour (et les occupations étaient extrêmement pénibles) pour obtenir un résultat souvent très-faible. Aujourd'hui, grâce au capital, qui a permis d'apporter dans les manufactures certaines améliorations, l'introduction des machines, par exemple, on ne travaille plus que dix ou onze heures et même, en Angleterre, huit heures et demie ; la production est beaucoup plus considérable et les ouvriers ne supportent pas la dixième partie des fatigues de leurs devanciers.

Ajoutons à cela que le capital est un préservatif contre le besoin dans les jours d'adversité ou de chômage. Avec des épargnes soigneusement mises en réserve, l'ouvrier peut, sans crainte, traverser une crise ou affronter une année de cherté. Pourquoi la fourmi travaille-t-elle avec tant d'ardeur pendant l'été, si ce n'est pour amasser le grain qui la nourrira pendant la mauvaise saison ?

Le capital a donc une utilité réelle, immédiate, et l'on ne saurait trop s'appliquer à le former et à l'accroître. Malheureusement beaucoup de gens ont de la peine à se décider résolûment à cette mesure de prévoyance : la plupart ne songent pas à se créer un capital, par cette seule raison que les sommes qu'ils pourraient y consacrer leur paraissent trop minimes.

C'est là une erreur très-grave et qu'on ne saurait trop combattre.

Les premiers mille francs sont, il est vrai, difficiles à gagner ; mais lorsqu'on les a mis en réserve, combien ils s'accroissent, et avec quelle rapidité !

Vous êtes-vous par hasard donné la fantaisie de calculer ce que pourrait produire la modique somme de cinquante centimes mise de côté régulièrement, à la fin de chaque journée, et placée, à intérêts composés, au taux de 5 pour cent ?

Au bout d'un an elle s'élèvera à la somme de 187 fr. ; la cinquième année la verra sextuplée, et, à l'expiration de la vingtième, elle formera un capital de plus de 6,000 fr.

Je ne sais quel chercheur curieux voulut, il y a quelques années, savoir ce qu'aurait produit un sou, placé, à intérêt composé, à l'époque de la naissance du Christ. Le résultat de ses calculs était si considérable que tout l'or et tout l'argent qui circulent sur la surface du globe n'auraient pas suffi à en composer la représentation.

Vous le voyez, les petits ruisseaux font les grands

fleuves, et de même que dans ces ruisseaux il n'est aucune goutte d'eau qui n'ait contribué à la profondeur du fleuve, de même il n'est pas une parcelle de capital, quelque minime qu'elle soit, qui ne trouve son utilité.

On ne se rend pas assez compte de l'importance des petits capitaux, et cependant ils créent des prodiges dont l'imagination serait surprise au premier abord, mais qu'expliqueraient facilement, promptement, la réflexion et l'examen.

Dans une étude publiée, il y a quelques années, M. C. Périer en donne un exemple frappant.

Pendant l'hiver de 1844, quelques tisserands anglais, réduits à la plus affreuse misère, se réunirent à Rochdale, près de Manchester, et résolurent de fonder un petit établissement de comestibles. Leurs ressources étaient bien minimes; leur capital, composé avec peine, se montait à quelques shillings (1) seulement. Pour faire face aux premiers frais d'établissement, ils s'imposèrent une cotisation hebdomadaire de 31 centimes, et ouvrirent une boutique de peu d'apparence où, le samedi soir, chacun, à tour de rôle, venait vendre, au détail et au comptant, du sel, du beurre et de la farine. Peu à peu, grâce à leur économie et à la régularité des cotisations, leur capital s'accrut, et ils purent faire une concurrence sérieuse au gros commerce de la petite ville qu'ils habitaient. Une ligue s'organisa contre eux, et les détaillants

(1) Le schilling, monnaie d'argent anglaise, vaut environ 1 fr. 16.

de Rochdale, espérant les ruiner, vendirent leurs produits au-dessous des cours fixés par la nouvelle société. — Nos modestes commerçants luttèrent avec énergie et ne se laissèrent rebuter ni par les sarcasmes, ni par les poursuites judiciaires, ni par les défections. Aussi leur persévérance fut-elle récompensée : la clientèle augmenta, et les jours de vente furent doublés. En 1851, la vente quotidienne commença, et le magasin primitif, devenu trop étroit, s'accrut de boutiques nouvelles. Douze ans plus tard, en 1864, *les équitables pionniers de Rochdale* (c'est le nom que s'étaient donné les tisserands) possédaient, dans différentes parties de la ville, seize boutiques pour la boucherie, l'épicerie, la draperie, les vêtements et la chaussure. Ils faisaient quatre millions d'affaires et employaient une partie de leurs immenses richesses à construire des écoles et des bibliothèques où les ouvriers viennent aujourd'hui se reposer, par la lecture et par l'étude, de leurs occupations professionnelles.

Voilà le résultat d'un petit capital bien entretenu et bien utilisé, et nous le croyons certainement capable de séduire et de relever les esprits découragés ou sceptiques.

Songez, chers lecteurs, aux pionniers de Rochdale, et économisez.

VI

Robinson Crusoé. — Accord du capital et du travail. — Nécessité du travail pour accroître le capital. — Patrons et ouvriers. — L'abondance du capital est un bienfait pour l'ouvrier. — Mot de Cobden. — La typographie Mame, à Tours. — Puissance du capital. — Comment s'est fondé le Creusot.

Tout le monde connaît les *Aventures de Robinson Crusoé*, cette allégorie charmante que nous a léguée Daniel de Foë, et qu'on lit avec plaisir à tout âge. Robinson, égaré par la tempête, aborde dans une île ignorée, étendue, peuplée de mille oiseaux divers et traversée par de clairs ruisseaux.

Le voilà, dès l'abord, maître absolu d'un petit royaume que personne ne semble vouloir lui disputer, et certes, si l'on s'en tenait aux apparences, il pourrait passer pour le mortel le plus riche et le plus favorisé; mais il est seul, il n'a pas d'abri, pas de nourriture, et la chaleur l'accable, la faim le tourmente. Au milieu de cette vaste contrée il se sent faible et misérable, et, parmi ces richesses naturelles dont le hasard des flots l'a rendu possesseur, il se reconnaît pauvre.

« Je suis le plus grand propriétaire du monde, dit-il, et le plus misérable des hommes; le sol n'est pas pour moi un capital. J'aurais sauvé du naufrage un sac de louis, que je n'en serais pas plus avancé: l'argent ne serait pas pour moi un capital ; mon travail unique et forcé, c'est la chasse. La seule chose qui pourrait me permettre de passer à d'autres occupations, ce serait de prendre chaque jour un peu plus de gibier qu'il ne m'en faut pour la journée, et d'avoir ainsi des *provisions ;* je pourrais fabriquer des armes qui rendraient ma chasse plus productive, me permettraient d'augmenter mes provisions et mettraient mon temps en disponibilité pour des travaux de plus longue haleine. Je vois bien que le premier des capitaux, ce sont les *provisions ;* le second, les *instruments.* »

Or ces *provisions* et ces *instruments* ne sont autre chose que le capital, sans lequel il ne pouvait subsister.

En vain eût-il travaillé tout le jour ; s'il n'avait économisé et constitué un capital, il n'eût pu se créer des armes pour chasser et se défendre plus tard contre les sauvages, ni construire sa demeure, ni cultiver les plantes dont il avait besoin. Mais si, d'autre part, fier des réserves qu'il avait faites, des grains qu'il avait récoltés, du gibier dont il avait fait provision, il avait pris la détermination subite de cesser de travailler, de vivre sur ses économies et de laisser au hasard le soin de son existence, bien certainement il eût rapidement épuisé ses ressources, et, un jour, privé du nécessaire, il fût mort de faim ou eût été dévoré par les Cannibales.

Voyez, au contraire, l'heureux résultat de son énergie et de sa sagesse. Réunissant dans sa main *le capital et le travail*, il donne au premier une importance de plus en plus considérable, en même temps qu'il rend le second moins pénible et plus productif. Peu à peu, ses récoltes s'accroissent; les arbres qu'il a plantés lui donnent, avec des fruits délicieux et une ombre rafraîchissante, un rempart contre les ennemis qui peuvent l'assaillir. A sa cahute primitive, obscure et mal disposée, succède une habitation coquette, entourée d'une triple haie d'arbustes, enjolivée de guirlandes de fleurs et de plantes aromatiques. L'intérieur, par ses soins, s'est enrichi de meubles et de tablettes, et une chaise légère a remplacé le banc grossier des premiers jours. Le chant de son perroquet, les caresses de ses chats et de ses chiens le consolent un peu de sa solitude, et dans sa demeure qu'il appelle avec orgueil « son château », il peut désormais défier la faim et attendre patiemment de la Providence le navire qui le rendra à sa patrie et à sa famille.

Voilà les conséquences d'une union sage entre le capital et le travail; car, de même que le capital est né du travail et tire de lui sa puissance et sa propriété productrice, de même aussi il ne peut se maintenir ou s'accroître qu'avec lui et par lui.

Ne croyez pas que l'histoire de Robinson soit une simple fiction inventée à plaisir ou un exemple purement imaginaire.

Si nous passons du roman à la vie réelle, nous retrouvons partout la justesse et l'exacte vérité de ce principe : que le travail et le capital ne peuvent rien l'un sans l'autre.

Je suppose qu'un cultivateur économise tous les ans une somme assez importante sur la vente de sa récolte. Avec le montant de ces épargnes, il achètera sans doute des prés, des vignes et du bétail, ou bien il placera son argent en rentes, de façon à augmenter peu à peu son capital et ses revenus.

Ce capital, de nouveau fécondé par le travail, donnera des produits plus considérables, qui, s'accumulant tous les jours, procureront une grande richesse à leur possesseur.

Mais admettons que, au lieu de placer ses économies, *son capital* dans l'industrie, dans le commerce ou, comme cela se fait le plus souvent, dans l'achat de pièces de terres, ce cultivateur ait entassé ses écus dans un bas de laine, et qu'un jour, fatigué ou incapable de travailler, il soit contraint pour vivre de prendre sur ce capital. Qu'arrivera-t-il ?

C'est que cette réserve, n'étant plus entretenue par de nouvelles épargnes et par un travail constant, s'épuisera rapidement, et que l'imprévoyant cultivateur sera bientôt réduit au plus complet dénuement, à la plus affreuse misère.

Ainsi donc, sans le travail, pas de capital ; mais aussi, ajouterons-nous, sans le capital, pas de travail rémunérateur.

On a voulu, de tout temps, créer un antagonisme entre le capital et le travail, entre le patron et l'ouvrier, et cet antagonisme entretenu par les hommes de désordre a nui considérablement à l'amélioration matérielle et morale des classes ouvrières. Vous n'avez pas été sans entendre dire, même par des gens de bonne foi : « Le patron, c'est le plus grand adversaire de l'ouvrier ; il se nourrit des sueurs de ceux qu'il occupe. Tandis que l'ouvrier travaille péniblement pour gagner son pain de chaque jour, le patron s'enrichit et s'élève. » En un mot, comme le disait jadis le bon la Fontaine :

Notre ennemi, c'est notre maître.

Rien n'est plus facile à réfuter qu'un semblable raisonnement ; il suffit pour cela de se livrer un instant à la réflexion ; et cependant les gens criminels qui propagent ces mauvaises doctrines sont malheureusement trop souvent écoutés.

Qu'est-ce donc qu'un *patron?*

C'est un ouvrier économe, rangé, qui s'est créé un capital et s'en est servi pour acheter un établissement.

Tous les jours, vous voyez au milieu de vous de braves et honnêtes artisans sans fortune et sans appui qui, à force de travail et d'économie, s'élèvent peu à peu, se procurent, une année, les outils nécessaires à leur métier, une autre année, des matériaux pour faire eux-mêmes et pour leur propre compte quelques petits travaux en dehors de leur tâche habituelle ; puis, un jour, ils achètent une boutique déjà achalandée ou fondent une industrie dans laquelle ils emploient des ouvriers et des apprentis. Ils deviennent ainsi patrons à leur tour.

Or, qu'il s'agisse d'un modeste atelier ou d'une riche manufacture, pour en devenir le propriétaire ou le chef, il a fallu posséder un capital, et ce capital n'est que le résultat d'un travail antérieur et d'épargnes laborieusement amassées soit par le possesseur actuel, soit par ses ascendants, dont il est solidaire.

Bien loin donc d'être l'ennemi du travail, le capital en est l'appui, le stimulant. Il existe entre eux plus qu'un accord : une parenté, une identité. Ne naissent-ils pas l'un de l'autre? Pour devenir capitaliste, ne faut-il pas travailler? Et pour donner au travail plus de puissance, le capital n'est-il pas nécessaire, indispensable? Séparez-les un seul instant, et vous ne les trouverez plus ni l'un ni l'autre.

A tout instant nous avons la preuve de l'union qui existe entre eux. Qu'un patron, qu'un chef d'usine, le possesseur du capital en un mot, fasse des affaires douteuses, que sa fabrication se ralentisse; aussitôt il diminue les heures de travail, il abaisse les salaires; puis, si les événements continuent à être peu favorables, il renvoie un certain nombre d'ouvriers, et quelquefois il ferme ses ateliers. Si, au contraire, il écoule facilement ses produits, si les commandes lui parviennent nombreuses et rémunératrices, le capital s'accroît et, en même temps, s'augmentent le nombre des ouvriers, les heures de travail et le salaire. Les ouvriers, mieux payés, peuvent mieux se nourrir, et, sur leurs salaires, accorder à la prévoyance une part plus forte.

Un Anglais illustre, Cobden, disait :

« Quand deux patrons courent après un ouvrier, le salaire hausse ; quand deux ouvriers courent après un patron, le salaire baisse. » Ce qui revient à dire que lorsque le capital manque, le travail diminue, tandis qu'il augmente quand le capital est abondant. En effet, l'augmentation du capital est un bienfait. Plus il y a de capital dans un pays, plus il y a d'occupation pour les ouvriers ; plus le nombre des capitalistes est grand, plus il y a de chances pour les ouvriers d'avoir du travail à de bonnes conditions.

Il est une autre utilité du capital, très-importante pour la classe ouvrière, et que nous ne devons pas oublier de faire remarquer : c'est qu'il permet de l'occuper quand le travail est peu abondant. Il est quelquefois de l'intérêt d'un grand manufacturier de conserver ses ouvriers, même quand il restreint sa production et vend ses marchandises sans bénéfice ou à perte.

La raison en est simple. — Son établissement lui a coûté des sommes considérables. S'il s'arrête, il perd l'intérêt de l'argent qu'il y a consacré, et son matériel, n'étant pas entretenu, se détériore. Il peut se faire que la crise qui l'atteint ne soit que passagère, et alors il retrouve, grâce a quelques sacrifices, son personnel dispos et au complet. De la sorte, tout en sauvegardant ses intérêts, il a rendu service à ses ouvriers auxquels il a pu donner du travail et du pain.

Les exemples d'une semblable conduite ne sont pas rares, et nous pourrions en citer un grand nombre. Nous nous contenterons de rappeler l'attitude qu'a observée, lors des événements de 1848, M. Mame, l'éminent imprimeur de Tours, dont le monde entier admire les belles créations typographiques.

Au moment où éclatait la révolution, M. Mame, d'abord simple associé de sa maison, en était devenu, depuis peu, le seul maître et le seul directeur. La situation de l'industrie était très-précaire; le crédit s'était resserré, et au milieu des difficultés de toutes sortes qui sont la conséquence inévitable d'une nouvelle installation, M. Mame eut un instant la pensée de mettre dehors, sauf à les reprendre plus tard, la majeure partie de ses ouvriers. Après bien des hésitations, il ne le voulut pas faire ; et, en songeant aux infortunes que créerait sa détermination, il résolut de lutter contre les circonstances. L'argent était rare : ne pouvant en emprunter à des conditions acceptables, il vendit à vil prix sa maison de campagne, qu'il s'était plu à orner de tout ce qui peut charmer, et où il espérait achever ses jours. — En maintenant, au prix de ces durs sacrifices, son imprimerie en activité, tandis que beaucoup de ses confrères s'arrêtaient, M. Mame consolida ses relations, conserva son personnel, et, lorsque l'ordre fut rétabli et que les affaires eurent repris une physionomie normale, il put occuper une position exceptionnelle dans son industrie, et poser les fondements de la solide et juste réputation dont il jouit.

Aujourd'hui, il possède une fortune immense; il a pu racheter la propriété qu'il avait vendue aux jours difficiles, et il est entouré d'un personnel ouvrier qui le respecte et l'estime.

Qui donc, après cet exemple, osera dire que le capital est l'ennemi du travail et que son accroissement est un danger?

Que de merveilles, au contraire, il produit! Quelle puissance il porte en lui, lorsqu'il est soutenu par le travail! Grâce à son accumulation, la culture de la terre a pris d'immenses développements. La bêche et la charrue ont certainement une puissance; mais, avec le capital, les agriculteurs ont pu se procurer des machines à vapeur perfectionnées qui leur permettent de couvrir de blé des étendues considérables de terres jadis incultes. Le capital change des marais empestés en verdoyantes prairies, des bois malingres et improductifs en fertiles guérets, des cahutes malsaines en maisonnettes propres et gaies; il creuse nos canaux et entretient nos grandes voies de communication; il enrichit le pays qui l'utilise et répand le bien-être et l'aisance.

Savez-vous comment s'est formée la ville du Creusot?

C'était, à l'origine, une bourgade fort insignifiante, habitée par quelques ouvriers misérables. Un jour, le capital vint la visiter : les mines sur lesquelles elle reposait étaient fécondes ; elles furent exploitées, et bientôt, l'activité s'y déployant dans des proportions immenses, accoururent en foule des familles d'artisans qu'attiraient des salaires rémunérateurs et l'espoir d'un avenir assuré.

Aujourd'hui, le Creusot (1) est une véritable ville dotée d'écoles, d'églises, de bibliothèques, d'un chemin de fer, de monuments coquets et utiles, et habitée par une population ouvrière aisée et instruite que les derniers recensements portent à 24,000 âmes environ.

C'est là un des nombreux exemples de ce que peut le capital aidé par le travail, et il suffirait amplement à confondre ceux qui le calomnient ou l'attaquent.

(1) On ne peut parler du Creusot, sans nommer l'homme éminent qui l'a créé. M. Schneider, que le pays a eu la douleur de perdre dernièrement, s'était élevé par son intelligence et son travail à la direction de cet établissement dont il était devenu bientôt l'âme, et en quelques années, il l'élevait au plus haut degré de prospérité. Ses qualités éminentes, sa grande situation commerciale le placèrent de bonne heure en relief : en 1845, il était nommé membre de la Chambre des députés ; le ministère du commerce et de l'agriculture lui était confié en 1851 ; puis, en 1852, la vice-prédidence du Corps législatif dont il obtint la présidence en 1865 à la mort du duc de Morny.

DEUXIÈME PARTIE

I

L'*échange*. — Ce qu'était l'échange à la naissance des sociétés. — Les résultats de l'échange. — Le fabricant d'épingles. — Mécanisme de l'échange. — Une page de Bastiat. — L'intérêt personnel est le motif de l'échange. — L'échange au point de vue moral. — L'homme seul échange. — Les castors et les fourmis. — L'échange est inhérent à la race humaine. — Le roman de Daniel de Foë. — Les bornes de l'échange. — Il se multiplie à mesure que les hommes se rapprochent. — Lois auxquelles il obéit et instruments dont il se sert.

Le *capital* et le *travail* sont, avons-nous vu, les éléments premiers, indispensables de la production ; il en est encore un autre non moins puissant, non moins efficace, en vue duquel même la production s'opère, s'accroît et se perfectionne : c'est l'*échange*.

Envisagé au point de vue économique, l'échange n'est qu'un des moyens mis à la disposition de l'homme pour produire davantage, mieux et à moins de frais, et ce moyen n'acquiert une importance et un développement sensible qu'à mesure qu'il se multiplie et par conséquent à mesure que la civilisation dont il est l'instrument nécessaire s'accroît elle-même.

A la naissance de l'industrie, chaque individu travaillait isolément, produisant uniquement pour lui et sa famille et consommant à peu près seul tous ses produits. Si par hasard, il s'associait à quelques-uns de ses semblables dans un but commun, soit pour saisir une proie que seul il n'eût pu atteindre, soit pour arracher du sein de la terre des fruits ou des métaux, une fois l'objet obtenu, il partageait la proie ou le bénéfice avec ses associés et en consommait sa part

Dans un tel état de choses, les relations n'existaient pour ainsi dire pas et les échanges étaient nuls. Aussi se produisait-il ce fait regrettable que chacun, s'appliquant uniquement à recueillir ce que la terre offrait d'elle-même, était exposé à se trouver avec un excédant considérable de certains produits tandis que d'autres non moins utiles lui faisaient défaut. De là résultait un mauvais emploi des fruits du travail, surabondance d'un côté et disette de l'autre. On laissait perdre le superflu et on souffrait de la privation des objets qu'on ne possédait pas; en un mot, on gaspillait et on se privait.

Dès que les hommes commencèrent à s'entendre et à se former en société, ils trouvèrent bientôt un remède à ces désordres, en faisant entre eux l'échange de leur superflu. Celui qui avait été heureux à la chasse, livrait une partie de son gibier à son voisin pour en obtenir les grains nécessaires à son alimentation ou la laine de ses troupeaux; alors qu'un autre qui était parvenu à faire produire à la terre des fruits savoureux échangeait ce qu'il avait de trop contre une peau de bête destinée à le couvrir ou contre un morceau de fer dont il se forgeait une arme. De la sorte, les fruits du travail se répartirent avec plus de profit pour tous; le gaspillage diminua et les privations devinrent moins pénibles.

Ce n'était toutefois qu'un premier pas dans la voie de la sociabilité : peu à peu, les échanges devenant plus fréquents firent naître l'idée de la division du travail. Celui qui excellait à la chasse ou à la pêche, remarquant qu'il y avait pour lui plus d'avantage à s'y livrer exclusivement qu'à partager son activité entre plusieurs occupations différentes, puisque au moyen de l'échange il parvenait à varier ses jouissances, se renferma autant que possible dans cette occupation unique. Un autre se borna à cultiver la terre ; un troisième à fabriquer des instruments de chasse, de pêche ou de labour ; un quatrième à préparer les peaux de bêtes tuées à la chasse ou à confectionner des vêtements avec la laine des troupeaux ; les travaux se partageant, chacun se choisit une spécialité et tous firent entre eux l'échange de leurs produits respectifs.

La production devint ainsi plus abondante, par cette double raison que chacun se rendit plus habile dans la spécialité qu'il s'était réservée, et que livré à la même occupation, il put se procurer dans son genre un plus grand nombre d'outils.

C'est, en effet, l'un des premiers résultats de l'échange d'avoir corrigé le désordre qui existait primitivement dans la répartition des fruits, et amené la division du travail qui a eu pour conséquence à son tour une production plus active et plus féconde, en même temps qu'elle conduisait elle-même à la multiplication et à la généralisation des échanges.

Il est un fait constant que la simple réflexion permet d'entrevoir et qui est produit par l'échange, c'est que dans une société où il existe dans sa plénitude, chacun des membres qui en font partie jouit d'une quantité d'avantages beaucoup plus considérable qu'il n'en procure à ses semblables. Prenons pour exemple le fabricant d'épingles dont toutes les aptitudes et tous les instants sont employés à la confection totale ou partielle d'une épingle. Pendant qu'il taille, aiguise ses fils de fonte ou de laiton, le boucher prépare la chair des animaux qui doit l'alimenter, le tailleur coupe et réunit les étoffes dont il veut se vêtir, le boulanger pétrit son pain et le cultivateur veille à ce que la vigne, les blés et les arbres à fruits produisent des récoltes suffisantes pour calmer sa soif ou satisfaire à ses besoins. De leur côté, le tailleur, le cultivateur, le boulanger et le boucher se livrent sans inquiétude à leurs occupations journalières, sachant bien que les objets qui leur peuvent être nécessaires ou utiles seront mis à leur disposition en échange de leur travail ou de son équivalent.

Un de nos économistes les plus profonds et les plus spirituels à la fois, Frédéric Bastiat, a tracé, sous une forme saisissante, un tableau des services que chaque individu reçoit, par la loi de l'échange.

de la société à laquelle il appartient : « Prenons, dit-il, un homme appartenant à une classe modeste de la société, un menuisier de village, par exemple, et observons tous les services qu'il rend à la société et tous ceux qu'il en reçoit ; nous ne tarderons pas à être frappés de l'énorme disproportion apparente.

« Cet homme passe sa journée à raboter des planches, à fabriquer des tables et des armoires ; il se plaint de sa condition, et cependant que reçoit-il en réalité de cette société en échange de son travail ?

« D'abord tous les jours, en se levant, il s'habille, et il n'a fait personnellement aucune des nombreuses pièces de son vêtement ; or pour que ces vêtements, tout simples qu'ils sont, soient à sa disposition, il faut qu'une énorme quantité de travail, d'industrie, de transports, d'inventions ingénieuses ait été accomplie. Il faut que des Américains aient produit du coton, des Indiens de l'indigo, des Français de la laine et du lin, des Brésiliens du cuir ; que tous ces matériaux aient été transportés en villes diverses, qu'ils y aient été ornés, filés, tissés, teints, etc.

« Ensuite, il déjeune. Pour que le pain qu'il mange lui arrive tous les matins, il faut que les terres aient été défrichées, closes, labourées, fumées, ensemencées ; il faut que les récoltes aient été préservées avec soin du pillage ; il faut qu'une certaine sécurité ait régné au milieu d'une innombrable multitude ; il faut que le froment ait été récolté, broyé, pétri et préparé; il faut que le fer, l'acier, le bois, la pierre, aient été convertis par le travail en instruments de travail; que certains hommes se soient emparés de la force des animaux, d'autres du poids d'une chute d'eau, etc.; toutes choses dont chacune prise isolément suppose une masse incalculable de travail mise en jeu, non-seulement dans l'espace, mais dans le temps.

« Cet homme ne passera pas sa journée sans employer un peu de sucre, un peu d'huile, sans se servir de quelques ustensiles.

« Il enverra son fils à l'école pour y recevoir une instruction qui, quoique bornée, n'en suppose pas moins des richesses, des études antérieures, des connaissances dont l'imagination est effrayée.

« Il sort : il trouve une rue pavée et éclairée. On lui conteste une propriété ; il trouvera des avocats pour défendre ses droits, des juges pour l'y maintenir, des officiers de justice pour faire exécuter la sentence ; toutes choses qui supposent encore des connaissances acquises, par conséquent des lumières et des moyens d'existence.

« Il va à l'église ; elle est un monument prodigieux, et le livre qu'il y porte est un monument peut-être plus prodigieux encore de l'intelligence humaine. On lui enseigne la morale, on éclaire son esprit, on élève son âme, et pour que tout cela se fasse, il faut qu'un autre homme ait pu fréquenter les bibliothèques, les séminaires, puiser à toutes les sources de la tradition humaine, qu'il ait pu vivre sans s'occuper directement des besoins de son corps.

« Si notre artisan entreprend un voyage, il trouve que pour lui épargner du temps et diminuer sa peine, d'autres hommes ont aplani, nivelé le sol, comblé des vallées, abaissé des montagnes, joint les rives des fleuves, amoindri tous les frottements, placé des véhicules à roues sur des blocs de grés ou des bandes de fer, dompté les chevaux ou la vapeur, etc. ».

Cette esquisse n'est-elle pas parfaite et ne fait-elle pas entrevoir nettement le but social de l'échange. Or cet homme dont parle Bastiat n'est pas le seul dans son cas ; chacun de ceux qui contribuent à lui donner ce bien-être et ces commodités de l'existence que nous venons de retracer, jouit à son tour des bienfaits de l'échange, et reçoit dans une proportion beaucoup plus considérable qu'il ne donne. Il ne faut pas supposer toutefois qu'il ait été l'objet de faveurs particulières, et que les avantages dont il est comblé, lui aient été concédés gratuitement. L'intérêt personnel a été le mobile principal de l'échange. Le but de cette forme de transaction est en effet de subvenir aux exigences de la vie avec le moins de peine et le moins de frais possibles et de procurer à chacun les services des autres en retour des siens ou les produits de leur activité en cédant son travail. Dans ce marché, chaque partie contractante établit le compte des avantages ou des désavantages de l'opération, apprécie ce qu'on lui demande, le compare à ce qui lui est offert et le marché ne se conclura qu'autant que chacune d'elles aura acquis la certitude que ce qu'elle doit donner ou faire lui coûtera moins de peine et moins de frais que ne vaut à ses yeux le service ou le produit qu'on lui demande.

Mais, en dehors de son utilité au point de vue exclusivement matériel et personnel, l'échange a d'autres résultats plus élevés dans le domaine moral. Il est la manifestation économique de la sociabilité humaine et le témoignage vivant des lois civilisatrices.

En effet, de tous les êtres animés qui peuplent la terre, l'homme seul échange, et aucun naturaliste n'est venu jusqu'ici révéler cette faculté dans une des innombrables variétés d'espèces qui font l'ornement de notre planète. On voit bien certains animaux travailler et produire, arriver même dans leur travail à un certain degré de perfection qui frappe et excite l'admiration; mais ce travail et ce produit ne dépassent pas les limites des besoins personnels et le plus souvent immédiats à satisfaire, et ne donnent pas lieu à l'échange.

Prenons pour exemple quelques-uns des êtres de cette création inférieure qui vivent en société, c'est-à-dire parmi les quadrupèdes, les castors, et, parmi les insectes, les fourmis et les abeilles. On sait que le castor est réputé l'un des animaux les plus industrieux de l'espèce animale. Il établit ordinairement sa demeure au bord de l'eau, et, pour la mettre à l'abri des inondations, construit une digue dont la dimension et la solidité sont un sujet d'étonnement, surtout lorsqu'on se rend compte de la taille exiguë de l'ouvrier. Cette digue se compose le plus souvent d'un arbre énorme que les castors scient et rongent avec leurs dents, qu'ils coupent en peu de temps et font ensuite tomber en travers du cours d'eau. Ils le débarrassent alors des branches de la cime pour le mettre de niveau et le faire porter partout également, puis le poussent à l'endroit où ils veulent bâtir leur retranchement. Pendant cette opération, d'autres castors abattent des arbres moins forts, en font des pieux qu'ils enfoncent profondément dans le lit de la rivière à l'aide de leurs pieds et de leurs dents, formant ainsi un pilotis serré qu'ils consolident avec des branches entrelacées et dont ils maçonnent tous les intervalles avec de la terre gâchée et préparée.

Cette œuvre terminée, ils élèvent leurs cabanes ou maisonnettes sur un pilotis plein, en ayant soin d'y pratiquer deux issues, l'une pour aller à terre, l'autre pour se jeter à l'eau, et la confection en est si solide, les murailles en sont revêtues d'un stuc si bien gâché et si proprement appliqué que l'eau des pluies ne les peut pénétrer ni le vent le plus impétueux les ébranler.

N'y a-t-il pas dans cet acte le témoignage d'une intelligence développée et le signe d'une civilisation avancée? Assurément; mais on n'y trouve pas les traces d'un échange quelconque de services: tout s'y fait en commun, du moins le gros œuvre, parce que les forces divisées de chacun ne suffiraient pas à son exécution; mais la digue achevée et le danger de l'inondation conjuré, l'union disparaît, l'individualité la remplace et chacun songe à soi sans se soucier de son voisin.

Les fourmis, ce peuple parcimonieux et actif qu'on rencontre à chaque pas dans nos pays et dont les mœurs nous sont connues, amassent bien dans leurs greniers profonds les provisions de la saison mauvaise; les abeilles, dont les ruches coquettes ornent le verger d'un grand nombre de nos fermes, vont bien de fleur en fleur butiner et recueillir le suc destiné à faire le miel; mais ni les unes ni les autres ne songent à donner le produit de leur travail en échange d'autres produits. L'abeille défend son miel contre l'imprudent qui songe à le lui ravir, et la fourmi, de son côté, le bon La Fontaine l'a dit il y a longtemps:

> La fourmi n'est pas prêteuse;

elle réserve pour ses besoins propres le fruit de ses labeurs et de son épargne.

Aucun de ces êtres, même le plus parfait, le plus semblable à l'homme par un de ses attributs ou une de ses qualités, n'obéit donc à cette loi suprême de la sociabilité, ne pratique l'échange à un degré quelconque, et ne travaille dans le but d'épargner aux autres et à soi-même les peines qui résultent de la multiplicité des objets à se procurer pour vivre. L'homme au contraire, dès qu'il a franchi le seuil de l'âge primitif, n'aspire à la société que pour accroître son bien-être par l'échange réciproque des fruits du travail; la solitude lui pèse, car elle lui démontre sa faiblesse et son impuissance tout en nuisant au développement de ses facultés. L'échange d'ailleurs est dans son essence : il se manifeste par le langage qui traduit la pensée comme par la variété des intelligences qui produit la diversité des œuvres humaines et par conséquent accroît les éléments de la richesse et de la civilisation. La parole évangélique : *Aimez-vous les uns les autres*, trouve son complément dans cet axiome économique : *Aidez-vous les uns les autres*, dont la loi naturelle nous fait une obligation sous peine de l'existence.

Il est à remarquer, en effet, que l'espèce animale satisfait amplement à tous ses instincts, ou du moins à tous ses besoins, sans le secours d'autrui. Pour la race humaine, au contraire, dans l'isolement, *ses besoins surpassent ses facultés*, tandis que, dans l'état social, le fait opposé se produit, *ses facultés surpassent ses besoins*. Il s'ensuit que l'homme isolé ne peut vivre, et que, dès qu'il échange avec ses semblables, dès que la sociabilité apparaît, « les besoins les plus impérieux font place à des désirs d'un ordre plus élevé » et ainsi de suite à mesure que la perfectibilité s'étend et s'accroît.

Vous avez tous lu, chers lecteurs, cette charmante fiction de Daniel de Foë, à laquelle j'ai déjà fait allusion dans le cours de ces causeries, *Robinson Crusoë*, qui a charmé notre enfance et qui certainement intéressera bien des générations après nous. Vous vous rappelez que l'infortuné naufragé est jeté sur une plage déserte, inconnue, où tout ce qui est nécessaire à l'homme manque totalement : couvert, nourriture, vêtement pour se garantir du froid et du chaud; où la solitude la plus affreuse ne laisse aucune espérance de société et par conséquent d'échange. Que doit-il advenir de lui s'il n'est en possession d'aucun moyen étranger à son être qu'il puisse utiliser pour soutenir son existence? Il n'a qu'à mourir de la mort la plus douloureuse. Mais Daniel de Foë qui veut le faire vivre afin de le faire servir aux fins de sa thèse philosophique (1), fait à l'état social des concessions forcées, et admet que Robinson a sauvé avec lui quelques objets indispensables, c'est-à-dire des provisions pour les premiers jours, un fusil, de la poudre et du plomb pour se défendre et se procurer des aliments, une hache, un couteau, des cordes, des planches, du fer, des scies afin de se construire un abri et de faciliter

(1) *Robinson Crusoë* cache sous une apparence romanesque une idée philosophique d'une haute portée. Son auteur a voulu mettre l'humanité, la volonté aux prises avec la na. ure ou la force aveugle, la domptant et l'obligeant à obéir. C'est en même temps, dit un écrivain contemporain, « l'humanité conduite à la piété et sachant trouver Dieu à travers la nature, ses clartés, ses nuages et ses tempêtes. »

ses travaux, et, tant il connaissait la répulsion de l'homme pour la solitude, il lui accorde même des compagnons, des amis, les plus rapprochés de l'homme, un chien et deux chats. Or, tous ces objets étaient le fruit d'une civilisation avancée et n'avaient pu être acquis qu'au moyen de l'échange. Robinson, livré à ses propres forces, n'aurait pu se les procurer par son travail, puisque tous les outils nécessaires lui auraient fait défaut, qu'il n'aurait pas eu probablement les connaissances multiples qu'exige la confection de ces objets, et que l'exécution d'un seul d'entre eux lui aurait peut-être pris tout son temps. Daniel de Foë, en les lui donnant, a rendu sa situation plus supportable et suppose que l'*échange* avait eu lieu ; et, afin de rendre son roman vraisemblable, il a été obligé d'attribuer à son héros ce bien social beaucoup plus précieux que tous ceux dont nous venons de faire l'énumération, c'est-à-dire les idées, les souvenirs de l'expérience.

Il ressort de tout ce que nous venons d'exposer que le caractère de l'échange est de créer le plus de satisfactions avec le moins d'efforts possibles, et, par conséquent, d'amoindrir, soit par l'union des forces, soit par la division des moyens de production, les obstacles qui peuvent s'interposer entre les besoins de l'homme et ses satisfactions. Il est facile de comprendre alors quelles bornes peuvent être assignées à l'échange. Il s'étendra tant que l'effort exigé par lui sera moindre que l'effort qu'il aura épargné, ou, en d'autres termes, il se développera jusqu'au jour où il serait plus onéreux qu'utile, selon l'expression de Bastiat.

Rendons le fait sensible : un menuisier a besoin de clous pour achever la confection d'une boîte; aura-t-il avantage à faire lui-même les clous qui lui sont nécessaires ou bien à les demander au cloutier son voisin ? S'il calcule que le défaut d'outils et d'habileté pour confectionner ces clous exigera de sa part des efforts plus considérables, et une perte de temps plus grande, se traduisant en une dépense d'argent plus importante que celle qui résulterait de l'échange, il achètera les clous au cloutier; dans le cas contraire, il les forgera lui-même.

Or cette force de l'échange, cette puissance qui en découle, ces avantages qu'il produit s'accroissent, se multiplient et se perfectionnent à mesure que les hommes se rapprochent et s'agglomèrent, parce que ceux-ci savent mieux se partager les occupations, diminuer les obstacles qui s'opposent à l'exécution de certaines œuvres, et combiner les forces de leur intelligence; d'où il suit que l'échange devient d'autant plus profitable et possède d'autant plus de force et de puissance que les agglomérations sont plus considérables. Il est plus facile dans les grandes villes que dans les villages parce qu'il est plus fréquent et que les moyens de le multiplier s'offrent d'eux-mêmes.

Toutefois, quelles que soient les conditions de son existence et de son étendue, l'échange est forcé d'obéir à certaines lois, de même qu'il lui faut, pour se manifester, se servir de certains instruments : ces lois sont la *valeur* et les *prix* ; les instruments sont la *monnaie*, le *crédit* et les *banques*.

II

La valeur et le prix. — La valeur varie suivant certaines conditions. — Le produit d'un hectare de terre. — Différence entre le manœuvre et le sculpteur. — Le talent est une mesure de la valeur. — Le prix d'une toile de Murillo. — La valeur des choses ne se mesure pas uniquement par leur utilité. — Les diamants. — Ce qu'a coûté le régent.

Vous devez rencontrer parfois sur votre passage, chers lecteurs, de ces personnes à la mise quelque peu négligée, au regard scrutateur, fouillant les boutiques d'antiquailles, examinant d'un œil avide ou feuilletant d'une main fiévreuse de vieux livres ou d'anciennes gravures, discutant avec le marchand le prix d'un objet choisi, puis emportant, avec le soin et la sollicitude d'un avare pour son trésor, un elzévir poudreux ou un tableau noirci et presque indéchiffrable.

Demandez-leur ce qu'elles pensent de leurs acquisitions : toutes vous répondront, d'un air mystérieux, qu'elles ont fait une bonne affaire, et que le *prix* qu'elles ont consacré à leurs achats est assurément inférieur à la *valeur* des objets qu'elles ont découverts.

Vous-mêmes parfois ne vous êtes-vous pas surpris à dire : Cette dentelle *vaut* plus qu'elle ne *coûte*, ou bien encore : Ce meuble Louis XV est admirablement conservé, et je ne l'ai certainement pas *payé* le tiers de sa *valeur?*

Que signifient ces propos? N'y a-t-il pas toujours une corrélation intime entre le *prix* d'une chose et sa *valeur*, et chacun de ces termes n'exprime-t-il pas la même pensée? En un mot, la valeur des choses n'est-elle pas toujours la même?

Non. La valeur d'une chose représente la quantité de travail et de capital que cette chose a absorbée, et elle est déterminée par certaines circonstances qui ont sur elle une grande influence, telles que la quantité ou la difficulté du travail, la qualité, c'est-à-dire le plus ou moins de perfection des objets, leur rareté et enfin les rapports entre l'offre et la demande.

Supposons qu'un cultivateur ait consacré à la culture du lin un hectare de terre; la récolte se fait dans de bonnes conditions et le lin vendu à un manufacturier rapporte 3,000 francs. L'industriel, à son tour, fait subir à ce lin diverses préparations. Par ses soins, il est confié à des ouvriers qui le filent et le tissent, et, un beau jour, il sort des ateliers transformé en élégants mouchoirs de batiste, ourlés et brodés avec goût, et dont la valeur, accrue par le travail, s'élève à 50 ou 60,000 francs.

Ainsi le prix de ce textile transformé en tissu représentera le prix du travail qu'il a coûté à produire. Est-ce à dire que ce soit là une règle invariable? Assurément non, et il est quelques exceptions à ce principe; mais elles sont rares. Un morceau d'or trouvé par hasard par un habitant de l'Amérique parmi les sables d'une rivière, se vendra aussi cher que l'or extrait avec peine des mines. Pourquoi? C'est que, pour se procurer un poids d'or quelconque, il faut ordinairement un travail qui exige un prix déterminé : or, comme on ignore d'où vient l'or, on le paye comme on est habitué à le payer, qu'il soit le résultat d'un travail ou d'une découverte fortuite.

La difficulté de travail est aussi une des causes du prix des objets, et rien n'est plus naturel. On ne peut faire payer aussi cher une planche simplement rabotée et un bloc de bois sculpté et dentelé. Il n'en faut pas conclure qu'une chose difficile à obtenir soit toujours pénible à faire : c'est celle que peu de personnes sont en état d'exécuter.

Il est plus fatigant de transporter du plâtre ou des moellons pendant douze heures que de sculpter une pierre de taille; cependant, tandis que le manœuvre recevra pour salaire deux francs par jour, le sculpteur en touchera sept ou huit.

Pourquoi cette différence?

C'est que pour servir des maçons, traîner une brouette ou maintenir par du ciment les assises d'un mur ou d'une maison, il faut moins de talent, moins de connaissances, que pour tailler une pierre et extraire du marbre une forme humaine ou un groupe artistique.

Il est juste, n'est-ce pas? que le talent soit récompensé.

Dans le talent même, il est des degrés multiples dont chacun possède une valeur plus ou moins considérable, selon qu'il est plus ou moins apprécié et recherché.

Un petit commis de bureau, bien que possédant une belle écriture et une aptitude sérieuse pour les pratiques commerciales ou financières, ne pourra pas être rémunéré au même degré que l'homme d'expérience et de savoir auquel on aura confié la direction d'une usine ou d'une banque. Si le premier gagne douze ou quinze cents francs, le second recevra dix-huit à vingt mille francs.

L'ouvrage d'un peintre d'enseignes ne sera pas recherché autant qu'un tableau de Rubens, de Poussin ou de Raphaël, et une toile de Meissonier ou de Detaille, les éminents miniaturistes de notre époque, pourra prétendre à des prix élevés que ne saurait atteindre une vulgaire image. Que de toiles célèbres, aujourd'hui l'ornement de nos musées, dont le prix constituerait une fortune! Quand nous ne devrions citer que le splendide tableau de la Vierge, de Murillo, acheté par l'État, au prix de six cent mille francs, à la vente du maréchal Soult!

Croyez-vous que la différence entre le prix de la toile du peintre d'enseignes et celui d'un tableau de ces grands maîtres représente une différence de peine dans l'exécution du travail?

Non, mais bien une différence de talent ou de génie, et c'est cette différence qui se traduit par une somme d'argent plus ou moins considérable.

Il découle aussi de ces exemples que la valeur des choses ne se mesure pas uniquement par leur utilité, mais encore par le sacrifice que nous sommes obligés de faire pour nous les procurer, autrement dit par la quantité d'argent que nous devons donner et qui en forme le prix.

En effet, un livre ou une statue n'est pas un objet aussi utile que le blé ; cependant, à surface ou à poids égal, la statue, surtout si elle est signée d'un artiste connu, coûtera mille fois ou cent mille fois plus cher que le blé. C'est ainsi que certaines choses très-utiles n'ont qu'une valeur très-minime si nous pouvons nous les procurer à peu de frais, et qu'au contraire des objets peu utiles, de pure fantaisie, possèdent une très-grande valeur s'il est difficile de les obtenir, soit parce qu'ils sont rares, soit parce qu'ils exigent pour leur création certaines conditions qui ne se trouvent que chez peu de personnes.

D'où vient la haute valeur que possède le diamant? Tout simplement de sa rareté et des difficultés que présente sa recherche.

Vous avez peut-être lu dans certains journaux le récit de la découverte de mines de diamants. Des gens, poussés par l'ambition de faire fortune, se confient au hasard des voyages et vont dans des régions éloignées demander à la terre ce minerai envié qui doit changer leur sort. Ils se livrent alors à un rude labeur, fouillant les sables, tamisant la poussière et ne recueillant, le plus souvent en quantités restreintes, que des diamants imperceptibles dont le prix suffit à peine pour les faire vivre.

Enfin, un jour, après de pénibles recherches et d'insupportables souffrances, un heureux parmi ces milliers de pionniers découvre une pierre plus grosse, plus étincelante que les autres, qui le récompense des peines passées et l'aide à affronter l'avenir. Mais que de luttes il faut soutenir, quel esprit de patience et de persévérance il faut posséder dans l'âme pour de si maigres résultats!

Songez, chers lecteurs, que le nombre des diamants capables de procurer une fortune à leur propriétaire est extrêmement restreint; que ces diamants sont connus et ont un nom dans l'histoire. Beaucoup d'entre vous ont sans doute vu, à la grande exposition de 1867, le beau diamant de la couronne de France, acheté au commencement du dix-huitième siècle par le Régent, qui lui a laissé son nom. Ce diamant a coûté 2,250,000 fr. à cette époque, et on estime que son prix a au moins doublé de nos jours. En dehors de cette pierre magnifique, dont le poids est de 236 karats (1), il en existe une pesant 279 karats et demi, appartenant au Grand-Mogol, une de 195 karats en Russie, et une autre de 139 karats en Autriche.

Or, au-dessous de ces merveilles, il est d'autres diamants très-rares, quoique moins brillants,

(1) Le karat pèse 212 milligrammes, et le diamant d'un karat, taillé, vaut environ 250 francs ; mais au-dessus de cette grosseur, son prix augmente proportionnellement au carré du poids ; ainsi un diamant de 20 karats vaudrait 20 × 20 × 250 francs, c'est-à-dire 100,000 fr.

moins lourds et moins parfaits, dont la valeur varie naturellement selon la qualité et le poids, mais qui sont recherchés à des prix élevés, dès qu'ils apparaissent, par les personnes aisées qui relèvent ainsi la richesse d'une parure par l'éclat de leur feu et la limpidité de leur eau.

Croyez-vous que la valeur du diamant serait aussi élevée si on le trouvait disséminé comme les galets du rivage? Non, car il suffirait de se baisser pour le ramasser et il n'aurait pour ainsi dire pas de prix. C'est donc à sa rareté et à la difficulté qu'on éprouve à se le procurer qu'il doit la haute valeur à laquelle il est taxé.

III

Rapport entre l'offre et la demande. — Le commencement et la fin d'un marché. — Une botte d'asperges. — Les objets de consommation pendant le siège de Paris. — Des étrennes originales. — Prix au moyen âge. — Influence de la civilisation. — Le rôle des machines dans la détermination des prix. — Le drap sous Louis XIV. — L'abaissement des prix étend la consommation. — Le prix et la valeur obéissent aux lois naturelles.

Je vous disais dans ma dernière causerie, que la valeur des choses et leur prix variaient suivant certaines conditions. Or, la circonstance qui exerce sur les prix le plus d'influence est sans contredit le rapport entre l'offre et la demande; en d'autres termes, un objet coûte plus ou moins cher, selon qu'il est plus ou moins demandé, ou plus ou moins offert.

Une chose est chère quand l'acheteur court après le marchand; elle se cote au contraire à des prix moins élevés quand c'est le marchand qui court après l'acheteur. Toutes les fois que le possesseur d'une marchandise quelconque cherche un acheteur, on dit qu'il y a *offre* de la marchandise, et toutes les fois qu'un consommateur désire acheter un objet et qu'il le recherche, on dit qu'il y a *demande* de cet objet.

Pour mieux vous faire comprendre le sens de cet exposé de principes, permettez-moi de prendre un exemple parmi les actes les plus vulgaires de la vie, tel que l'acquisition sur le marché des objets de consommation nécessaires à un ménage.

Vous avez tous assisté à l'ouverture d'un marché ; vous savez par expérience à quel mouvement, à quel va-et-vient elle donne naissance. Les marchandises sont exposées peu à peu aux regards des acheteurs, et selon qu'elles sont plus ou moins recherchées ou que le nombre des amateurs est plus ou moins considérable, les prix s'établissent.

Supposons que sur ce marché il y ait cent bottes d'asperges réparties entre les mains de dix marchandes de primeurs. Ces asperges sont de même grosseur, de même qualité, de même provenance, et, tout compte fait, chaque botte revient à environ 1 franc, représentant les frais de culture et le prix du transport du lieu de production au lieu de vente.

Afin de faire un bénéfice, les cultivateurs et les marchands fixent le prix de chaque botte à 2 francs. Au début du marché, on s'empresse autour des primeurs et on semble vouloir se les disputer. Aussitôt le cours s'élève et les marchands voulant profiter de l'affluence des *demandes* deviennent plus exigeants et élèvent leurs prix à 2 fr. 50.

Les premières demandes ont ainsi été plus nombreuses que les offres, et naturellement les prix sont restés élevés ; mais à la fin du marché, il reste dix bottes d'asperges non vendues ; les acheteurs deviennent plus rares et les vendeurs se voient exposés à remporter leurs marchandises.

Que feront-ils ?

Ils *offriront* leurs asperges, et, pour allécher le public, ils cèderont à 1 fr. 50, 1 fr. 25 et peut-être même à 1 franc, les mêmes asperges vendues 2 fr. 50 au début du marché.

D'où vient cette différence ? Est-ce que le travail de culture des dernières asperges n'aura pas été le même que pour les premières ? Absolument le même ; mais la *demande* ayant cessé pour faire place à l'*offre*, le prix a été abaissé et s'est mis au niveau des besoins ou des désirs des acheteurs.

Beaucoup d'entre nous ont été à même de se rendre compte de ce fait économique pendant l'investissement de Paris en 1870.

Au début, les approvisionnements étant considérables dans les magasins, et l'opinion publique, confiante dans la valeur de nos armées, ne voulant pas admettre que le siége pût durer longtemps, les prix des objets de consommation étaient modérés. Mais, lorsque les mois se furent écoulés sans apporter de changements dans la situation ; que le pain, d'abondant et de sain qu'il était, fut devenu rare, puis composé d'éléments divers, de paille, de riz, de fèves et même de cendre ; que toutes les choses nécessaires à la subsistance eurent disparu peu à peu, les prix s'élevèrent rapidement et atteignirent des proportions pour ainsi dire fabuleuses. Un œuf se payait 2 fr; le beurre, 80 fr. le kilogramme, et quel beurre ! et nous avons vu acheter la moitié d'un bœuf pour la somme de 3,000 fr., c'est-à-dire le prix de cinq beaux bœufs en temps normal.

Je me rappelle moi-même qu'au 1er janvier 1871, désireux d'offrir à une de mes jeunes parentes un présent de quelque valeur, je lui fis don d'une boîte de sardines, d'un morceau de lard salé et de quelques grammes de fromage de Hollande.

Singulier cadeau, n'est-ce pas? chers lecteurs, bien capable aujourd'hui de vous faire sourire! Eh bien, à cette époque, il fut reçu avec joie, avec reconnaissance, car ce dont il se composait était devenu si rare que, même pour des sommes considérables, on eut eu beaucoup de peine à se le procurer.

Les exemples en ce genre sont nombreux, et, si nous voulions examiner les prix des choses à différentes époques de l'histoire, nous verrions combien ils ont varié avec les besoins publics, les progrès de la civilisation et l'importance de la population.

Il ne faut pas oublier, en effet, que les inventions humaines ont opéré de complets changements dans les usages et les exigences de la vie.

C'est ainsi que l'emploi de la machine à vapeur, la création des chemins de fer ont eu sur les prix une très-grande influence. Les réformes apportées dans l'industrie par les grands hommes dont l'humanité s'honore, les Watt, les Jacquart, les Papin, les Berthollet, et tant d'autres, ont révolutionné le passé.

Autrefois la soie et la toile étaient presque

inconnues en Europe ; on tissait et on brodait à la main ; les métiers étaient mal organisés ; la manière de filer le lin ou d'élever le ver à soie était défectueuse, et les objets fabriqués avec ces deux produits coûtaient très-cher, bien que grossièrement faits.

A l'époque où les Valois et les seigneurs de leur cour se vêtissaient d'étoffes lamellées d'or, la toile était si peu commune en France, qu'Henri IV, alors simple roi de Navarre, possédait à peine une douzaine de chemises, et encore, dans quel état étaient-elles !

Sous Louis XIV, d'après des recherches statistiques ordonnées par Colbert, les fabriques de lainage ne produisaient guère qu'un mètre d'étoffe par habitant. Aussi les draps étaient-ils chers, et tandis que les princes et les riches financiers du temps se couvraient d'habits luxueux, la plus grande partie de la population du royaume n'était vêtue que de tissus grossiers faits dans les campagnes, sous le chaume domestique.

De nos jours, grâce à la facilité des communications, aux découvertes de la science, la plupart de ces produits sont tombés à la portée des bourses modestes. La toile, la batiste, même la plus fine, sont entre toutes les mains, mieux confectionnées, plus élégantes, avec un cachet de grâce et de finesse que ne connaissaient pas les grandes dames du vieux temps.

Certaines marchandises qu'on ne pouvait amener au sein des populations qu'à grands frais et avec beaucoup de difficultés nous arrivent aujourd'hui en quelques heures et à des prix fort convenables. Les fruits jadis inconnus, les liqueurs des pays lointains et les produits de terres mieux favorisées, l'orange de Valence, les vins d'Italie ou les dattes d'Afrique, abondent partout sur nos marchés; le poisson de mer, dont les rois ne pouvaient orner leur table que moyennant de grosses dépenses, franchit maintenant, en huit heures ou en douze heures au plus, la distance qui sépare Paris de l'Océan et se vend communément dans nos rues pour quelques pièces de monnaie.

Tout naturellement, la consommation s'étend avec l'abaissement des prix, et une multitude de personnes qui avaient été privées de certains objets se les procurent. C'est là une des causes qui en empêchent l'avilissement. En effet, en même temps que la production augmente et que la valeur des objets produits s'abaisse, un plus grand nombre d'acheteurs se présentent pour les obtenir, le cercle du bien-être s'agrandit par degrés, et cette *demande*, cette *recherche* maintient le taux des choses à un niveau moyen.

Il peut arriver parfois que les prix n'obéissent pas aux règles que nous avons exposées et que la *concurrence* amène une dépréciation dans le tarif de certains produits. Pour attirer les acheteurs, il n'est pas rare de voir des magasins en renom, tels que le *Printemps*, le *Bon Marché*, le *Louvre* et d'autres non moins connus, offrir des marchandises à des prix inférieurs à leur valeur; mais c'est là un cas particulier dont l'existence n'est que temporaire, et qui cesse dès que les circonstances qui l'ont fait naître ont disparu.

Les causes qui déterminent le prix et la valeur dérivent, en général, de la nature, et, à ce titre, elles font partie de cet ensemble de lois admirables qui sont la base du monde physique et social auquel nous appartenons

---

IV

La monnaie est un moyen d'échange. — La valeur d'un pantalon. — Difficultés des transactions. — Les peuples primitifs. — Les bœufs d'Homère. — Les besoins du commerce font rechercher une monnaie invariable. — Les métaux servent d'instrument d'échange. — Un peuple de l'archipel de Cook. — Prix d'un concert. — Dix dindons pour une romance. — La galanterie d'un roi sauvage. — Inconvénients des payements en nature.

Si je vous demandais, chers lecteurs, ce qu'on entend par le mot *monnaie*, bien certainement vous seriez étonnés de la question.

La monnaie! c'est, me répondriez-vous, le salaire de notre travail, ou le prix du journal que nous tenons entre les mains; c'est cette pièce d'or, d'argent ou de cuivre que nous donnons pour obtenir le pain de chaque jour, pour payer notre loyer, nos vêtements ou nos chaussures; c'est, en un mot, l'instrument avec lequel il nous est possible de nous procurer toutes les choses dont nous avons besoin ou que nous désirons.

Tout ceci est fort exact, j'en conviens; mais pourquoi employez-vous ces petits disques de métal pour l'acquisition des objets que vous énoncez, de préférence à tout autre produit ou à toute autre valeur, au blé, au bétail, au sel, par exemple?

Vous croyez peut-être que je plaisante? Pas du tout.

Pouvez-vous m'expliquer quelle analogie vous trouvez entre la pièce de monnaie et le pain ou la viande qu'on vous donne en échange ? entre un cheval et une livre d'or ? ou bien encore entre cinq grammes d'argent et une douzaine d'œufs ?

Ici votre embarras commence, et la question qui vous semblait naïve au premier abord apparaît avec ses difficultés.

La monnaie, en effet, n'a pas toujours existé, et elle n'est devenue le moyen universel d'échange que lorsque les besoins des hommes, devenus plus nombreux, les eurent contraints à étendre leurs relations et à subdiviser le travail.

Il est impossible que chacun puisse produire de ses propres mains tout ce qui lui est nécessaire, et de même que nous mettons au service de nos voisins l'œuvre de notre métier, de même aussi sommes-nous obligés, à chaque instant, de recourir à eux pour toutes les choses que nous ne saurions nous procurer nous-mêmes. Or, si pour acquitter le prix des objets que nous achetons nous n'avions que le produit naturel de notre travail, il en résulterait de graves inconvénients.

Supposons qu'un cordonnier ait besoin d'un pantalon et qu'il n'ait, pour le payer, que des chaussures. Vous voyez la difficulté. Combien faudra-t-il de souliers pour arriver à la valeur du pantalon ? Quel genre de chaussure et quelle qualité d'étoffe pourront être admis à l'échange ? Toutes ces questions seraient un obstacle souvent insurmontable à l'exécution d'un marché.

Et puis, il se peut faire que le tailleur n'ait pas besoin de chaussures et qu'en même temps il ait le désir d'avoir un chapeau. Il faudra donc que le cordonnier fasse avec le chapelier un premier échange et reçoive un chapeau qui lui est inutile pour le troquer ensuite contre le pantalon du tailleur. Et avant d'arriver à ce résultat, que d'ennuis! que de démarches!

En outre, l'échange direct serait souvent impossible. Notre tailleur a besoin de pain, de vin et de bois. Un seul des vêtements qu'il confectionne vaut tous ces objets; mais celui qui lui donnerait du pain, c'est-à-dire le boulanger, n'a pas de vin, et le vigneron ne possède pas de bois. Cependant, il ne peut donner son habit qu'à un seul, et, tout en ayant de quoi faire un échange qui arrangerait tout le monde, il ne peut pas l'effectuer.

Ce moyen d'échange en nature fut toutefois le premier que l'histoire relève parmi les hommes. Alors que les sociétés n'étaient pas encore formées, que chacun cultivait sa terre et élevait ses troupeaux, on ne connaissait d'autre moyen de se procurer les objets ou produits dont on avait besoin qu'en donnant, à la place, d'autres objets naturels ou fabriqués, d'autres matières brutes ou travaillées dont l'estimation variait selon leur rareté ou la difficulté de leur production.

Dans les temps barbares, le bétail était employé comme instrument ordinaire du commerce, et nous lisons dans un poëme d'Homère que l'armure d'un des princes du temps coûtait neuf bœufs, tandis que celle d'un autre guerrier en valait cent. En Abyssinie, le sel a été employé pour mesurer les échanges, et jusqu'au siècle dernier, en Écosse, il n'était pas rare de voir les ouvriers porter au cabaret ou chez le boulanger des clous au lieu de monnaie (Adam Smith).

Ce mode de payement offrait de fréquents embarras, et les transactions commerciales en souffraient beaucoup. Les rapports avec les pays lointains surtout étaient très-difficiles ; il s'élevait de nombreuses contestations sur le prix de certaines denrées données en payement et dont la valeur différait suivant les circonstances et selon le peuple avec lequel avait lieu le trafic. Ainsi, le blé qui servait, en quelques contrées, de mesure aux échanges, ne pouvait être au même prix dans les années de disette que dans les années fertiles, et il pouvait se faire que l'estimation fixée dans le pays producteur ne fût plus exacte dans le pays destinataire. De plus, tous ces instruments d'échange étaient d'un transport coûteux, peu aisé, et les variations de température ou les fatigues du voyage les détérioraient et leur faisaient perdre par conséquent de leur valeur.

C'est ce qui engagea les peuples commerçants à se servir d'objets plus résistants, moins sujets au changement et d'une circulation plus commode. Nulle matière ne paraissait mieux remplir ce but que les métaux ; aussi l'histoire nous apprend-elle qu'ils furent employés chez les Spartiates et chez les peuples dont la civilisation était plus avancée.

Les uns se servirent du fer, les autres du cuivre et les plus riches de l'or et de l'argent.

C'est ainsi que peu à peu la monnaie est devenue chez tous les peuples éclairés l'instrument universel du commerce, et que les marchandises de toute espèce se vendent et s'achètent ou s'échangent les unes contre les autres par son intervention.

Toutefois, il ne faut pas croire que son usage soit partout répandu. Malgré la facilité des relations commerciales, il est certaines contrées où l'échange en nature subsiste encore. Ainsi, sur les côtes méridionales de l'Afrique et dans certaines îles de l'Océanie, le trafic s'exerce au moyen de verroteries, de canifs, de couteaux et autres produits de fabrication européenne que les capitaines de navires marchands donnent aux naturels de ces pays pour obtenir les plumes ou les peaux des animaux sauvages tués à la chasse.

Il y a quelques années, une artiste d'un de nos grands théâtres parisiens, poussée par un désir insensé de faire fortune, s'embarqua sur un navire en partance pour l'Océanie. Le hasard la fit aborder dans une île de l'archipel de Cook, habitée par des peuplades à moitié sauvages, et dont la principale occupation consistait à pêcher et à chasser.

A peine débarquée, notre héroïne, suivie de quelques compagnons d'aventures, se rendit à la demeure du chef de la tribu pour lui demander l'hospitalité sur ses terres et lui offrir de donner à ses sujets un échantillon des plaisirs et des délassements de la civilisation occidentale.

Le palais du souverain consistait en une grande hutte abritée par quelques arbres à pain, et le roi Makea, le plus beau des noirs du pays, y siégeait entouré des principaux personnages de la peuplade.

La vue d'une jolie femme au teint mat, au regard à la fois doux et brillant, à la mise élégante, produisit sur les naturels une profonde impression. Le roi surtout examina l'étrangère avec une attention toute particulière, et, après quelques paroles de compliments difficilement exprimées (Sa Majesté balbutiait assez mal l'anglais), il supplia notre compatriote de se faire entendre, et fit aménager à cette intention un grand hangar, qui, pendant de longues années, avait servi à entasser des poissons desséchés.

C'est là qu'eurent lieu les concerts. Le poisson était parti, mais l'odeur en était restée. Malgré cela, l'affluence des curieux fut considérable, et Sa Majesté noire daigna plusieurs fois honorer les représentations de sa présence. Le succès des artistes fut complet, et l'enthousiasme des sauvages devint tel, que la diva eut souvent fort à faire pour se débarrasser des hommages par trop bruyants et démonstratifs de ses admirateurs.

Naturellement, les recettes s'en ressentirent; mais c'est là que commence le grotesque de l'aventure. Les sujets du roi Makea ne connaissaient pas l'existence de la monnaie, et leur système d'échange avait fait peu de progrès depuis l'époque où l'infortuné capitaine Cook les avait découverts. Des noix de coco, des bananes et des calebasses composaient à peu près toute la circulation de ce primitif pays, et il fallait de bien grosses dépenses pour que le payement fût opéré en bétail.

Ceci n'embarrassa nullement les nababs de l'endroit, qui eurent bientôt estimé en produits naturels la valeur de chacune des romances ou chansons de leur blanche enchanteresse. Un air d'opéra fut payé d'un cochon, une romance fut taxée à cinq dindons ou poulets, et une chanson rapporta vingt-cinq citrouilles. C'est ainsi qu'à la suite d'un de ses concerts l'audacieuse aventurière reçut, pour prix de cinq morceaux de chant, trois porcs, vingt-trois dindons, quarante-quatre poules, cinq mille noix de coco, douze cents ananas, cent vingt boisseaux de bananes, cent vingt citrouilles et quinze cents oranges. Le roi lui-même paya son entrée en calebasses gravées, et, poussant l'affabilité jusqu'à la galanterie, en offrit une présentant son portrait en profil.

Assurément, la recette était grasse, et, portée à la halle de Paris, elle eût été estimée au moins quatre mille francs. De la part de sauvages ignorants, c'était splendide! Mais que faire d'un pareil butin? Notre artiste n'avait ni étable pour ses porcs, ni fumier pour ses dindons et ses poulets, ni grains pour les nourrir, et la place lui manquait pour abriter ses fruits et ses citrouilles, qui, d'ailleurs, dépassant de beaucoup sa consommation personnelle, ne tarderaient pas à se détériorer et à perdre de leur valeur.

Son embarras fut grand, car elle était venue d'Europe pour faire fortune, et laisser perdre tant de bonnes et belles choses n'était pas un moyen d'y parvenir. Elle fut donc obligée d'attendre que des marchands des îles voisines vinssent faire le commerce, et, pendant ce temps, de donner aux porcs ses citrouilles, aux dindons et aux poules les bananes et les oranges, de sorte que, pour maintenir sur pied la partie animale de sa recette, elle dut lui sacrifier tout le végétal. Aussi, quand vint le jour de la réalisation, put-elle, à grand'-peine, retirer cinq cents francs de ce qui en valait primitivement quatre mille.

Cet exemple prouve combien est commode le système de la monnaie, combien il est avantageux à ceux qui l'emploient. Mais, pour que sa valeur soit constante, il faut qu'elle obéisse à certaines lois déterminées ; c'est ce que nous expliquerons dans notre prochaine causerie.

V

Histoire de la monnaie. — Les métaux précieux. — Le coin. — On n'augmente pas arbitrairement la valeur de la monnaie. — Les faux monnayeurs. — La diversité des monnaies. — Le *franc* est l'unité monétaire de la France. — Quelles sont les pièces de monnaie qui circulent en France? — Quantités de métaux précieux qui existent dans le monde. — La découverte des mines de la Californie et de l'Australie. — La monnaie en Europe. — La richesse monétaire de la France.

L'emploi de tous les métaux indistinctement offrait jadis de graves inconvénients.

Les peuples qui employaient, pour cet usage, le fer, le cuivre ou le plomb, étaient obligés de les peser et de les essayer, et ces opérations entraînaient avec elles de grandes difficultés. La plus sérieuse était d'effectuer les payements, autrement dit de faire circuler cette monnaie incommode d'un lieu à un autre. Or, sa valeur étant souvent très-inférieure à celle de certains objets qu'elle était destinée à payer, il en fallait une quantité considérable dont le transport était coûteux et embarrassant. C'est ainsi qu'à Lacédémone, où la monnaie était en fer, une charrette à deux bœufs était nécessaire pour porter une somme de cinq cents francs.

Mais à mesure qu'on retira de la terre des quantités plus considérables de fer ou de cuivre, ces métaux diminuèrent notablement de valeur et leur rôle comme monnaie fut accordé peu à peu à l'or et l'argent, que leurs qualités spéciales et leur rareté permettaient d'employer sous un petit volume, tout en leur conservant un grand prix ; de là leur nom de métaux précieux.

L'or et l'argent remplissent, en effet, toutes les conditions d'une bonne monnaie. Ils sont facilement acceptés en tous lieux et en tous temps; leur matière est susceptible de se fractionner en quantités assez petites pour se prêter à toutes les transactions et possède une valeur suffisante, sous un petit volume, pour être aisément transportée. Ils sont assez durs pour résister au frottement qui résulte d'une circulation continuelle, et l'influence de l'air et de l'humidité ne les altère pas sensiblement.

Pour éviter les désagréments du pesage de la monnaie, lors d'une opération commerciale, les peuples ont adopté un système qui consiste à appliquer une effigie ou un signe quelconque sur chaque pièce de monnaie et à en indiquer ainsi la valeur. C'est ce qui a donné lieu à l'institution du *coin*, dont l'empreinte, couvrant entièrement les deux côtés de la pièce et quelquefois aussi la tranche, est censée certifier non-seulement le titre, mais encore le poids du métal.

Le peuple qui paraît avoir adopté et fabriqué le premier la monnaie proprement dite est le peuple phénicien, le même qui passe pour être l'inventeur de l'alphabet. Livré au commerce maritime, en rapport avec les nations les plus lointaines, il avait promptement compris la nécessité de trouver un moyen d'échange qui fût facilement acceptable et transportable, et il avait fait couler et frapper des pièces d'or ou d'argent semblables à elles-mêmes, pour chaque sorte de pièces, par l'empreinte, la forme, le poids total et surtout le poids d'or ou d'argent fin qu'elles contenaient.

Il ne faut pas croire que, puisque l'empreinte atteste la valeur de la monnaie, on pourrait à volonté augmenter l'argent d'un pays en augmentant la valeur de sa monnaie. La monnaie n'est pas seulement un signe de la valeur, elle est elle-même une marchandise possédant une valeur intrinsèque déterminée.

Admettez, pour un instant, que la pièce de 5 francs qui sert à payer un objet quelconque soit fondue par ordre du chef de l'État, et que l'argent qui la composait soit employé à faire deux pièces de la même valeur nominale au lieu d'une, croyez-vous que le pays aura doublé sa richesse? Non; l'objet qui se vendait 5 francs coûtera tout simplement 10 francs.

L'histoire est là pour attester l'exactitude de ce fait, et personne n'ignore que les gouvernements d'autrefois, alors peu versés dans les questions économiques, croyant accroître la richesse de la nation en altérant les monnaies, ne réussissaient qu'à jeter le trouble dans les transactions et souvent à causer la ruine de l'industrie et du commerce.

Il n'était pas extraordinaire de voir paraître un édit qui démonétisait les espèces courantes et en ordonnait le versement au Trésor royal. On les refondait, ou bien on se contentait de les marquer d'un poinçon ; on en accroissait ainsi la valeur et on les remettait en circulation. La différence entre leur ancien et leur nouveau cours devenait alors le gain de la couronne.

Qu'advenait-il de cette altération?

Le public, qui recevait du gouvernement ces nouvelles monnaies au prix des anciennes, ne tardait pas à être fraudé lui-même de la différence, et l'altération étant bien vite reconnue, les commerçants refusaient de recevoir la nouvelle monnaie pour sa valeur nominale, ne la prenaient que pour sa valeur réelle, ou bien doublaient ou triplaient le prix de leurs marchandises.

Autrefois la monnaie offrait, en France, des types variés et nombreux : la frappe de la monnaie étant considérée comme un droit souverain, tous les seigneurs suzerains avaient leurs hôtels des monnaies, où les pièces étaient marquées à leur empreinte et différaient de poids, de valeur ou de forme selon la richesse et la situation de la province. On ne pouvait aller d'une contrée dans une autre sans être soumis à des vexations de tout genre, à des changes de monnaies fort désagréables pour les voyageurs, et surtout très-désavantageux pour les commerçants puisqu'ils aboutissaient presque toujours à une perte.

C'est absolument ce qui se passait naguère en

Allemagne (1), où chaque État possédait un moyen d'échange spécial, une monnaie nombreuse dont il fallait se défaire à la limite de chaque territoire.

En France, lors de la Révolution, en 1789, on trouvait en circulation soixante espèces d'or et quatre-vingt-dix d'argent de valeur différente.

L'un des premiers soins de l'Assemblée constituante fut de réformer le système monétaire et de le réduire à la décimalité. Le *franc*, ou le poids de 5 grammes d'argent, au titre de 9/10, c'est-à-dire contenant 9 parties d'argent et une partie d'alliage, fut pris comme l'unité à laquelle se rapporteraient toutes les monnaies, et l'or qui valait alors quinze fois et demie plus que l'argent, composa la matière de pièces déterminées contenant une quantité d'or quinze fois et demie moins considérable que le poids de l'argent correspondant au nombre de francs marqué sur la pièce.

C'est ainsi que nous avons aujourd'hui des pièces de monnaie entièrement conformes au système décimal qui fut également établi, a la même époque, comme unité de mesure (2).

Ces pièces sont :

En argent.	En or.
5 francs	100 francs.
2 —	50 —
1 —	40 —
0.50 centimes	20 —
0.20 —	5 —

(1) L'unification monétaire de l'Allemagne a été exécutée en vertu de la loi du 24 novembre 1871.

(2) La loi du 23 décembre 1865 et le décret impérial du 20 juillet 1866 approuvant et promulguant les décisions de l'Union latine ont décidé la frappe des pièces d'argent de 2 fr., 1 fr., 50 centimes et 20 centimes à 835 millièmes de fin et celles d'or et de 5 francs d'argent à 900 millièmes.

Quelques-unes sont moins usitées que les autres dans l'usage habituel de la vie. Celles d'argent sont très-communes, et, pour les transactions de peu d'importance, elles offrent de grandes commodités. Parmi les pièces d'or, celles de 20, 10 et 5 francs sont répandues ; mais les deux premiers types de 100 et 50 francs sont beaucoup plus rares dans la circulation. Ce sont des pièces de luxe, que la curiosité ou l'amour de la collection peut faire rechercher, mais qui se voient rarement dans les payements de particulier à particulier.

Tous les peuples civilisés se servent des métaux précieux pour leurs échanges, et les types de leurs monnaies, bien que n'étant pas les mêmes partout, présentent cependant avec les nôtres certaines analogies qui facilitent les transactions.

On nous a souvent demandé quelle pouvait être la quantité d'or et d'argent monnayés qui circule sur la surface du globe.

C'est là une curiosité bien naturelle et que nous sommes heureux de satisfaire, dans la mesure du possible, car il est difficile d'obtenir un calcul rigoureusement exact.

En effet, que de richesses enfouies dans la terre ou englouties dans la profondeur des mers que l'homme ne pourra jamais recouvrer ! Depuis la perte des galions d'Espagne, dans la baie de Vigo, en 1702, que de désastres n'enregistrons-nous pas tous les jours, au milieu desquels disparaissent des quantités plus ou moins considérables d'or et d'argent !

Et puis il faut y joindre le *frai* ou usure des pièces qui circulent et la démonétisation qui transforme la monnaie en objets d'art ou d'utilité.

Il résulte néanmoins des recherches opérées récemment par les ingénieurs et les économistes que le stock métallique du monde était en 1848 d'environ 25 à 30 milliards de francs. A cette époque, la découverte des mines de la Californie et de l'Australie jeta sur les marchés occidentaux des quantités importantes de métaux précieux qui, produisant de 5 à 600 millions par an, portent le chiffre total des métaux précieux employés dans le monde actuellement à 55 milliards.

Toute cette somme énorme n'est pas convertie en monnaie; le tiers à peine est employé à cet usage, et l'Europe à elle seule en absorbe pour 12 milliards sur 15 qui existent chez les peuples civilisés.

Sur ce chiffre, la France compte pour 6 milliards, dont 4 en or et 1,800 millions ou 2 milliards à peu près en argent. C'est, en effet, le pays le plus riche du globe en monnaie métallique, et la Grande-Bretagne, qui fait près de moitié plus d'affaires que la France, n'en possède que 2 milliards et demi. La pièce de 20 francs est devenue chez nous la monnaie vraiment nationale: elle s'est démocratisée, et sa fabrication parfaite, sa propreté et cet air de coquetterie qu'elle porte en elle-même la font rechercher. Unie à la pièce d'argent et à la monnaie de cuivre qui facilitent les échanges journaliers, elle permet à la France de suffire à un mouvement d'affaires qui n'est pas moindre de 7 milliards et demi à l'extérieur et de 100 milliards à l'intérieur.

VI

La puissance et les attraits du billet de banque. — Son rôle. — Il repose sur la confiance. — Ses avantages. — Papier-monnaie. — On n'augmente pas la richesse du pays en émettant arbitrairement des billets de banque. — Le premier billet de banque. — L'Écossais Law et son système. — Les ruines du système. — La Caisse d'escompte. — Une galanterie de M. de Calonne. — Les assignats. — Ce que coûtait une paire de souliers en 1795.

Qui ne connaît le billet de banque, cette magique et coquette gravure que la Banque de France retire de ses presses pour la livrer à la circulation? Bien certainement, depuis l'aristocratique billet de mille francs jusqu'à celui plus modeste de cinq francs, qui a, pour ainsi dire cessé de vivre aujourd'hui, tous ont passé, sinon dans vos mains, du moins sous vos yeux, caressant mollement vos regards, évoquant de doux rêves et éveillant en vos âmes de chatoyantes illusions?

Vous êtes-vous rendu compte d'où leur venait ce prestige, par quel insigne privilége une mince feuille de papier, enrichie de quelques dessins allégoriques, pouvait inspirer tant d'ambitions, et exercer sur les esprits tant de charmes et de séductions?

Peut-être non; et cependant l'usage qui, lui aussi, possède une grande puissance, vous fait accepter comme de l'argent comptant un objet n'ayant, en lui-même, aucune valeur! D'où vous vient cette confiance?

C'est que le billet de banque est *une promesse de payer à vue* la somme stipulée sur le billet, et que cette promesse est garantie par l'existence de cette somme *en espèces* dans les caisses de la banque qui a émis le billet. C'est là la véritable raison de la valeur du billet de banque, et cette valeur est d'autant mieux établie, d'autant plus constante, que la Banque est solidement instituée et possède une organisation régulière et sérieusement contrôlée.

Ainsi le billet de banque est la représentation d'une quantité déterminée d'or et d'argent, et son rôle est de suppléer aux espèces monnayées dans les transactions commerciales ou autres.

A ce point de vue, il rend de réels services et les avantages qu'il procure sont très-importants.

D'abord, il est d'une très-grande commodité pour le public. Moins lourds et moins encombrants que l'or et l'argent, les billets peuvent, sous un petit volume, présenter des sommes considérables et permettre d'effectuer les payements avec une très-grande rapidité.

Ensuite ils économisent le numéraire, et ce fait mérite d'être apprécié. Il résulte, en effet, des observations des savants, que les métaux précieux subissent, par la circulation, par le frottement, une dépréciation qui, sans être très-considérable, finit par devenir sensible au bout d'un certain temps. Or l'emploi des billets permet de laisser reposer le numéraire dans les caisses et d'ajouter à l'économie du *frai*, ou usure de la monnaie, celle du transport, qui, sans lui, coûterait certainement plus cher.

Enfin les billets augmentent de fait le capital d'une nation. Supposez, par exemple, que la Banque de France ait pour deux milliards de billets en circulation, alors qu'elle ne possède qu'un milliard de numéraire en caisse; c'est comme si le capital de la France était augmenté d'un milliard. Par le fait du crédit, la richesse publique se trouve ainsi accrue de sommes qui, se répandant dans l'industrie et le commerce, les alimentent et leur donnent un puissant développement.

Est-ce à dire que le billet de banque représentant ainsi des valeurs considérables, il suffirait d'en émettre une certaine quantité pour augmenter à volonté la richesse du pays?

Assurément non. C'est là une très-grave erreur, qui s'est accréditée cependant auprès de beaucoup de personnes, et dont l'application conduirait directement au papier-monnaie, cette utopie du dix-huitième siècle si pleine de déceptions et de désastres.

Parcourez les pages de notre histoire, faites un retour vers le passé, et vous saurez combien elle a été funeste à la France : vous verrez que deux fois en un siècle l'oubli des véritables principes économiques a fait crouler notre crédit et compromis la fortune et l'avenir même du pays.

L'histoire du billet de banque, dans notre beau

pays de France, est, en effet, déjà vieille d'un siècle et demi.

En 1716, au lendemain de la mort de Louis XIV, un homme d'une haute intelligence, doué d'une imagination ardente, quitta l'Écosse, sa patrie, pour venir offrir au duc d'Orléans, régent de France, un système de crédit qu'il prétendait appelé à rendre de grands services à l'État et à rétablir l'équilibre dans le trésor public.

Ce système consistait dans la création d'une grande institution de crédit, autrement dit d'une banque, destinée à recevoir des dépôts, à escompter les effets de commerce et à émettre des billets remboursables *à vue* et *au porteur* en écus de banque. L'idée était excellente : les habitudes du commerce s'étaient modifiées depuis longtemps, et le billet de banque offrait des commodités qui furent promptement appréciées et le firent accueillir avec empressement par le public.

Malheureusement, l'auteur du système dépassa les limites de la prudence et de la sagesse. Le chiffre des billets circulants qui ne devait être, d'après les ordonnances royales, que de 1,200 millions, somme à peu près égale à la valeur moyenne du numéraire existant alors dans le royaume, se multiplia sous l'impulsion de la spéculation, et atteignit, en 1720, 2,700 millions et même 3 milliards de livres.

La réaction ne tarda pas à se faire et les porteurs de billets, effrayés, se portèrent en masse aux guichets de la banque, qui se vit contrainte de refuser le remboursement faute d'espèces monnayées.

Ce fut un véritable désastre : la chute du système entraîna le bouleversement d'un grand nombre de fortunes privées et fit naître dans les esprits une antipathie profonde pour le billet de banque.

En 1776, une nouvelle Banque, la Caisse d'escompte, patronée par l'État, émit également des billets qui, acceptés difficilement au début par le public, finirent cependant par être employés dans les transactions. Ces billets, composés d'un papier léger, sans consistance et transparent, contenaient des mots tracés en rose.

On les surnommait les billets de Calonne, à cause d'une aventure dont ce ministre avait été le héros. On raconte, en effet, qu'une illustre artiste de la fin du siècle dernier, Mme Vigée-Lebrun, dont quelques œuvres décorent le musée du Louvre, ayant peint le portrait de M. de Calonne, en reçut, comme honoraires, une corbeille de bonbons enveloppés dans des billets de la Caisse. Cette fantaisie fit grand bruit, et l'esprit malin du temps en profita pour faire courir des sonnets légers et pour baptiser les élégants billets du nom du fastueux gentilhomme.

Les billets de la Caisse d'escompte disparurent au milieu de la tourmente révolutionnaire et furent remplacés par les assignats, de funeste mémoire.

Qui ne connaît l'épouvantable banqueroute engendrée par les fautes de la Révolution et ne sait l'histoire de ces assignats aux mille formes qui, se renouvelant sans cesse, repoussés partout, présentaient en 1796, époque où furent brisées les planches à assignats, le chiffre énorme de 45 milliards?

Leur origine et leur valeur étaient des plus variées; il y en avait de 100 à 10,000 livres, et depuis 5 livres jusqu'à 5 sous, et leur dépréciation atteignait, en 1795, de telles proportions que, d'après les mémoires du temps, une paire de souliers coûtait en assignats 1,800 livres, et qu'on ne se procurait un louis d'or de 24 fr. qu'au prix de 7,200 fr. de billets.

Aussi, que de ruines accumulées, que de désastres dont le souvenir est resté longtemps gravé dans le cœur de nos pères et les rendait naguère encore défiants et rebelles à toute circulation des billets de banque!

Tel avait été le résultat de l'erreur du papier-monnaie. Les hommes de la Révolution avaient oublié que l'or et l'argent sont des valeurs réelles, et que le billet n'a de prix qu'autant qu'il est la représentation de ces valeurs et peut s'échanger à volonté contre des espèces.

VII

Le billet de banque actuel. — Le premier consul et la Banque de France. — Les crises. — Cours forcé et cours légal. — Différence entre le cours forcé et la monnaie de papier. — Gros billets et petites coupures. — Solidité du billet de la Banque de France. — De nos jours, le billet de banque est démocratisé. — Le soleil luit pour tout le monde. — Fabrication du billet de banque. — Son état civil. — Sa naissance et sa mort. — Les aventures d'un billet de banque. — Les billets avariés. — Leur remboursement exige certaines conditions.

Après la Révolution, lorsque les esprits se furent calmés et que, sous l'influence d'un pouvoir fortement établi, les institutions eurent commencé à se fonder et les affaires commerciales et industrielles à reprendre un nouvel essor, le besoin d'instruments de crédit se fit promptement sentir.

Plusieurs banques émirent alors des billets qui, timidement reçus dans la circulation, ne tardèrent pas cependant à être admis en payement et à faire reparaître les espèces monnayées momentanément disparues.

Mais la diversité des billets circulants présentait des inconvénients souvent graves dans le cours des transactions, et le contrôle des banques qui les émettaient était peu facile ; c'est alors que le premier consul Bonaparte forma le projet d'unifier la circulation des effets de crédit, et créa, à cet effet, le 28 nivôse an VIII (18 janvier 1800), la Banque de France, à laquelle il accorda le privilége d'émettre seule des billets, et dans laquelle vinrent se fondre toutes les banques d'émission primitivement autorisées.

A partir de cette époque, tous les billets des caisses privées disparurent peu à peu, et le billet de la Banque resta seul, avec celui des Banques départementales privilégiées, investi de la confiance publique et circulant selon des règles déterminées par la loi et sous le contrôle de l'État.

Il ne faut pas croire que, malgré ce contrôle très-efficace et la prudence méticuleuse de la Banque, les billets n'aient pas traversé depuis soixante-quinze ans des périodes difficiles. Des crises terribles, au contraire, ont surgi, qui ont créé de grands embarras tant au gouvernement qu'à notre grand établissement financier, et au milieu desquelles on a pu craindre un instant de voir s'écrouler tout le système de la monnaie fiduciaire. Chaque révolution qui s'est abattue sur la France a porté un coup sensible au crédit, et tout naturellement le billet de banque, qui puise sa puissance dans les nécessités de la circulation, mais à la condition que la confiance ne soit pas ébranlée, se ressentait vivement de la diminution de cette confiance.

Pour éviter une catastrophe à la Banque et au public qui en aurait souffert encore davantage, le gouvernement a dû deux fois avoir recours à une mesure énergique dont la première application date de 1848 : il a décrété le *cours forcé* des billets. Dès que ce régime est adopté, la banque n'est plus tenue de payer les billets en espèces et l'Etat leur donne *cours légal* en obligeant le public à les recevoir comme de l'argent comptant et les agents du Trésor à les encaisser en payement des contributions. Dès que les circonstances l'ont permis, le cours forcé établi en 1848 a été supprimé et la Banque a repris ses payements en espèces; il en sera de même prochainement en ce qui concerne le cours forcé établi en 1870 (1). Mais, dans cette dernière circonstance, c'est la nécessité d'emprunter des sommes énormes à la Banque qui a obligé le Gouvernement à établir le cours forcé. Le rétablissement des payements en espèces ne pourra donc avoir lieu que lorsque la dette de l'État sera amortie ou considérablement diminuée.

L'établissement du cours forcé a pour effet de transformer le billet de banque en papier-monnaie. C'est une mesure qui a les plus graves inconvénients. Pour y parer dans la mesure du possible, on a fixé dans la loi un maximum au-delà duquel il est interdit de faire des émissions de billets. Le maximum actuel de la circulation est de 3 milliards 200 millions.

La facilité surprenante avec laquelle le pays a

(1) En vertu de la loi du 3 août 1875, le cours forcé doit être supprimé dès que les avances faites au Trésor auront été abaissées à 300 millions.

supporté le cours forcé en 1848 et en 1870 est certainement la plus mauvaise leçon d'économie politique pratique que la France ait reçue dans ces derniers temps. Si on n'a pas ressenti les mauvais effets d'une mesure funeste prise à contre-cœur, et parce qu'on ne pouvait pas faire autrement, il n'en est pas moins vrai qu'on a pour ainsi dire tenté la fortune, et qu'il serait d'une imprudence extrême de transformer en un principe de conduite ce qui n'a été qu'un expédient dangereux, mais nécessaire.

A l'origine, les billets de la Banque émis à Paris étaient de *mille* et *cinq cents* francs, et ceux des départements de *deux cent cinquante* francs. Mais, avec le progrès des affaires et la facilité des relations accrue de jour en jour par la construction de nouvelles routes, et plus tard par la création des chemins de fer, on sentit la nécessité de créer des moyens de crédit plus appropriés aux nouveaux besoins du commerce et de l'industrie.

La loi autorisa alors la création de coupures des billets de banque, qui, d'abord fixées au minimum de 200 francs, furent successivement et après de nombreux débats et des études consciencieuses, abaissées à 100 francs, 50, 25, 20 et même 5 francs, à la suite de la guerre contre l'Allemagne.

C'est à cette division de la coupure que le billet de banque a dû de devenir populaire et de vaincre la répugnance d'un grand nombre de personnes à s'en servir. Qui ne sait la difficulté qu'ont eue les billets à se répandre dans les campagnes? Les paysans, fins observateurs, et doués, en ce qui concerne leurs intérêts, d'une mémoire très-fidèle, ne croyaient pas à la solidité d'un papier dont la forme et l'usage ne leur rappelaient que trop les assignats de leurs pères, et nous en avons vu souvent préférer se charger d'écus d'argent pour un parcours très-long plutôt que d'accepter des billets.

Cette antipathie a disparu presque entièrement. Les habitudes du crédit se sont modifiées; les coupures de la Banque se sont répandues partout jusque dans la vie de chaque jour et elles sont même recherchées aujourd'hui de préférence à la monnaie d'argent, fort incommode et fort lourde.

Le billet s'est démocratisé; vous le retrouvez dans la bourse à treize sous de la plus modeste ménagère et dans le portefeuille en maroquin du puissant banquier, dans le tiroir de l'armoire la plus vulgaire et dans le meuble de Boule de nos grandes dames.

Jadis, le caissier de la Banque, dont la signature figurait sur les billets, se nommait Soleil, et la malice populaire, qui rit de tout, s'était plu à jouer sur ce mot. « Le soleil ne luit pas pour tout le monde, » disait-on, « et il n'est donné qu'aux riches de jouir de ses bienfaits. » Aujourd'hui, si M. Soleil vivait encore, cette saillie n'aurait plus raison d'être. Le soleil luirait pour tout le monde; car il n'est personne qui ne puisse posséder une des coupures que la Banque émet, et le billet de 5 francs, qui a rendu de si éminents services en

1872, a pénétré jusque dans les moindres villages de France.

Malgré le nombre de billets aujourd'hui circulant, ne croyez pas que leur émission se fasse sans ordre, sans mesure et sans certaines précautions extrêmement minutieuses.

Nous n'entrerons pas dans des détails absolument techniques, qui n'auraient aucun charme pour nos lecteurs; mais il est bon de savoir que la fabrication et la mise en circulation d'un billet de 5 francs exige tout comme celui de 1,000 francs des études préalables très-sérieuses. L'emploi du papier, des caractères, des vignettes n'est pas livré au caprice ou au hasard; il est déterminé par des règlements sévères qu'on ne transgresse jamais.

Puis le billet fabriqué reçoit un numéro d'ordre; on lui applique des *lettres* de reconnaissance, en un mot, on lui dresse un véritable état civil qui doit le faire reconnaître partout, de sa naissance à sa mort.

En effet, après un séjour plus ou moins long dans la circulation, le billet revient le plus souvent au lieu de son origine, c'est-à-dire dans les caisses de la Banque de France qui l'a émis. Là il est soumis à un nouvel examen, et si sa constitution ne lui permet plus de voyager par le monde, un arrêt le condamne; ses signes de reconnaissance permettent de reconstituer sa personnalité, et une griffe spéciale qu'on lui applique le prépare à la mort, c'est-à-dire à l'*annulation*.

Mais, avant d'en arriver là, que de péripéties, que d'aventures n'a-t-il pas traversées!

Si les billets de banque pouvaient parler, quel curieux roman ne nous serait-il pas donné parfois de parcourir!

Tristesses, joies, larmes et ris, toutes les phases de la passion humaine, beaucoup ont le privilége de les posséder et de les déterminer. De combien de drames et de crimes n'ont-ils pas été la cause! que d'actes éclatants, que de traits d'héroïsme n'ont-ils pas encouragés! mais aussi de quelles actions dégradantes n'ont-ils pas souvent été le prix!

Leur histoire serait l'histoire de bien des guerres, le dénoûment d'un grand nombre de situations émouvantes et peut-être aussi l'explication de certains dévouements; elle serait l'exposé de tout ce que la nature renferme non-seulement de plus élevé, de plus noble, mais aussi de plus vil.

Tous les billets ne reviennent pas entiers du voyage qu'ils ont entrepris. Comme les pigeons de la fable, certains d'entre eux rentrent brisés, se tenant à peine, les uns en partie dévorés par des souris, les autres cicatrisés par l'incendie, d'autres enfin réduits en pâte par l'incurie d'une ménagère qui les a passés à la lessive avec le gilet qui les portait.

Ceux-là demandent un examen plus rigoureux à leur apparition aux guichets de la Banque, car de leur reconstitution intégrale dépend leur valeur et leur remboursement. C'est alors que les précautions prises à leur sortie deviennent précieuses. Les numéros d'ordre et de série qui leur ont été assignés sont confrontés avec ceux du talon que la Banque conserve avec soin; et ce n'est que lorsque tout danger d'erreur a disparu, que le remboursement en est effectué et que le billet malade est renvoyé à l'annulation.

VIII

Les billets faux. — Difficulté d'imiter le billet de la Banque de France. — Les faussaires. — Un exploit de Vidocq. — Le contrefacteur de la rue de Cléry. — Giraud de Gatebourse. — Le train de vie d'un faussaire. — Histoire d'un déporté. — Un forçat dévoré par les crabes. — La Banque n'est pas obligée de rembourser les billets faux. — Mille baisers. — A qui appartiennent les billets perdus.

A côté du billet légal, correct, au type parfait et revêtu des signatures autorisées que la Banque de France émet, il a circulé, à certaines époques, des billets imités parfois avec succès, tirés sur des planches particulières, que des faussaires fabriquaient en cachette et qu'ils jetaient habilement et par degrés dans la circulation.

Quelques-uns étaient grossièrement faits, les dessins de la vignette présentaient de nombreuses lacunes, et le corps des billets, défectueux en maint endroit, ne laissait aucun doute sur leur origine.

D'autres, au contraire, artistement tracés, d'une pureté de traits irréprochable, étaient facilement acceptés du public et circulaient sans obstacle, jusqu'au jour où ils venaient échouer sous le regard observateur des agents de la Banque.

En présence de semblables tentatives, notre grand établissement financier a, de tout temps, pris des précautions extrêmement minutieuses. Convaincu que ses billets auraient d'autant plus de valeur qu'ils seraient sagement répartis dans la circulation et assurés du remboursement en espèces, il demanda, dès l'origine, à la loi une protection contre ceux qui abuseraient de son nom pour donner au public un papier-monnaie contrefait. C'est ainsi que fut jadis introduit dans la législation un article, reproduit dans le corps du billet, condamnant à la peine de mort tout faussaire ou contrefacteur des billets de la Banque; mais, en 1832, cette peine a été changée en celle des travaux forcés à perpétuité.

Malgré cette pénalité et les précautions dont la Banque entoure ses émissions, malgré le fini de ses billets qu'elle perfectionne chaque jour davantage, elle a encore quelquefois de rudes assauts à soutenir. Des hommes adroits, laborieux même, montent de véritables ateliers de fabrication de billets et emploient à faire le mal une intelligence et des aptitudes qui, dirigées vers le bien, auraient pu produire des résultats vraiment merveilleux.

L'histoire des faussaires serait trop longue à raconter, et les détails en sont d'ailleurs à peu près les mêmes pour tous; cependant deux fois les tentatives d'émission de faux billets ont causé, dans le monde des affaires, une émotion profonde qui fit craindre un instant que la confiance publique ne fût ébranlée.

En 1822, l'apparition d'une grande quantité de billets imités attira l'attention de la Banque et provoqua de laborieuses recherches de la part de la justice. Les billets étaient admirablement confectionnés et annonçaient chez leur auteur un grand talent de dessinateur et une profonde habileté à graver. L'existence d'une planche paraissait donc certaine, et cette assurance contribuait à entretenir l'inquiétude dans l'esprit de l'administration de la Banque.

Les recherches opérées pour découvrir le coupable avaient été depuis longtemps infructueuses, lorsqu'un jour de septembre 1822, on arrêta un ouvrier du nom de Collard, soupçonné d'être le coupable. Ce malheureux était père de quatre enfants, et jusque-là sa vie avait été irréprochable. Il entra dans une voie de dénégations qui dérouta complétement la justice et faillit amener l'abandon de la poursuite.

C'est alors que le fameux Vidocq, chargé par la police de rechercher la vérité, se mit en campagne et, par des ruses adroites, parvint à obtenir de Collard des aveux complets.

L'atelier de fabrication des billets faux était établi au troisième étage d'une maison de la rue de Cléry, à Paris. La justice y fit une descente, et, sur les indications fournies par le faussaire lui-même, on découvrit la planche aux billets, le papier destiné à recevoir les empreintes et, au fond d'une cachette habilement dissimulée dans le mur, une somme de 44,000 francs en or.

Collard parut devant la cour d'assises de la Seine, et, grâce à ses antécédents et au repentir dont il fit preuve, il ne fut condamné qu'à quinze ans de travaux forcés.

Mais la tentative la plus extraordinaire en ce genre s'est produite il y a vingt-quatre ans, et l'habileté avec laquelle elle fut conduite put faire croire un instant qu'on avait établi un siége en règle contre le crédit de la Banque.

Dans le courant de l'année 1853, quelques billets faux de cent francs furent présentés aux guichets de la Banque, qui en paya le montant en espèces. Ces billets se distinguaient des précédents par une exécution supérieure attestant chez leur auteur une rare habileté et un soin constant à corriger les imperfections de l'œuvre.

Leur ressemblance avec les véritables billets était telle qu'ils circulaient sans entrave, et que, sauf les agents de la Banque, tout le monde pouvait y être trompé. La différence reposait, en effet, sur une cheville trop longue que le contrefacteur avait laissée paraître près de la tête du Mercure qui sert d'ornement à la console supportant le cartouche où est reproduit l'article 139 du Code pénal ; sans cet indice, il eût été impossible de distinguer les billets vrais des faux.

La police, instruite de ce fait, se mit activement en campagne; mais, malgré toutes ses démarches, elle ne put arriver à découvrir d'où partait la contrefaçon. Une inquiétude grave s'empara de la Banque, d'autant plus que les émissions continuaient à croître dans des proportions sensibles. En 1856, le nombre des billets faux augmenta encore, et l'année suivante, aux billets de 100 francs se joignirent les coupures de 200 francs, dont l'émission ne dura cependant que jusqu'en 1860, à cause de la difficulté qu'elle présentait.

Les recherches furent alors activées, mais elles n'aboutirent à aucun résultat.

Enfin, après huit années de longues et infructueuses recherches, on s'aperçut que l'émission des billets faux se faisait alternativement ou plutôt simultanément à Paris et à Angoulême. On en conclut que le faussaire devait habiter les Charentes et que, pour donner le change, il émettait une partie de ses billets à Paris.

Le cercle des perquisitions ainsi circonscrit, la police se remit secrètement à l'œuvre, et on parvint à soupçonner un certain Giraud, ancien graveur, qui habitait une maison de campagne au hameau de Gatebourse, dans l'arrondissement de Saint-Jean d'Angely.

Ce Giraud de Gatebourse (nom tout de circonstance!) menait depuis quelques années un train de vie complétement en désaccord avec sa situation de fortune. Fêtes et plaisirs, dîners fins, meubles somptueux, réceptions princières, tout ce qui constitue la vie élégante et riche était devenu de mode au château de Gatebourse.

Giraud avait onze domestiques à son service, nourrissait dix chevaux de prix dans ses écuries, entretenait une meute de chiens de Saintonge et recevait fréquemment à sa table les notabilités de son arrondissement.

Toutes ces circonstances le rendirent suspect, et, un jour que le châtelain de Gatebourse donnait à quelques invités les plaisirs de la chasse, la justice fit une perquisition dans sa demeure, et elle acquit la certitude qu'il était l'auteur des émissions successives qui avaient effrayé pendant huit ans la Banque et le public.

Arrêté le 23 août 1861, Giraud de Gatebourse fut condamné aux travaux forcés à perpétuité et transporté à Cayenne.

Un jour qu'il était parvenu à tromper la surveillance de ses gardiens, il s'entendit pour fuir avec un de ses camarades du bagne, du nom de Poncet, destiné, après un nouveau crime, à porter sa tête sur l'échafaud. Les deux fugitifs se jetèrent à la mer dans l'espoir de gagner les possessions hollandaises, d'où ils pensaient se diriger vers des contrées moins inhospitalières; mais Giraud, moins habile que son complice, resta englué dans les vases du rivage, et l'on retrouva son corps à moitié dévoré par des crabes.

On s'est souvent demandé si la Banque était obligée de rembourser les billets faux, et cette question, pourtant si simple au point de vue du droit, a soulevé bien des polémiques.

Non, la Banque n'est pas obligée de payer les billets faux, et, en plusieurs circonstances, les tribunaux qui ont eu à se prononcer à ce sujet, et entre autres le tribunal de commerce de la Seine, en 1832, ont repoussé toutes les prétentions des plaignants : « attendu, disait un arrêt, qu'en droit comme en équité, nul ne peut être tenu de payer un billet qu'il n'a pas souscrit.....

que l'ouvrage du crime ne peut créer un titre en faveur de personne. »

La Banque a quelquefois remboursé les billets faux, mais c'était de sa part un acte prémédité et purement volontaire, dicté par la pensée de ne pas donner l'éveil aux faussaires qu'on surveillait ou recherchait, ou bien encore afin de ne pas effrayer le public qui n'eût pas manqué de refuser impitoyablement tout autre billet.

Il est un moyen d'escroquerie dont il a été fait usage jusque dans ces derniers temps, et que nous croyons utile de signaler dans cette étude sur le billet de banque.

Il consiste à fabriquer des adresses, annonces, compliments ou facéties de tous genres sur du papier et avec des emblèmes et caractères se rapprochant à ce point de ceux qui rentrent dans la composition des billets, qu'un défaut d'attention peut les faire accepter comme monnaie et favoriser la fraude.

C'est ainsi que nous avons vu des billets portant inscrit *mille fracs*, et tellement ressemblants aux billets de banque que d'adroits filous en profitaient pour les présenter comme des billets de banque ; d'autres promettaient *mille baisers*, *mille faveurs* à celui qui les recevait; et il est arrivé que, dans une liasse de billets, une de ces contrefaçons passait inaperçue.

La loi en a reconnu les graves inconvénients, et aujourd'hui toute tentative de fraude en ce genre est sévèrement poursuivie.

Les billets émis par la Banque ne rentrent pas tous dans ses caisses. Quelques-uns, arrêtés dans leur course, ont sombré avec le navire qui les portait; d'autres ont été dévorés par des souris; d'autres, enfin, ont disparu dans les flammes.

Or il est une croyance presque universelle que nous ne saurions trop combattre, c'est que ces billets perdus viennent s'ajouter au chiffre des bénéfices de la Banque, et que cette dernière seule fait de la sorte des bénéfices considérables.

Rien de plus faux. La Banque ne sait pas et ne peut savoir quel est le chiffre des billets perdus, ni même s'il en existe; car, tous les jours, on lui présente des billets qu'on avait pu croire détruits et qui étaient restés enfermés soit dans un livre, soit dans une boîte, pendant cinquante ou soixante ans. Or, dans cette ignorance du sort des billets anciens qui ne lui sont pas parvenus, la Banque les considère comme circulants et les inscrit comme tels dans sa comptabilité.

De plus, nous ajouterons que dans le cas où la Banque viendrait à opérer sa liquidation, elle devrait produire, soit en espèces, soit en rentes ou en immeubles, la contre-partie de ses billets en circulation et remettre à l'État, être impersonnel, les sommes non réclamées qui représenteraient le montant des billets égarés ou adirés.

C'est donc l'État qui bénéficierait de ces billets comme seul possesseur, en dernier ressort, des objets perdus ou sans propriétaire connu.

IX

A propos de la confection d'un livre. — Le *crédit*. — Définition de ce terme. — Le crédit est le lien qui rapproche le capital et le travail. — Erreur commune. — Le crédit ne multiplie pas les capitaux. — Son office est de rétablir la circulation du capital. — Il suppose l'existence de la monnaie. — Mécanisme du crédit. — Il accroît la richesse et favorise le développement du travail. — Le crédit repose sur la confiance. — Un conseil de Franklin. — Le papier de crédit. — Le *billet à ordre* et la *lettre de change*. — Services rendus par la lettre de change. — Différence qu'elle présente avec le billet à ordre. — Origine de la lettre de change. — Le rôle des effets de commerce. — Un mémoire de Turgot.

Pour composer un ouvrage ou simplement un petit volume comme celui que vous tenez actuellement entre les mains, chers lecteurs, plusieurs choses sont nécessaires. Il est bien entendu que nous ne nous occupons pas du côté intellectuel de l'œuvre, nous en tenant exclusivement à la partie purement matérielle.

Il faut des *caractères* de plomb ou de fonte, de l'*encre* d'imprimerie, du *papier*, des *rouleaux*, une *machine à vapeur* et du charbon pour l'alimenter, en un mot, une certaine quantité de matières destinées soit à reproduire à un grand nombre d'exemplaires la pensée de l'écrivain, soit à lui donner la forme restreinte et commode sous laquelle elle vous est offerte.

Or, l'acquisition de ces divers objets, parmi lesquels plusieurs se renouvellent périodiquement, nécessite certaines dépenses parfois très-élevées que l'industriel ne pourrait peut-être pas se permettre s'il était obligé de les acquitter complétement en espèces sonnantes, mais dans lesquelles il lui devient loisible de s'engager au moyen d'une combinaison particulière qui en ajourne le paiement en *espèces*.

Cette combinaison s'appelle le *crédit*.

Voici comment il s'y prend pour obtenir les matériaux dont il a besoin. Il se rend chez son marchand d'encre d'imprimerie et lui demande pour deux cents francs de marchandises, par exemple, en lui offrant comme payement cinquante volumes à quatre francs sortant de ses presses ! Le marché est accepté dans ces termes, et il ne reste plus qu'à effectuer l'échange, produit contre produit. Mais les volumes ne sont pas encore composés, l'imprimeur ne peut les faire paraître qu'à la condition d'avoir l'encre qu'il vient d'acheter, et deux mois lui sont nécessaires pour mettre les livres en état de circuler et d'être livrés à la consommation.

Que fera-t-il?

Il priera le marchand d'encre d'*avoir confiance* en lui, de lui livrer ses produits contre une *promesse formelle* d'en avoir le payement à l'époque où il pourra recueillir le montant de la vente de ses livres, c'est-à-dire au bout de deux mois, en un mot de lui *faire crédit*.

Si les deux industriels ne se connaissent pas, ou si le premier doute de la solvabilité du second, celui-ci devra se passer d'encre et risquer de ne pas imprimer l'ouvrage qui lui a été confié ou de le faire paraître en temps peu opportun, ou bien il se procurera de l'argent pour payer comptant. Si, au contraire, tous deux ont des relations suivies et possèdent l'un pour l'autre une mutuelle estime, une mutuelle confiance, l'entente se fera ; le marchand d'encre livrera sa marchandise et attendra patiemment l'apparition de l'ouvrage qui doit le payer de son avance, en exigeant, comme de juste, un dédommagement pour le retard.

Cette opération, que nous venons de supposer entre deux individus, est applicable aussi bien à trois, à cinq, à cent. Le marchand d'encre peut s'entendre avec l'industriel qui lui fournit ses matières premières, et celui-ci avec le maçon qui construira sa maison de campagne, avec le tailleur qui lui confectionnera ses vêtements, et ainsi de suite dans tous les cas où un acheteur et un vendeur se trouvent en présence.

Le crédit est donc le mobile nécessaire de toute industrie, le lien qui rapproche et réunit dans un but commun les deux éléments presque toujours divisés et partout indispensables au même degré de la production : le capital et le travail. Nous dirons plus : ce que nous affirmions, dans notre causerie sur le capital, de la nécessité de l'union du capital et du travail, nous l'affirmons également du crédit, sans lequel le capital lui-même perdrait de sa puissance. En effet, faites disparaître le crédit, le capital sans travail ne produirait pas et le travail sans capital n'aurait aucune force. Il ne pourrait y avoir de production que par la réunion, dans la même main, du travail et du capital, et nous savons que c'est un fait extrêmement rare dans nos sociétés avancées. Quelque riche et quelque laborieux que puisse être un individu, il ne tarde pas à reconnaître que son travail ne suffit pas à l'emploi utile de son capital ou plus souvent encore que son capital ne répond pas à toutes les facultés de son travail.

Il en résulte naturellement que, d'un côté, le travail, excité par les progrès de l'industrie, s'efforce d'attirer à lui le capital, afin d'en obtenir, moyennant la rémunération qu'il lui promet, les ressources nécessaires au développement qu'il prétend atteindre, et que, de l'autre côté, le capital, désireux de fructifier, recherche également le travail qui seul peut le rendre fécond. Selon l'image expressive d'un écrivain de talent, « l'un, le capital, est la force motrice ; l'autre, le travail, est l'usine ; le crédit est le canal qui les met en rapport et qui, au profit de tous deux, fait servir la puissance de l'un à l'activité de l'autre. »

Là se borne la puissance du crédit, et il faut avouer qu'elle a une suffisante étendue. Nous insistons d'autant plus sur ce point, qu'il est, au sujet du crédit, une erreur trop répandue contre laquelle il est nécessaire de se prémunir et qu'une simple réflexion suffit cependant à faire disparaître. On croit communément que le *crédit multi-*

plie les capitaux, en d'autres termes, que les obligations souscrites par l'emprunteur et mises en circulation créent en même temps une somme nouvelle.

C'est là, nous le répétons, une grave erreur. Si, d'une part, la personne qui emprunte pour employer productivement la valeur empruntée acquiert par là l'usage d'un capital, d'autre part, la personne qui prête se prive de l'usage de ce même capital.

L'office du crédit est de rétablir la circulation du capital dès qu'elle s'arrête ; en un mot, d'amener le capital au travail qui doit le mettre en mouvement.

On objectera peut-être que le crédit dispense de l'emploi immédiat de l'argent : c'est vrai, mais il en suppose du moins l'existence, puisque sans lui il deviendrait impossible, son existence elle-même dérivant absolument de cette condition. Tout titre de crédit, quelle qu'en soit la forme, n'est qu'une *promesse d'argent*, c'est-à-dire une *délégation* sur l'argent qui existe, soit en réserve, soit dans la circulation. Sans ce fait de représenter de l'argent, le papier de crédit ne pourrait exister, ou bien il n'aurait ni réalité ni valeur. Sa raison d'être est qu'il se trouve, dans le commerce, des métaux précieux sur lesquels est fondée la monnaie; que la loi a décidé qu'un certain poids d'or ou d'argent fixe porterait le nom de *franc;* que ce mot de *franc* représente une chose palpable, définissable, d'une valeur déterminée, et qu'une fois ce mot inscrit sur le papier, ce papier contient une promesse de telle ou telle quantité d'or ou d'argent. En un mot, selon les termes de M. Frédéric Passy, si le franc métallique n'existait pas, une obligation formulée en francs n'aurait aucun sens.

Le papier de crédit ne produit donc pas un accroissement de la monnaie; il n'en est réellement que l'extension; de même aussi le crédit n'est pas le capital, mais il en est le représentant, le mandataire en quelque sorte, et la parole du mandataire, pour achever la comparaison, ne vaut que parce que celui-ci a un mandant, c'est-à-dire le capital, pour garantie et pour caution.

Le mécanisme du crédit dans ces opérations est fort simple, et il suffit de le suivre dans une des innombrables formes qu'il affecte pour le comprendre.

Supposons qu'un armateur rapporte des contrées lointaines des matières premières destinées à l'industrie. Il lui faut les vendre au fabricant qui les mettra en œuvre et en tirera des produits qu'il livrera ensuite à la consommation.

S'il ne fait pas crédit au fabricant, celui-ci ne pourra évidemment acheter de ces marchandises que jusqu'à concurrence du capital dont il dispose; si, au contraire, l'armateur consent à accorder des termes pour le paiement, le fabricant acquerra la faculté de solder le prix de la matière première au moyen de celui des produits qu'il aura fabriqués avec elle. De la sorte, à la faveur du crédit qu'il aura obtenu, ce dernier aura pu porter sa fabrication à une somme de beaucoup supérieure au capital dont il était effectivement possesseur, et l'appât du bénéfice qu'il en aura retiré le conduira à donner à ses opérations autant d'étendue qu'en pourra comporter le crédit qu'il trouvera chez le vendeur. En même temps, le besoin de conserver et d'accroître même ce crédit, qui est une source de prospérité pour lui, l'obligera à l'activité, à la prudence, à la régularité et à l'économie. Or, ce fabricant, qui aura obtenu la confiance de l'armateur, accordera la sienne à son tour au marchand qui, lui aussi, fait crédit au consommateur, et l'armateur qui aura été le premier anneau de cette chaîne, se rattachera peut-être aux derniers anneaux en obtenant que le crédit qu'il accorde à l'industriel, pour la matière première qu'il lui vend, lui soit accordé à lui-même pour les objets fabriqués qu'il en achète. Et c'est ainsi que le crédit accroît la richesse et favorise le développement du travail en étendant sa bienfaisante et fécondante influence sur l'industrie tout entière, chacun obtenant du terme de celui de qui il achète, et en accordant à son tour à celui à qui il vend.

De tout ce qui précède ressort cette vérité que le crédit repose sur la confiance, qui elle-même s'appuie sur les qualités les plus solides : l'ordre, l'économie, l'amour du travail, l'observation fidèle de la parole donnée et la sagesse des opérations.

« Les moindres actions sont à observer en fait

de crédit, disait autrefois le bon Franklin ; le bruit de votre marteau qui, à cinq heures du matin ou à neuf heures du soir, frappe l'oreille de votre créancier, le rend facile pour six mois de plus ; mais s'il vous voit à un billard, s'il entend votre voix au cabaret, lorsque vous devez être à l'ouvrage, il envoie pour son argent, dès le lendemain, et le demande avant de le pouvoir toucher tout à la fois. C'est par ces détails que vous montrez si vos obligations sont présentes à votre pensée ; c'est par là que vous acquérez la réputation d'un homme d'ordre aussi bien que d'un honnête homme, et que vous augmentez encore votre crédit. »

Le crédit est donc tout simplement une *obligation* contractée d'un côté et une *confiance* accordée de l'autre. Il est nécessaire que le crédit se manifeste d'une façon palpable, et c'est pour atteindre ce but qu'on le traduit au moyen d'un papier de convention, formant réellement un titre de propriété transmissible auquel on donne le nom de papier de crédit. Ce papier de crédit emprunte des formes extrêmement diverses, de même que le crédit lui-même dont il émane revêt des combinaisons très-variées.

Les plus répandues comme aussi les plus simples sont le *billet à ordre* et la *lettre de change*, le *warrant*, le *billet de banque*, le *chèque*. Le *billet à ordre*, qu'on appelle, en langage juridique, *promesse*, n'est autre chose qu'une obligation souscrite par une personne au bénéfice d'une autre personne, et qui peut être transportée par celle-ci à un tiers au moyen d'un simple endossement. Il doit être payé par le souscripteur et dans le lieu lui-même où il a été souscrit.

Ainsi, un particulier habitant Versailles se fait confectionner par un tailleur de la localité un vêtement pour le prix de 250 francs. N'ayant pas immédiatement cette somme à sa disposition, il donne au tailleur qui y consent un billet à l'ordre de ce dernier, conçu en ces termes :

« Versailles, le 1er mars 1876. B. P. F. 250.

« Au trente et un mai prochain, je payerai à M.*** ou à son ordre la somme de *deux cent cinquante francs*, valeur reçue en marchandises. »

« *(Signature et adresse.)* »

Le tailleur, à son tour, achetant du drap de son marchand d'Elbeuf, lui donnera en payement ce billet à ordre auquel il ajoutera son endossement, c'est-à-dire qu'au moyen de sa signature apposée au dos du billet, il cédera sa créance à son marchand de drap, et celui-ci pourra également repasser cette créance devenue sienne au fabricant qui lui fournit ses tissus; mais le dernier possesseur du billet, habitât-il Sedan, devra faire présenter le billet au souscripteur, à Versailles.

La *lettre de change*, qui est assurément le plus parfait des effets de commerce, celui qui se rapproche le plus de la sécurité offerte par la monnaie, et répond le mieux aux besoins actuels de nos relations d'affaires et à l'étendue de ces relations, est un titre créé par un banquier ou un négociant, au moyen duquel il tire, sur son correspondant habitant une autre ville que lui, une somme d'argent au profit ou à l'ordre d'un tiers qui en a formé la valeur lui-même ou par un autre.

Supposons, par exemple, que M. A..., habitant Paris, parte pour un voyage en Italie et en Hollande qui doit durer trois mois : il ne veut pas se charger de tous les fonds qui lui sont nécessaires, dans la crainte de les perdre ou d'en être volé, et cependant il tient à être assuré que l'argent ne lui fera pas défaut dans tout le cours de sa route.

Que fera-t-il ?

Il ira trouver un banquier en qui il a confiance et qu'il sait en rapport avec d'autres banquiers de Rome, de Venise, de Naples ou d'Amsterdam ; il lui fera un dépôt des sommes qu'il désire retrouver à sa discrétion aux différents endroits qu'il se propose de parcourir, et lui demandera en échange, sauf l'émolument dû pour le service rendu par le banquier, des *lettres de change*. Le banquier, qui a des correspondants avec lesquels il est en relation suivie sur les différentes places étrangères, délivrera les titres qu'on lui demande, et M. A..., à son arrivée à Rome, à Venise ou à Amsterdam, se présentera chez le correspondant indiqué qui, avisé par le banquier de Paris, acquittera le montant des lettres de change dont il débitera son correspondant parisien.

Autre exemple :

M. Pierre, qui réside à Nantes, doit trois cents

francs à M. Antoine, négociant à Montpellier, pour prix d'une pièce de vin qu'il lui a achetée, et il se trouve en même temps créancier pour une somme égale de M. Simon, propriétaire à Montpellier, au compte duquel il a acheté diverses marchandises. Au lieu d'envoyer trois cents francs à M. Antoine et de réclamer de M. Simon l'envoi de pareille somme, M. Pierre remet à M. Antoine un ordre ainsi conçu :

« *A présentation, payez par cette seule de change à M. Antoine ou à son ordre, la somme de trois cents francs, valeur reçue en marchandises.* »

*Nantes, le ****

Pierre.

A M. Simon,

propriétaire à Montpellier.

M. Antoine se rend chez M. Simon, qui alors s'acquitte envers lui de la dette qu'il avait contractée envers M. Pierre ; et, de la sorte, deux créances se trouvent éteintes par un seul paiement, à la suite d'une opération qui est un véritable virement de fonds du compte de M. Antoine au compte de M. Simon sur les livres de M. Pierre. En langage de finances, M. Pierre qui fait traite est le *tireur*, M. Antoine est le *preneur* et M. Simon est le *tiré*.

La différence entre le billet à ordre et la lettre de change est donc bien facile à saisir ; elle consiste en ce que cette dernière est tirée d'un lieu sur un autre et en ce qu'au lieu de contenir une promesse formelle, elle énonce un ordre donné à un tiers qui n'est pas engagé.

L'origine de la lettre de change n'est pas bien connue ; toutefois, on la fait généralement remonter au douzième siècle. Presque tous les écrivains qui se sont occupés de cette question sont d'accord pour déclarer que cette *obligation* fut inventée par les Juifs chassés de France pendant les règnes de Philippe-Auguste, en 1181, et de Philippe le Long, en 1316. Ces malheureux, poursuivis de toutes parts, s'étaient réfugiés en Lombardie, sans avoir pu emporter tout l'argent qu'ils possédaient ; pressés par le désir de le recouvrer, ils se servirent du ministère de voyageurs et de pèlerins, auxquels ils remirent des lettres en style concis et de peu de paroles, en les chargeant de les présenter à des amis dépositaires de leur fortune et d'en réclamer le montant. Ces Juifs firent connaître ce moyen de recouvrer des fonds aux négociants d'Amsterdam, place centrale du commerce, et, de là, il se répandit dans toute l'Europe et principalement en France.

Dans ce pays, c'est à Lyon que revient l'honneur d'avoir la première introduit la lettre de change dans les opérations de crédit, sous Louis XI, vers 1460.

Tous les différents effets de commerce, dont les plus usités sont, ainsi que nous venons de le dire, le billet à ordre et la lettre de change, rapprochent entre eux non-seulement les commerçants d'une même ville ou d'une même nation, mais encore ceux des contrées les plus éloignées, et permettent de centraliser des opérations qui, sans cela, resteraient isolées. On peut dire que, par eux, le crédit active la circulation, et c'est par cette *activité de la circulation* qu'on peut expliquer ce phénomène, qui se répète tous les jours, de négociants faisant dix fois et même vingt fois plus d'affaires qu'ils n'en feraient s'ils étaient privés de ce secours.

C'est ce que Turgot, le grand ministre réformateur de Louis XVI, pressentait lorsqu'il écrivait dans un mémoire resté célèbre (*Mémoire sur les prêts d'argent*) :

« Il n'y a pas sur la terre une place de commerce où *la plus grande partie* des entreprises ne roule sur l'argent emprunté. Il n'est pas un seul négociant, peut-être, qui ne soit souvent obligé de recourir à la bourse d'*autrui*. Le plus riche en capitaux ne pourrait même s'assurer de n'avoir jamais besoin de cette ressource qu'en gardant une partie de son fonds oisif et en diminuant, en conséquence, l'étendue de ses entreprises. »

X

Avantages du crédit. — Se réduisent à quatre principaux. — Économie du numéraire. — Évaluation du *frai* ou usure des monnaies. — Le crédit empêche le chômage des capitaux. — Sans lui, la circulation des produits s'arrêterait. — Exemple du marchand de draps et du tailleur. — Métaphore hardie d'Adam Smith. — Le *chemin dans les airs*. — Cette comparaison peut s'appliquer parfaitement au crédit. — Le crédit féconde les grandes entreprises. — Comment se sont construits les chemins de fer. — La première voie ferrée en France. — Nombre de kilomètres de notre réseau. — L'isthme de Suez. — Avantages de cette entreprise pour le commerce de l'Europe. — Rapport d'une chambre de commerce. — Le crédit favorise l'épargne. — Les souscriptions publiques.

Après avoir exposé le mécanisme du crédit, il nous faut indiquer les avantages qu'il procure, soit aux particuliers qui en font usage, soit aux nations chez lesquelles il est sagement et utilement pratiqué. Or, ces avantages sont considérables, d'un prix inestimable, et, bien que fort nombreux dans la pratique, peuvent se résumer à quatre principaux qui sont : l'économie du numéraire, la fructification des capitaux, la fécondation des entreprises et l'encouragement à l'épargne.

Le premier résultat que fait naître le crédit est d'éviter la circulation trop fréquente des espèces d'or et d'argent dans le mouvement des transactions et par conséquent d'empêcher le *frai* ou l'usure du numéraire qui s'opérerait avec d'autant plus de rapidité que les affaires commerciales se répéteraient plus souvent.

Qu'on se figure, en effet, à quel usage effréné serait soumise une pièce de 20 francs, si elle devait impitoyablement servir à acquitter toutes les opérations dont elle est l'objectif. Il est constant que, dans l'espace de vingt-quatre heures, sa représentation permet d'effectuer une dépense au moins vingt fois supérieure à sa propre valeur. S'il lui fallait servir à chacun de ces échanges, il est hors de doute qu'elle n'y pourrait suffire, et que sa constitution, si bonne qu'elle soit, en serait sérieusement atteinte. Or, grâce au crédit qui permet d'utiliser un papier particulier stipulant promesse de payer à échéance déterminée, sous forme de billet de banque ou d'effet de commerce, cet or et cet argent, qui s'useraient promptement et seraient parfois d'un emploi difficile et onéreux, peuvent reposer dans les caisses des banques publiques et privées où elles servent de garantie aux valeurs de crédit qui les représentent dans le courant des transactions.

Cette économie du numéraire s'appliquant à des sommes considérables représente par conséquent un bénéfice important. Prenons pour point de comparaison ce qui se passe actuellement à la Banque de France qu'on peut considérer, pour notre pays, comme le réservoir principal des espèces monnayées. L'encaisse de ce grand établissement dépasse l'immense somme de 2 milliards en or et en argent représentée sur le marché des capitaux par une circulation en billets de banque de 2 milliards et demi. Eh bien, cette circulation de 2 milliards et demi économise le frai d'une égale somme en numéraire. Tandis que les billets circulent, l'argent dont ils sont la contre-partie ou la représentation repose dans les réserves et ne s'use pas.

Il ne faut pas croire que cette considération soit à dédaigner : tel qu'il est aujourd'hui, avec le développement du crédit, ce frai du numéraire est déjà fort appréciable. Il ressort d'expériences faites par des hommes d'une science éprouvée, par des chimistes connus, que le frai sur l'argent est en moyenne de 4 milligrammes par an et par pièce de 5 francs. La pièce de 5 francs étant de 25 grammes, on voit que la perte s'élève annuellement à 16 francs sur chaque somme de 100,000 francs. Pour l'or, l'usure était évaluée, en 1826, de 1/800 à 1/950 par année ; depuis cette époque, d'après des essais nouveaux dus à MM. Dumas et Colmont, le frai serait de 1/600. L'or aurait donc six fois la durée de l'argent ; toutefois, un calcul effectué par un spécialiste établit qu'un capital de 1 milliard se réduit, après un siècle, à 755 millions ; après cinq cents ans, à 140 millions, et, après dix siècles, à 60 millions, en supposant nul l'approvisionnement des mines.

Qu'on juge par cet exposé de la rapidité avec laquelle disparaîtrait notre stock monétaire sans le secours du crédit, surtout si l'on veut tenir compte du développement inouï des affaires rendu plus considérable encore par la facilité des relations !

Le deuxième avantage que procure le crédit est d'éviter le *chômage des capitaux* et de faciliter par conséquent la circulation des produits. Si le travail et l'échange devaient en effet attendre, pour s'effectuer, que le numéraire qu'ils nécessitent fût amassé, il arriverait le plus souvent que ni l'un ni l'autre ne pourraient s'accomplir et que des richesses incalculables resteraient stériles, faute d'un moyen de les faire produire.

Supposons, par exemple, qu'un marchand de draps possède dans ses magasins pour une somme très-considérable de marchandises qu'il tient à la disposition des acheteurs, et que, d'un autre côté. un tailleur qui reçoit de nombreuses commandes de sa clientèle se trouve dépourvu des étoffes nécessaires à la confection de ses vêtements. Si le drapier ne consent à céder ses produits que contre des espèces sonnantes, et que le tailleur n'ait pas sur lui en numéraire la somme suffisante pour faire son acquisition, l'opération se trouvera suspendue ; le tailleur devra attendre qu'il ait économisé l'argent dont il a besoin, et le marchand de draps gardera longtemps, indéfiniment peut-être, en magasin, ses marchandises qui représentent un capital et dont il ne retirera dès lors aucun profit.

Si, au contraire, la confiance qui se traduit par un acte de *crédit* intervient dans les relations des deux contractants, le marchand de draps livrera sa marchandise au tailleur qui lui remettra en échange un billet ou effet de commerce représentant une promesse de payer en numéraire à une échéance convenue. Par ce moyen, les produits qui chômaient dans les magasins du drapier seront mis en circulation et produiront à leur tour de nouveaux capitaux qui se renouvelleront indéfiniment.

Afin de rendre plus sensible ce résultat du crédit, prenons un autre exemple plus étendu :

D'une part, voici un forgeron et un mécanicien dont les ateliers chôment, faute non pas de matières premières à mettre en œuvre, mais de commandes pour leurs produits. A côté d'eux se trouvent pourtant des fabricants qui ont besoin de machines et des cultivateurs auxquels s'impose la nécessité de renouveler leurs instruments de labour. D'où vient qu'ils ne délivrent pas leurs commandes au forgeron et au mécanicien qui attendent? C'est qu'il leur faudrait acquitter leurs achats en argent et que cet argent leur fait défaut pour le moment.

Cependant eux aussi ont dans leurs magasins et leurs greniers des produits à vendre, des tissus ou des grains qui sollicitent les consommateurs. Or, ils ne peuvent donner ces produits en échange des machines ou des objets de culture qu'ils achètent, et, pour en tirer un produit quelconque, il leur faudrait les vendre directement à ceux qui en ont besoin. Mais, comme eux aussi exigent de l'argent comptant, ils ne trouvent que difficilement des acheteurs. Ainsi, voilà le travail suspendu des deux côtés, et, par suite d'une situation assurément fausse, la production languit avec tous les éléments possibles d'activité et de prospérité.

Quel serait le moyen de faire cesser cette pénible situation ?

Le voici.

Le mécanicien et le forgeron, en refusant de livrer leurs produits autrement que contre des espèces en or ou en argent, ne font pas acte de défiance envers le cultivateur et le fabricant : la solvabilité de ceux-ci ne fait aucun doute pour eux. Mais ils sont contraints à cette nécessité par l'impossibilité où ils se trouvent de faire des avances qui appauvriraient leur capital et les mettraient eux-mêmes hors d'état de travailler. De leur côté, le cultivateur et le fabricant sont poussés aux mêmes actes par les mêmes raisons.

Pour obvier à cette cause qui paralyse l'activité de tous, que chacun en délivrant sa marchandise, puisqu'il a confiance dans l'honorabilité et la solvabilité de celui qui la demande, exige seulement, au lieu de numéraire, un effet de commerce dont il se servira à son tour près de ses fournisseurs, en un mot, qu'il invoque l'appui du crédit, les entraves disparaîtront, la circulation se rétablira dans les échanges, et le travail reprendra son essor.

Un jour, Adam Smith (1), voulant indiquer les

(1) Adam Smith, l'un des plus grands noms de l'économie politique, est né dans le petit village de Kirkaldy dans le comté de Fife en Écosse, le 5 juin 1723. Son père, qui mourut sans le connaître, était contrôleur de la douane et ne possédait aucune fortune. Adam Smith, après avoir fait de sérieuses études, se livra à la méditation, et publia plusieurs ouvrages, dont le plus célèbre,

effets du crédit, traçait une image qui ne manque pas de hardiesse, mais qui nous paraît singulièrement exacte. Il prétendait qu'on pouvait comparer l'or et l'argent qui circulent dans un pays à un grand chemin qui sert à transporter et à voiturer au marché tout le fourrage et tout le blé qu'on y recueille, mais qui ne produit pas un seul grain de l'un, ni un seul brin de l'autre. Puis il ajoutait, en demandant pardon d'une métaphore aussi violente, qu'une banque sage, « *en établissant un chemin dans les airs, donne le moyen de convertir, pour ainsi dire, une bonne partie des grands chemins en pâturages et en terres à blé, et d'augmenter par là, considérablement, le produit des terres et du travail.* » De la sorte, si ce chemin dans les airs pouvait exister, toute l'étendue du terrain que nous sommes obligés de consacrer actuellement aux routes terrestres, pourrait, pour continuer la métaphore du grand économiste, être convertie en prés et en terres de rapport, et cette portion de terrain, de stérile qu'elle était, devenue féconde, viendrait en accroissement de notre capital productif.

Cette comparaison est parfaitement applicable au crédit. Le crédit est véritablement ce chemin dans les airs qui permet aux capitaux de s'utiliser, les empêche de rester oisifs et les fait circuler au

celui qui a mis le sceau à sa gloire et le plus contribué à fonder la science économique, son travail de la *Richesse des nations*, a été traduit dans toute les langues et est universellement connu. Adam Smith est mort en 1790.

grand profit de la richesse publique, de la société qui la crée et des individus qui contribuent à la former et à l'accroître.

Une autre utilité précieuse du crédit est de féconder les grandes entreprises, non-seulement au profit de celui qui les crée, mais encore à celui de la société tout entière.

Comment se sont fondées ces grandes institutions financières ou commerciales qui aident si puissamment de nos jours au développement du travail et contribuent à mettre en œuvre toutes les ressources de la richesse? Comment se sont construits nos chemins de fer, nos canaux, nos usines, nos manufactures, nos docks, nos ports, nos voies de communication, nos acqueducs et jusqu'à nos villes elles-mêmes?

Par le crédit qui a prêté au travail et au capital le concours de sa puissance, qui a réuni toutes les forces vives de la société et fait la récolte des épargnes. Sans lui, rien de grand n'aurait pu se fonder, et la plupart des conceptions ingénieuses dont nous jouissons de nos jours n'auraient pu recevoir leur accomplissement.

En ce qui concerne les chemins de fer, devenus aujourd'hui d'un usage universel, croit-on qu'on fût parvenu à les établir sans le crédit? Non assurément. L'œuvre à entreprendre était gigantesque. Il s'agissait de substituer aux lourdes diligences de nos pères, aux incommodes voitures de transports du vieux temps marchant lentement, difficilement à travers des routes parfois peu praticables, des wagons légers, coquets, confortables, mus par la vapeur et courant, glissant plutôt, avec une vitesse inconnue jusqu'alors, sur des voies de fer qui se déroulaient à l'infini. Pour cela, des capitaux énormes, des sommes de numéraire incalculables étaient nécessaires, et leur réunion immédiate eût été un acte irréalisable.

Que firent les promoteurs de l'entreprise?

Ils s'adressèrent au public, lui exposèrent les avantages de l'institution nouvelle, lui firent comprendre quel avenir brillant lui était réservé, quels résultats merveilleux elle procurerait à la société entière et à chacun de ses membres en particulier, quel essor rapide elle imprimerait à notre activité commerciale et industrielle, quelle influence favorable elle exercerait sur la valeur de la propriété et sur le bien-être de tous; ils lui présentèrent le bilan de l'opération, le chiffre des dépenses auxquelles on évaluait l'ensemble des travaux et le bénéfice qu'on ne pouvait manquer d'en retirer; puis ils firent appel aux capitaux disponibles.

Les capitaux confiants répondirent à cet appel, d'abord lentement, puis, à mesure que les bienfaits de l'œuvre se faisaient sentir et étaient appréciés, ils accoururent plus nombreux; chacun apporta son obole, le fruit d'économies chèrement et laborieusement acquises; les capitalistes, les petits rentiers et les salariés se confondirent dans la même pensée et pour le même but, et bientôt des compagnies puissantes s'organisèrent, dotées d'un matériel immense servi par un personnel nombreux, tandis que d'autres compagnies plus modestes, moins ambitieuses, se formaient à côté de leurs aînées. C'est ainsi que nous avons pu voir l'Angleterre, la France, puis la Belgique et les nations voisines qui ont suivi les deux premières dans cette voie du progrès, sillonnées en tous sens de chemins de fer portant avec une rapidité et une sûreté remarquables les produits du monde entier dont ils facilitent l'échange.

Avant cette magnifique création, les marchandises allaient, par voies d'eau ou de terre, traînées par des chevaux. Or, on calcule qu'un bon cheval traîne, sur une route ordinaire, un poids de mille kilogrammes environ, et, sur un canal, une quantité de quarante mille kilogrammes. L'emploi de machines mobiles, mises en mouvement par la vapeur, a révolutionné l'industrie des transports : les lourds fardeaux ont pu voyager sans encombre, en plus grand nombre, et la vitesse de transmission est devenue quatre à cinq fois plus considérable.

La France (1), à la fin de 1841, ne comptait encore que 566 kilomètres de voies ferrées : aujourd'hui nous en possédons plus de 22,000, et on en construit tous les jours. Quand le réseau

(1) Le premier chemin de fer établi en France a été celui d'Andrezieux (département de la Loire) à Saint-Étienne et de Saint-Étienne à Lyon en 1828. Au début, la traction, était faite par des chevaux : ce n'est qu'en 1832 que la locomotive y fut employée. Le chemin de fer de Paris à Saint-Germain en Laye date de 1837.

entier sera terminé, nos chemins de fer parcourront 30 à 35,000 kilomètres de lignes, sans compter 3,800 kilomètres de chemins d'intérêt local et de chemins industriels (1), le tout évalué à quinze milliards de francs.

Sans le crédit, cette création imposante serait encore à faire, et avec lui elle s'est effectuée en moins de cinquante ans. On peut hardiment avancer qu'à l'heure actuelle, il est peu de personnes qui n'y soient intéressées à un degré quelconque, qui n'aient contribué à son accomplissement et n'aient reçu en échange un *titre de crédit* sous forme d'action ou d'obligation.

Des chemins de fer passons aux autres travaux d'intérêt général. N'avons-nous pas assisté pour ainsi dire à l'éclosion, puis aux premières opérations d'une œuvre autrement gigantesque dans son exécution que celle des chemins de fer et dont l'exécution sera sans aucun doute une des gloires de notre siècle et immortalisera son auteur? Nous voulons parler du percement de l'*Isthme de Suez* accompli par le *comte F. de Lesseps*, malgré des obstacles de toutes sortes surgissant à la fois dans le domaine financier, dans le domaine de la science comme dans celui de la politique. Pendant de longues

(1) Dans un ouvrage récent, admirablement conçu et nettement écrit M. E. Levasseur, membre de l'Institut, donne des renseignements précieux, d'une stricte exactitude, sur le prix de revient de chaque kilomètre construit, sur le revenu kilométrique et sur les quantités de marchandises transportées. Sa géographie de la *France avec ses colonies*, contenant 923 pages et 170 cartes et figures dans le texte, est admirable sous tous les rapports.

années, on avait douté de la réussite d'un semblable projet, on taxait presque de folie l'homme éminent qui s'en faisait le promoteur. Aux difficultés matérielles que présentaient l'extraction de masses de terre considérables, le séjour dans ces solitudes brûlantes où les caravanes seules osaient s'aventurer, l'éloignement où se trouvait la partie du désert à mettre en œuvre de toute agglomération et de tous moyens de subsistance, se joignaient la cherté des travaux à accomplir et le manque de capitaux pour les entreprendre.

A cette dernière considération, M. de Lesseps, sûr de lui-même et confiant dans la destinée de son projet, répondit en s'adressant au crédit. Il se tourna vers tous ceux qui possédaient quelque argent en réserve, quelques épargnes soigneusement serrées, et leur dit : « Je fonde une entreprise colossale dont les fruits seront promptement très-beaux ; voulez-vous y travailler avec moi? Confiez-moi l'argent auquel vous n'avez pas donné d'emploi utile, apportez-moi vos capitaux disponibles, ces réserves qui ne rapportent rien dans les armoires et les secrétaires où vous les renfermez, et je vous donnerai en échange un titre négociable, remboursable ou non dans un certain nombre d'années et qui, dans cet intervalle, vous rapportera un intérêt fixe pour les obligations, variable pour les actions et dépendant du bénéfice de l'opération. »

Le crédit répondit à son appel ; les capitaux, alléchés par la grandeur de l'œuvre et par les résultats financiers qu'on en espérait, arrivèrent abondants. Une armée de 25,000 ouvriers indigènes, conduits par d'innombrables travailleurs européens, s'établirent aussitôt dans le désert, et l'entreprise, commencée en 1856, fut achevée en 1869. Le problème qu'on croyait insoluble est aujourd'hui résolu : un fossé, selon l'expression de M. Ferdinand de Lesseps lui-même, de 150 à 160 kilomètres de longueur et de 56 mètres de largeur sur 8 de profondeur, réunit les eaux de la Méditerranée et de la mer Rouge, et le canal, ouvert à la circulation des navires du monde entier, permet aux bâtiments du plus fort tonnage de circuler à l'aise entre ses rives (1).

Cette première conséquence de crédit, la construction du canal, en a engendré beaucoup d'autres, non moins importantes au point de vue commercial, industriel et social. Les prix de transports, jadis très-élevés, se sont abaissés, les transactions se sont multipliées et de nouveaux comptoirs nécessités par la naissance de nouveaux besoins ont été créés sur des plages alors peu fréquentées. Autrefois, le voyage aux côtes asiatiques nécessitait une navigation pénible, parfois dangereuse et d'une durée de cinq à six mois. Au-

(1) Si l'on veut se rendre compte des difficultés qu'eut à surmonter M. de Lesseps pour mener à bonne fin l'œuvre qu'il avait entreprise, il faut lire les lettres, les rapports et les notes que cet homme éminent a réunis sous le titre de Documents pour servir à l'histoire de l'isthme de Suez, 3 vol. in-8, Didier et Cie, ouvrage que l'Institut a, dans une de ses séances de 1877, honoré d'une récompense académique

jourd'hui on franchit la Méditerranée, on traverse le canal de Suez et on arrive aux Indes anglaises en trente jours. L'œuvre de M. de Lesseps a raccourci de 3,400 lieues un trajet qui n'était pas moindre de 5,800 lieues (du Havre à Bombay).

La chambre de commerce d'une grande ville (Bordeaux) estimait naguère qu'en abrégeant la route de l'Inde, le canal de Suez permettait de tripler les services rendus par un même capital dans le même temps donné. La rapidité du transport est de plus favorable à la conservation des marchandises qui débarquent en Europe dans de meilleures conditions de vente. C'est ainsi qu'autrefois les graines oléagineuses, altérées par une longue traversée, ne pouvaient être employées qu'à la fabrication des savons. Aujourd'hui, elles conservent assez de fraîcheur pour être transformées en huile comestible. Mais il est une industrie essentiellement française, au développement de laquelle la nouvelle route maritime a été plus particulièrement favorable : c'est la soierie. Grâce au canal, les graines de vers à soie, les cocons et les soies arrivent en France directement de la Chine et du Japon, dans des conditions suffisantes pour nous permettre de ne plus nous adresser à l'intermédiaire de l'Angleterre. Or le résultat n'est pas à dédaigner si l'on songe que les importations de cette matière, qui coûte fort cher, varient entre 300 et 400 millions par an.

De son côté, l'Égypte, restée stationnaire, a repris une nouvelle vie ; des chemins de fer construits à grands frais se relient aux stations du canal, et une ville, Port-Saïd, a surgi dans le désert, offrant à une population qui dépasse déjà quatre mille âmes les éléments d'une grande prospérité que l'avenir ne pourra qu'accroître.

Dans ce domaine des entreprises, le crédit a été la cheville ouvrière de nos plus utiles inventions, comme de nos plus grandioses créations : il a ouvert un chemin à travers les océans, sondé les profondeurs des mers, percé les montagnes les plus inaccessibles et uni par un câble les deux hémisphères. Par lui et avec lui on a entrepris la traversée du Saint-Gothard qui reliera l'Italie à l'Allemagne, on songe à séparer par un canal les deux Amériques et l'on se dispose, dans un délai prochain, à unir la Grande-Bretagne à la France par un tunnel sous-marin construit à travers les couches crayeuses qui forment le lit de la Manche.

Ainsi, on le voit, le crédit par lui-même est un élément de fécondité et de richesse ; mais, en même temps, il est, et c'est là un de ses meilleurs attributs, un moyen actif de favoriser l'épargne et d'encourager les idées de prévoyance. En effet, dès que les capitaux trouvent un placement avantageux dans le développement de la richesse publique ou privée, ils tendent à s'accumuler. Le désir d'obtenir un intérêt dans une affaire qui promet de beaux résultats engage à faire des économies, et, s'il le faut, on arrive même au prodige.

Nous en avons un exemple aux époques d'émission des emprunts d'État ou de la ville de Paris.

A la première nouvelle d'une souscription semblable, une quantité innombrable de petits rentiers. de commis, de salariés, réunissent tous leurs efforts pour préparer la somme qui leur est nécessaire, se privent d'un plaisir, d'une satisfaction pour réaliser le capital rêvé, puis, le premier versement opéré, se préoccupent d'économiser sur le présent le montant des versements à venir. De la sorte aiguillonnés, ils s'habituent à mettre toujours l'avenir de moitié dans leurs combinaisons budgétaires du moment et se ménagent, sans trop en souffrir, un capital pour les jours d'épreuves ou une ressource pour les années de la vieillesse.

Tels sont les bienfaits qui naissent du crédit basé sur la sagesse, sur la prudence et sur l'ordre : mais ces avantages ne peuvent être sensibles que dans les sociétés civilisées où dominent les idées d'honneur et de morale, où la confiance provient de l'estime réciproque des contractants, de la fidélité à remplir les engagements et du respect pour la parole donnée.

XI

Le crédit ne peut se développer qu'en se spécialisant. — Les banquiers. — Leur rôle dans la distribution du crédit. — Ce qu'était la banque chez les anciens. — Les *trapezitæ*. — Origines de la banque moderne. — Les obligations des croisés au moyen âge. — Les *cambiatori*. — Les *banques de dépôts* et les *banques d'escompte et de circulation*. — L'association des capitaux donne à la banque une puissance considérable. — Conditions d'existence d'une banque. — Avantages qu'elle procure aux intérêts privés. — Les *banques publiques*. — La circulation des billets au porteur.

De même que le *crédit* favorise l'accumulation des capitaux et est un important instrument de production, de même aussi il ne peut se développer et atteindre toute sa force et toute son étendue qu'à la condition de se *spécialiser*, de devenir l'objet d'une industrie particulière. C'est d'ailleurs une conséquence naturelle de la grande loi de la division du travail, et il n'est donné à aucune industrie de s'y soustraire sans s'exposer à végéter et peut-être à mourir.

Si les commerçants étaient obligés de chercher au hasard ceux dont les engagements sont de nature à se compenser, en temps et lieu, avec les leurs; si l'emprunteur devait se mettre en quête d'un prêteur; si le prêteur, à son tour, se voyait contraint de chercher des emprunteurs et de s'enquérir des garanties, la plupart des opérations que nous avons énumérées précédemment resteraient des exceptions, et le crédit proprement dit n'existerait pour ainsi dire pas. Ces opérations ne deviennent une pratique habituelle que parce qu'il y a des négociants, formant une classe spéciale, qui font métier de les faciliter et de rendre le crédit permanent en se faisant les intermédiaires des besoins qui cherchent à se rencontrer. Ils servent de point de ralliement à ceux qui veulent user du crédit ; ils recherchent les coïncidences de temps et de lieu et tiennent, en quelque sorte, boutique ouverte de renseignements et de ressources.

Ces négociants se nomment des *banquiers*, et l'industrie qu'ils exploitent, parvenue de nos jours à un haut degré de perfectionnement partout où la civilisation, fille du commerce et du travail, s'est développée, est ce qu'on appelle la *banque*.

Leur rôle consiste donc à servir d'intermédiaires pour mettre en rapport des intérêts qui autrement ne se connaîtraient pas. Le prêteur manque de relation directe avec l'industriel qui a besoin de fonds pour accroître son travail, et il ne veut se dessaisir qu'entre les mains d'un homme sûr : l'industriel, à son tour, ne sait où trouver les capitaux qui lui sont nécessaires : les banquiers servent entre les deux de trait d'union. Dépositaires des épargnes des particuliers ainsi que des sommes accidentellement oisives que viennent leur confier les capitalistes, ils en font usage pour le compte d'autrui et les livrent à l'industrie active sous forme d'avance. Ils escomptent les billets et effets de commerce non encore échus, et ils aident, en un mot, à toutes les opérations de crédit entre les commerçants, en trouvant le placement de leurs *obligations* réciproques et en facilitant le change d'une place à une autre.

L'industrie de la banque n'est pas moderne, du moins en ce qui concerne le prêt sur reconnaissances et le change des monnaies : on la retrouve dans le passé le plus reculé où, à toutes les époques et chez tous les peuples, elle était généralement en grand honneur. Les anciens l'avaient élevée même à la hauteur d'une fonction publique, et, dans des documents originaux que l'érudition a découverts de nos jours, nous la voyons exercée en Grèce par des personnages importants par leurs richesses et par le crédit dont ils jouissaient. On les apppelait *trapezitæ*, du nom de la table de bois sur laquelle ils exposaient leur argent. Leurs fonctions consistaient à faire le change, à essayer les monnaies, à recevoir les fonds des particuliers à qui ils payaient un intérêt et à faire des avances d'argent sur garantie.

Il serait faux de se représenter l'intérieur de ces premiers trapézites comme ceux de nos modernes banquiers, et de s'imaginer que leurs comptoirs étaient couverts de piles d'or et d'argent; les monnaies de cette époque étaient si lourdes, si incommodes, si variées dans leur forme et leur valeur, qu'il fallait des compartiments spéciaux pour les contenir, et que les sébiles dont nous nous servons . ujourd'hui eussent été très-insuffisantes.

La profession était lucrative, mais les risques étaient parfois considérables ; aussi le taux de l'intérêt s'élevait-il très-haut dans certaines circonstances. D'ailleurs, nous devons dire qu'au milieu des innombrables erreurs économiques accréditées dans les républiques anciennes, Solon, comprenant que l'argent est une marchandise comme les autres, dont le prix s'élève en raison inverse de son abondance sur le marché et en raison directe de la demande, avait affranchi le taux de l'intérêt de toute fixation arbitraire et de toute restriction légale. C'est là, sans aucun doute, une des causes qui peuvent le mieux expliquer l'essor industriel et commercial dont Athènes nous donna le spectacle au temps de sa grandeur.

A Rome, les banquiers portaient le nom d'*argentarii, mensarii ;* ils devaient tenir leurs comptoirs ouverts toute l'année, et, à l'époque de Justinien, ils étaient organisés en corporation, comme la plupart des agents des principales industries.

C'est de l'Italie, le berceau du commerce comme celui des arts, que nous est venue la banque telle qu'elle est pratiquée aujourd'hui, et c'est aux croisades que cette intelligente nation en dut la création et le développement. Jusque-là, le prêt à intérêt, confondu avec l'usure, avait été proscrit par la religion qui, par suite d'une fausse interprétation des lois de l'échange, le considérait comme une violation directe de la volonté divine, et le commerce de l'argent, abandonné par les nations chrétiennes, s'était réfugié chez les

Juifs et les Lombards. Mais, peu à peu, la rigidité des lois avait cédé à la force des choses, et la banque, provoquée par les embarras mêmes des fidèles appelés en terre sainte, n'avait pas tardé à reparaître comme une nécessité sociale.

Au commencement du douzième siècle, l'habitude de se servir du crédit pour obtenir de l'argent était déjà fort répandue, et le mode d'opérer indiquait un très-grand progrès. On est véritablement surpris du degré de civilisation qui régnait alors au milieu de ces peuples encore mal établis et de l'habileté qu'ils apportaient dans leurs négociations, quand on étudie les nombreux documents qui nous sont parvenus à travers les âges. Les lettres de crédit étaient fort communes à cette époque, et déjà la lettre de change allait faire son apparition. C'est ainsi que, dans un dossier de nos archives publiques, nous avons découvert, entre autres pièces historiques, une lettre datée de 1207 et conçue en ces termes :

« Simon Rubi reconnaît avoir reçu la somme de.... deniers de Gênes, que son frère Guillaume, banquier à Palerme, remboursera en.... marcs de bon argent à quiconque lui présentera ce billet. »

Les pièces analogues se multipliaient à l'infini dans ces temps chevaleresques, avec de légères différences dans la rédaction. La plupart des croisés, ne possédant presque jamais, au moment du départ pour la guerre sainte, les sommes dont ils avaient besoin pour leurs dépenses, les empruntaient aux banquiers auxquels ils remettaient en échange un billet ou obligation portant, outre la signature de l'emprunteur, celle de quatre témoins, deux du côté du chevalier qui devaient être chevaliers de son pays ou de sa connaissance, et deux du côté du banquier, italiens comme lui. Quelquefois, pour se mettre à l'abri de toute surprise, le banquier exigeait du chevalier la garantie de son souverain; cette dernière était presque toujours accordée, et, en cas de non-payement, le chevalier devait abandonner ses biens à son créancier : la terre répon dait de la dette.

« A tous ceux qui ces présentes verront, disai le billet, nous *** (suivaient les noms des chevaliers) nous déclarons avoir reçu de Manfred Catano et Andréa Conti, Génois, la somme de deux cents livres tournois que l'illustre seigneur Alphonse, comte de Poitiers et de Toulouse, nous a fait donner sous sa garantie et sous l'obligation de tous nos biens que nous lui avons faite. »

A Florence, le commerce du change et de la banque se faisait en pleine rue. Les banquiers, portant le nom de *cambiatori* ou changeurs, étaient assis devant une petite table (*banco* ou *tavolino*), couverte d'un tapis vert, et avaient devant eux des sacs d'écus et un livre de comptes : c'était là qu'aux jours de grand marché les commerçants venaient les trouver pour échanger leurs valeurs ou traiter d'affaires. L'installation était primitive assuré ment, et cependant les intelligents industriels que la banque comptait dans son sein possédaient une influence considérable et une fortune dont notre siècle même ne pourrait se faire une idée. Quelques-uns d'entre eux, dont l'histoire a conservé les noms, les Bardi, les Peruzzi, les Alberti, tenaient le haut rang de la société florentine, habitaient des palais merveilleux, menaient un train princier, et d'autres même, comme la famille des Médicis, parvenus par leurs richesses et leur mérite au gouvernement de leur pays, s'alliaient aux familles royales des plus grandes et des plus illustres monarchies.

Avec le développement du commerce, la banque ne tarda pas à s'étendre, et ses attributions nombreuses et variées donnèrent naissance à des institutions nouvelles qui toutes eurent pour effet de faciliter le crédit et d'en rendre l'application plus fructueuse. Tandis que les unes, sous le nom de *banques de dépôts*, se bornaient à faire l'office de caisses de prêts sur nantissement et de caisses de comptes courants, les autres, sous la dénomination de *banques d'escompte et de circulation*, faisaient à la fois le service de caisses de prêts sur nantissements, de caisses de comptes courants et de caisses d'escompte, auquel elles joignaient le caractère spécial d'émettre des billets payables au porteur et à vue, c'est-à-dire un *papier de crédit*.

En effet, les banquiers, avec leurs ressources personnelles très-limitées, peuvent faire face à des besoins locaux partiels ; mais, dès que les paiements deviennent nombreux, par suite de l'augmentation des affaires et des négociants, leurs secours se trouvant insuffisants, la nécessité d'un établissement doté d'un gros capital capable d'alimenter de grosses opérations et de soulager les banquiers du trop-plein des escomptes ou des opérations de crédit se fait sentir, et la *banque*, c'est-à-dire la réunion, l'association des capitaux devient d'une utilité incontestable.

La première condition pour une banque est donc d'avoir un capital considérable qui lui permette d'étendre son action et d'offrir au public qui veut s'en servir de sérieuses garanties ; car il ne faut pas oublier que c'est sur la connaissance qu'on a de la puissance de ce capital que se fonde principalement le *crédit* de la banque, qui est la base de sa prospérité comme de son efficacité.

La seconde condition est d'abord que ce capital soit formé avec le concours d'un grand nombre d'actionnaires ; ensuite que les opérations de la Banque soient clairement définies par des règles et des statuts qui lui prescrivent un but d'opération dont elle ne puisse sous aucun prétexte s'éloigner et donnent en même temps la certitude que le capital ne sera pas détourné de sa destination. Or l'association produit ce résultat ; l'administration de la Banque étant, par le fait même qu'elle est collective et par conséquent délibérative, livrée à la publicité et, par là, à la surveillance de ceux qui s'intéressent à elle, son crédit s'établit sur la connaissance qu'on a de ses affaires, de ses ressources et de sa conduite, et cette connaissance forme la plus solide de toutes les bases.

Ainsi constituées, les banques sont donc appelées à rendre des services considérables au commerce et à l'industrie. En effet, leur capital, étant ordinairement proportionné à l'étendue des affaires qui se traitent dans les lieux où elles se fondent et consacré, en plus grande partie, à l'escompte des effets de commerce, est de beaucoup supérieur à celui qu'un particulier pourrait affecter à cet emploi. Il en résulte que les banques, sauf quelques cas rares, prennent, parmi le papier qu'on leur présente, celui qui leur paraît fournir les plus sérieuses garanties : les négociants solvables sont donc assurés de trouver chez elles l'argent dont ils ont besoin ou tout au m ins d'en obtenir l'admission des bonnes valeurs qu'ils donnent à leurs guichets, sans crainte d'être exposés, comme avec des banquiers ordinaires, à ce que l'insuffisance ou l'épuisement des capitaux puissent leur être opposés comme un prétexte pour ne pas consentir aux négociations qu'ils proposent.

Un autre avantage fort appréciable des banques est que, soumises à des règles fixes et au contrôle de la publicité, elles escomptent à un *taux* déterminé, généralement modéré et connu d'avance. Il n'en est pas de même des capitalistes que l'espoir d'un placement plus lucratif détermine souvent à élever outre mesure le taux de leur escompte ou quelquefois même à ne pas escompter ; de plus, ceux-ci, lorsqu'ils escomptent, ne le font qu'à un taux débattu pour chaque valeur, gradué selon le degré de sécurité qu'elle paraît leur offrir, mais en tout cas toujours plus élevé que celui des banques.

Cette situation est particulièrement sensible en temps de crise. Alors que le capitaliste, dont l'intérêt n'est pas lié comme celui des banques à l'intérêt général, craint de faire des pertes qui pourraient compromettre sa fortune et, pour cette cause, cesse d'escompter, laissant dans l'embarras les commerçants qui d'ordinaire se confient en lui, la banque, dans son intérêt même, maintient les crédits qu'elle a accordés en d'autres temps, au risque de quelques pertes, et, par sa sagesse et sa prudence en même temps que par son désintéressement, sauve très-souvent le crédit public de la ruine. Nous pourrions en donner de nombreux exemples ; il nous suffira de rappeler qu'à l'époque des événements de 1870-71, les mesures prudentes de la Banque de France et le capital dont elle dispose lui permirent de supporter avec succès la mesure de la prorogation des effets échus, ce que certainement des particuliers n'eussent pu faire, malgré leur habileté.

Les banquiers eux-mêmes ont un intérêt très-direct à l'établissement des banques. Si l'existence de ces banques leur enlève, par la concurrence et par la réduction du taux de l'intérêt, une partie importante des affaires de la localité où ils résident et qui auparavant leur appartenaient sans conteste ; d'autre part, elle leur donne des sources nouvelles de profit en leur accordant la facilité de se faire ouvrir un compte courant au moyen duquel ils viennent eux-mêmes présenter à l'escompte de ces banques le papier que, faute d'un nombre suffisant de signatures connues, les banques n'accepteraient pas, et qu'ils écoulent ainsi après l'avoir escompté à un taux plus élevé que celui des banques. De là, une différence d'intérêt qui est un bénéfice immédiat pour les banquiers et qui, pouvant se renouveler et se multiplier dans une étendue qui n'a de bornes que celles de leur crédit, excéderait bientôt celui que leur fournirait leur capital propre. Par suite de la faculté qui leur est concédée d'escompter à ces banques, ils peuvent étendre leurs affaires dans des proportions qui dépassent le montant de leur capital, et, dès lors, ce n'est plus à ce montant, mais à leur crédit, que se calculent ces proportions.

Mais, s'il est vrai qu'avec la législation qui les régit, les banques soient en mesure de rendre des services plus grands que ne le sauraient faire les particuliers, il n'est pas impossible que le crédit dont a besoin le commerce excède la masse des capitaux destinés à l'escompte, et qu'alors le taux de l'intérêt doive s'élever, au grand dommage de ceux qui empruntent. Dans ce cas, le développement de l'industrie peut être entravé, et, le crédit, dont l'essence est de n'avoir point de limites, se trouvant restreint, il en peut résulter de grands inconvénients pour la prospérité du pays. C'est pour écarter ce dangereux obstacle qu'on a créé des *banques publiques* dotées de la faculté d'émettre, de faire *circuler* des billets payables au porteur et à vue, remboursables en espèces à la volonté du porteur et équivalant véritablement à des espèces, pourvu toutefois que le public eût confiance dans les établissements qui les émettaient. Ces banques publiques ont marqué un progrès considérable sur les banques particulières, et elles sont connues de nos jours sous le nom de *Banques d'escompte et de circulation.*

XII

Les banques publiques tendent à s'accroître. — La Banque d'Angleterre est établie en 1694. — Les plus célèbres établissements de banque du moyen âge. — Les opérations de la Banque d'Amsterdam. — Organisation de la Banque d'Angleterre. — Ses débuts. — Sir Robert Peel et le bill de 1844. — La Banque d'Angleterre est divisée en deux départements. — Le *département des émis-ions*. — Le *département de la Banque*. — Les *joint-stock Bancks*. — Le nombre des banques en Angleterre. — La Banque de France. — La loi du 24 germinal an XI. — Régime de la Banque de France. — Le privilége d'émettre des billets au porteur. — Les succursales de la Banque. — Les opérations. — Services rendus par les banques publiques — Le *Clearing-House*. — Son origine. — Quel chiffre d'affaires il atteint en 1872.

Le nombre des banques publiques d'escompte et de circulation tend à s'accroître de plus en plus à notre époque ; il en existe au moins une, en effet, dans presque toutes les grandes nations de l'Europe. Toutefois, les deux plus importantes qui ont servi de type aux autres sont sans contredit la Banque d'Angleterre et la Banque de France, la première fondée en 1694 et la seconde établie en 1800.

Avant elles, l'esprit d'association avait déjà donné naissance à des établissements de banque ; mais l'état social et le peu de connaissances économiques alors répandues ne leur permettaient pas de prendre l'extension et le caractère que nous constatons chez les nôtres. Elles étaient, pour la plupart, non des entreprises particulières, mais des institutions ou nationales ou municipales fondées et souvent dotées par l'État ou la ville qui en était le siége et auxquelles on attribuait des monopoles ou priviléges en vertu desquels certaines opérations ne pouvaient se faire que par leur entremise. Mais ce n'étaient que des caisses de comptes courants, de prêts sur dépôts et d'échange de monnaies et matières d'or et d'argent : le principe de la monnaie fiduciaire, du billet de circulation ou de banque leur était encore inconnu, et cependant elles possédaient toutes une monnaie imaginaire, d'une valeur fixe, servant à tenir les comptes et qui s'échangeait contre la monnaie courante au moyen d'un agio variable.

Parmi ces banques, les plus célèbres furent la banque de Venise dont la création remonte à 1157, en plein moyen âge ; la banque de Saint-Georges à Gênes, fondée au commencement du quinzième siècle, et la banque d'Amsterdam, une des plus florissantes et des plus actives de la Renaissance, fondée le 31 janvier 1609 sous la garantie de la ville, et qui parvint à un degré de prospérité dont s'étonnerait même notre époque si merveilleuse par son activité commerciale et industrielle.

Cette dernière banque, comme les précédentes, était une caisse de comptes courants, et la principale source de son revenu provenait des dépôts de monnaies étrangères et de matières d'or et d'argent qu'attirait le commerce immense de la Hollande et qu'elle acceptait contre un droit de garde variant entre 1/2 0/0 et 1/8 0/0, suivant la nature des valeurs déposées. En échange du dépôt, la banque remettait à son client un récépissé négociable qui constatait, en argent de banque, la valeur des dépôts, valeur dont on le créditait aussitôt et qu'il pouvait utiliser à son gré. Elle rendait donc de réels services au commerce; mais ses moyens de crédit étaient encore très-limités, et ce récépissé négociable qu'elle remettait à ses comptes courants était loin encore de satisfaire, dans la mesure de la monnaie fiduciaire, aux besoins de la circulation.

Il était réservé à l'Angleterre de produire la première le véritable billet de banque et d'occasionner une révolution dans les habitudes du crédit par l'adoption de la *promesse de paiement payable au porteur et à vue en espèces monnayées.* La Banque d'Angleterre, sortie des nécessités du gouvernement britannique dont les guerres longues et coûteuses avaient dévoré les ressources et engagé l'avenir, fut en effet créée en 1694 et reçut un privilége en échange des services que l'État exigeait d'elle. C'était un gentilhomme écossais, William Paterson (1), qui en avait conçu et proposé le plan que le gouvernement avait adopté ensuite et dont il avait secondé l'exécution en stipulant le versement dans les caisses du trésor,

(1) L'Angleterre ne fut pas reconnaissante envers lui : abandonné de tous, après avoir été l'un des directeurs du nouvel établissement, il mourut de misère et de désespoir dans une colonie qu'il avait tenté de fonder à l'isthme de Darien.

à titre de prêt, de la totalité du capital de l'établissement. Le 27 juillet 1694, la Banque recevait sa charte et commençait ses opérations. L'entreprise était confiée à un gouverneur et à un sous-gouverneur assistés de vingt-quatre directeurs, élus chaque année parmi et par les membres de la compagnie. Les conditions requises pour concourir à l'élection du conseil de régence étaient également spécifiées dans l'acte de fondation, et consistaient dans la possession, depuis une période de six mois au moins, de 500 livres sterling (12,500 fr.) du capital. Quant aux opérations, la Banque ne pouvait qu'escompter des lettres de change et des billets à ordre et faire le commerce des monnaies et matières d'or et d'argent : néanmoins, elle était autorisée à faire des prêts sur marchandises, ce qui lui donnait le droit, à défaut de remboursement, de revendre le gage non retiré. De plus, elle prêtait sur transports d'effets publics et de diverses autres natures de valeurs au choix des directeurs et à des taux variés, escomptait, outre les obligations de l'État à échéance déterminée, les effets de commerce dont l'échéance n'excédait pas trois mois, et émettait des billets au porteur et à vue et des billets transmissibles seulement par endossement à sept jours au plus de vue, ces derniers appelés *post-bills* et de coupure indéterminée. Les moindres coupures de billets de la Banque d'Angleterre, d'abord de 20 liv. sterl. (500 fr.), descendirent, en 1750, à 10 livr. sterl., puis en

1793 à 5 liv. st. et enfin, en mars 1797, à 1 et 2 liv. st. ; mais, en 1821, ces derniers billets furent supprimés, et leur émission interdite par la loi de 1829 qui ne laissa subsister que la coupure de 5 l. st.

Les débuts de la Banque furent pénibles : ses liens continus avec l'État, en lui imprimant le contre-coup des événements politiques, la mirent plusieurs fois à deux doigts de sa perte, et il fallut à ceux qui la dirigeaient, avec une connaissance approfondie des affaires, une particulière prudence unie à une très-grande habileté. De nos jours, la Banque d'Angleterre est restée ce qu'elle était à sa création, une constitution financière gouvernementale. Elle est chargée du recouvrement des revenus publics et du paiement des créanciers de l'État auquel elle fait, en outre, des avances sur le produit des impôts. C'est par son entremise qu'a lieu la négociation des bons de l'Échiquier (bons du Trésor), et, outre le paiement des intérêts de la dette publique, elle a le soin de constater et de surveiller les mutations qui surviennent dans la propriété de cette dette. A chaque renouvellement de son privilége, les services que l'État exigeait d'elle se sont accrus, et c'est ainsi qu'en 1823 elle a fait un traité à forfait pour l'amortissement de cette partie de la dette qui se composait des pensions et annuités.

Le régime dont elle jouit aujourd'hui a été déterminé par une loi célèbre due à l'initiative d'un des hommes d'État les plus éminents de la Grande-Bretagne, sir Robert Peel, et qui est connue sous le nom de *bill de* 1844. Avant cette époque, le nombre des établissements de banque ayant la faculté d'émettre des billets payables au porteur était considérable en Angleterre, et la plupart d'entre eux, profitant de cette faveur pour étendre leurs affaires, s'étaient laissé entraîner à donner à des clients peu solvables un crédit exagéré, à continuer même ce crédit alors qu'il eût fallu le restreindre, et par conséquent avaient provoqué des crises extrêmement graves. Dans les provinces principalement, ces banques avaient scandaleusement abusé de la liberté d'émission, et un grand nombre d'entre elles avaient fait faillite, entraînant dans leur ruine une multitude de maisons de commerce.

Le gouvernement résolut d'apporter un remède à ces maux en établissant une limite fixe à la circulation à découvert, et il s'attacha avec d'autant plus d'énergie à cette réforme que la Banque d'Angleterre elle-même avait manqué plusieurs fois d'habileté et de prudence dans la direction de la circulation fiduciaire.

La première vue qui inspira le ministre anglais fut d'introduire une plus grande unité dans le crédit. Le bill de 1844 commença, en effet, par interdire la création de nouvelles banques libres ou la reconstitution de celles qui tomberaient; puis il imposa à celles qui existaient diverses conditions de contrôle, remit aux commissaires du timbre et des taxes le droit de régler l'émission de leurs billets, et favorisa leur fusion dans la Banque centrale.

Une autre mesure établit une division absolue de la Banque en deux départements distincts qu'on appela *département des émissions* et *département de la Banque*. Le premier fut chargé de fabriquer les billets, d'en émettre pour 14 millions de livres sterling (350 millions de francs) sans avoir la contre-partie en espèces (1), mais, au-delà de cette somme, de n'en donner que contre du numéraire ou des lingots. Le département de la Banque reçut du département de l'émission, en billets au porteur, d'abord les 14 millions émis à découvert, puis tous les billets dont il pouvait fournir la contre-valeur en numéraire.

Ainsi le mécanisme qui fonctionne actuellement est très-simple. La règle que nous venons d'expliquer étant absolue, le département de la Banque ne conserve en espèces métalliques qu'un faible appoint pour les besoins journaliers et compose toute sa réserve de billets dont il a versé le montant en numéraire au département de l'émission. C'est de là que vient le titre de *réserve de billets de banque* qu'on a donné à l'encaisse de ce département. Cet encaisse est en effet composé de billets, mais ces billets ne sont que la contre-partie du numéraire existant dans l'autre dépar-

(1) Ces 14 millions sterling formaient le montant des prêts faits par la Banque à l'État, dans les premières années de son fonctionnement et que celui-ci lui avait garantis par des titres et des bons de l'Échiquier.

tement et ne doivent être considérés que comme du numéraire.

Pour mieux faire comprendre l'opération, prenons un exemple.

Une personne a besoin d'argent; elle se rend au *département de la Banque* où elle escompte du papier de commerce ou contracte un emprunt sur des valeurs et reçoit en échange des billets de banque : si, pour faire ses acquisitions, cette personne ne peut se passer de numéraire, elle se présente au guichet du département de l'émission, et demande, qu'on lui remette des espèces à la place des billets que vient de lui donner le département de la Banque. Le département de l'émission paye immédiatement, mais sa faculté d'émettre des billets se trouve diminuée dans la même proportion que sa réserve métallique.

En dehors de la Banque d'Angleterre et à côté d'elle, la Grande-Bretagne compte d'autres établissements particuliers qui ont également la faculté d'émettre des billets au porteur, mais à des conditions fixées par la loi de 1844. Dans les comtés, il en est qui ne peuvent avoir plus de six associés et d'autres qui sont montés par actions et que l'on connaît sous le nom de *joint stock Banks*. Elles ne pouvaient émettre de billets, avant 1844, qu'à la condition de prendre une licence de trente livres payables annuellement, comme on acquitte en France la patente; les unes émettaient des billets-monnaie, et les autres se bornaient à faire l'opération ordinaire des banquiers. Le nombre en était considérable; d'après M. Baudrillart, le savant économiste que nous avons suivi dans ce chapitre, on comptait en 1848, en Angleterre et dans le pays de Galles, cent quatre-vingt-quatre banques particulières de circulation, formant, avec leurs succursales, quatre cent sept bureaux ; il y en avait huit du même genre en Irlande avec cent soixante-cinq bureaux, ce qui donnait, pour les trois royaumes qui composent la Grande-Bretagne, deux cent soixante-dix-sept banques de circulation et treize cent cinquante-quatre bureaux d'émission. Depuis cette époque, ce nombre a diminué beaucoup, et tend encore à décroître.

La Banque de France, qui jouit dans le monde entier d'une haute réputation, et dont les crises de 1870 et des années suivantes ont contribué puissamment à rehausser l'éclat, est, de même que la Banque d'Angleterre, un instrument politique, une banque d'État. Dès l'origine elle le fut, et la loi de 1806, rendue au lendemain de la bataille d'Austerlitz, resserra encore plus étroitement les liens qui l'attachaient au gouvernement en attribuant à celui-ci la nomination du gouverneur et des deux sous-gouverneurs appelés à la diriger. Toutefois, le principe de l'unité que le respect des coutumes anciennes n'avait pas permis d'adopter en Angleterre fut imposé en France par la loi statutaire de la Banque et, depuis lors, malgré certains efforts tentés à plusieurs reprises, il n'y a jamais été dérogé.

La Banque de France a été créée le 29 juin 1796

sous le nom de caisse de comptes courants et n'a pris la dénomination que nous lui connaissons aujourd'hui qu'à la suite d'un arrêté des consuls en date du 28 nivôse an VIII (18 janvier 1800), ordonnant que la moitié des cautionnements imposés aux receveurs généraux seraient employés en actions de cet établissement et que les fonds de la caisse d'amortissement nouvellement établie, y seraient versés. Son capital primitif était de 30,000,000 divisés en 30,000 actions de 1000 fr. chacune et ses opérations consistaient à escompter le papier de commerce. En 1803, une loi spéciale enlevant aux banques privées le droit d'émettre des billets au porteur, qu'elles avaient conservé concurremment avec la Banque de France, dota cette dernière du privilége exclusif d'émettre des billets de Banque et lui donna une existence légale en même temps qu'une constitution régulière. Par les dispositions de la loi du 24 germinal an XI (14 avril 1803), son capital fut porté à 45 millions, la moindre coupure de ses billets fut fixée à 500 francs et la représentation de l'universalité des actionnaires fut attribuée aux deux cents actionnaires possesseurs, depuis plus de six mois, du plus grand nombre d'actions. La reunion de ces deux cents actionnaires forma l'assemblée générale et fut investie du pouvoir d'élire les membres de l'administration composée de quinze régents et de trois censeurs renouvelés chaque année, les premiers par cinquième, les derniers par tiers, et susceptibles d'être réélus. On institua un conseil d'escompte formé de douze négociants de Paris choisis par les censeurs sur une liste triple composée par les régents, renouvelés par quart chaque année, mais rééligibles et dont les attributions consistaient à surveiller avec voix délibérative les opérations de l'escompte. A la tête de l'établissement furent placés un président et deux régents élus à cet effet par le conseil général, le premier pour deux ans, les derniers pour un an, et rééligibles; on statua, en outre, qu'aucune banque n'aurait le droit de s'établir dans les départements sans l'autorisation du gouvernement, qui se réservait le droit d'accorder ce privilége, et que les billets émis par les banques autorisées ne pourraient être d'une somme moindre de 250 francs; enfin, le privilége d'émettre des billets fut accordé à la Banque pour un espace de quinze années.

La plupart de ces dispositions ont été maintenues dans la législation de la Banque, sauf quelques-unes, telles que la substitution au comité primitivement élu d'un gouverneur et de deux sous-gouverneurs nommés par l'État à la direction de la Banque. La loi de 1806 (22 avril), complétée par un décret impérial du 16 juin 1808, ajouta diverses dispositions organiques aux statuts déterminés précédemment et donna à l'établissement la forme qu'il a conservée à peu près jusqu'à nos jours. Cependant, ce n'est que depuis la Révolution de 1848 que la Banque de France est demeurée seule en possession du privilége de faire des billets au porteur. Jusqu'à cette epoque, en effet, des banques départementales instituées dans les principaux centres commerciaux ou industriels, tels que Rouen, Lyon, le Havre, Lille, Toulouse, Orléans, Marseille, Nantes et Bordeaux avaient, concurremment avec la Banque de France, émis des billets ; mais, lorsque la crise de 1848 vint s'abattre sur le pays et menacer son crédit, le gouvernement provisoire crut la conjurer en supprimant ces établissements en tant que banques particulières et en les réunissant à la Banque de France dont ils devinrent dès lors de simples succursales.

D'après une loi en date du 27 janvier 1873, la Banque devait établir une succursale dans les départements qui en étaient privés. Aujourd'hui (1881), ce vœu est accompli, et le nombre des succursales accru dans des proportions plus rapides que ne l'indiquait la loi et s'élève à quatre-vingt quatorze. Le privilège de ce grand établissement, prorogé une première fois en 1840, a été de nouveau maintenu en 1857 par la loi du 9 juin pour ne prendre fin qu'au 31 décembre 1897, et son capital a été élevé à 182,500,000 francs représentés par cent quatre-vingt-deux mille cinq cents actions.

En dehors des services particuliers qu'elle rend à l'État et dont les derniers sont trop près de nous pour qu'il soit permis de les oublier (1), la

(1) Afin de permettre à l'État de faire face aux dépenses considé-

Banque de France, considérée comme banque de crédit industriel et commercial, procure de réels avantages au public. C'est ainsi qu'elle escompte les effets de commerce dont l'échéance n'excède pas trois mois et qui portent la signature de personnes notoirement solvables; qu'elle se charge de l'encaissement des effets qui lui sont remis; qu'elle reçoit en compte courant les sommes qui lui sont versées par les particuliers et par les établissements publics; qu'elle fait des avances sur transfert de rentes d'actions et obligations de chemins de fer français, obligations de la ville de Paris, du Crédit foncier, de la Société algérienne; qu'elle paye les dispositions faites sur elle, ou les engagements pris à son domicile jusqu'à concurrence des sommes encaissées; enfin qu'elle tient une caisse de dépôts volontaires pour tous titres, lingots et monnaies d'or et d'argent.

De plus, elle émet des billets à terme et délivre des mandats de Paris sur les succursales et des succursales sur Paris, et, contrairement aux dispositions de la loi du 3 septembre 1807, qui limitait le taux de l'intérêt à 5 p. 100 en matière civile et à 6 p. 100 en matière commerciale (1),

rables occasionnées par les besoins de la défense nationale contre l'invasion allemande, la Banque de France lui a prêté des sommes qui se sont élevées jusqu'à 1.530 millions. Elle lui a facilité les emprunts nationaux de 2 et de 3 milliards en lui faisant des avances sur les versements qui devaient provenir des titres émis. En même temps elle accordait à la ville de Paris une avance de 210 millions, montant de sa contribution de guerre.

(1) Cette limitation est contraire au principe de la loi économique, et a pour résultat de nuire au développement des transactions. Plusieurs propositions ont été faites dans ces dernières an-

elle peut élever au-dessus de 5 p. 100 le taux de ses escomptes. Elle ne reçoit à l'escompte que les effets de commerce garantis au moins par trois signatures ou par deux signatures et un transfert d'actions de la Banque ou d'effets publics français, d'actions de chemins de fer français, de récépissés de marchandises dans les magasins généraux ou d'obligations de la ville de Paris. Depuis quelques années, en outre, le gouvernement de ce grand établissement soucieux d'étendre les bienfaits du crédit à un plus grand nombre de personnes a créé l'établissement de comptes courants extérieurs en faveur des commerçants et industriels ou banquiers habitant hors du siége des succursales, et il a autorisé tous ses comptes courants à opérer *par voie de virement*, le transport *gratuit*, de Paris dans les succursales et d'une succursale dans une autre, des sommes escomptées ou encaissées dont ces derniers seraient crédités.

Les banques publiques, aussi vastes, aussi importantes que celles de France et d'Angleterre, exercent à un degré particulier une influence considérable sur le taux de l'intérêt et sur le cours de l'escompte. Par les services que rend le crédit, elles ont pour effet d'abaisser ce taux et de lui servir, d'autre part, de régulateur, parce qu'elles sont les plus grands centres du commerce de l'argent. On a souvent réclamé comme un progrès la fixité de l'escompte, et les adversaires des ban-

nées pour en obtenir l'abrogation, et nous espérons qu'elles trouveront un accueil favorable auprès du gouvernement et des chambres.

ques ont reproché à ces établissements de ne pas tendre à ce résultat. C'est là une utopie irréalisable et à laquelle l'expérience des questions économiques fait renoncer. On ne peut pas plus fixer le taux de l'intérêt qu'on ne peut fixer le prix du blé ou de toute autre denrée, puisque ce prix dépend des quantités obtenues eu égard aux besoins et aux demandes. L'élévation de l'escompte dont ces deux grandes banques ont usé fréquemment peut être utile à titre de modérateur, lorsque le pays se laisse aller à des excès d'entreprises et quand les banques ont déjà du papier en quantité suffisante sur la place. Or, ces occasions se sont rencontrées assez souvent de l'un et l'autre côté de la Manche, et la mobilité du taux de l'escompte, en resserrant la circulation et le travail, a fait éviter bien des crises ou les a rendues moins graves.

Malgré l'immense progrès que les banques publiques ou privées ont réalisé dans la facilité et la rapidité des transactions, malgré le crédit prodigieux dont jouit le billet de banque qu'elles émettent, la circulation, qui n'acquiert sa puissance que dans l'activité de la transmission, a trouvé un élément plus puissant dans une institution déjà vieille d'un siècle, mais dont le mécanisme s'est principalement développé de notre temps. Nous voulons parler du *Bureau de liquidation* ou de *virement*, du *Clearing House*, ainsi qu'on l'appelle de l'autre côté du détroit. Cet établissement a été fondé, vers 1775, par plusieurs banquiers de la Cité, pour l'échange des billets dont ils étaient respectivement porteurs ; voici, d'après un auteur anglais dans quelles circonstances il a été créé.

Avant sa fondation, les banquiers envoyaient journellement les uns chez les autres un grand nombre de chèques au remboursement. Tandis que le garçon de recette de l'un d'eux se présentait chez un autre pour toucher les chèques tirés sur lui, le garçon de recette de ce dernier se présentait chez le premier dans le même but, ce qui occasionnait naturellement, avec une perte de temps considérable, un grand déplacement de fonds.

Un jour on s'aperçut que les préposés aux recettes avaient pris l'habitude de se réunir dans une taverne à l'heure du déjeuner et que là, consultant la liste des chèques dont ils étaient respectivement chargés, ils faisaient un échange de ces valeurs, puis, vérification faite de leurs comptes, versaient en billets de banque l'appoint qui revenait à tel ou tel d'entre eux.

Ainsi, pour donner un exemple de ce mécanisme, l'employé de M. Rotschild de Londres avait 50 chèques, montant à 84,200 livres sterling payables par un autre banquier du nom de Smith, en même temps que l'agent de celui-ci en possédait 82 pour 95,000 livres payables par la maison Rotschild. Dans l'ordre naturel des choses, l'employé de Rotschild aurait dû présenter les 50 chèques à la caisse de Smith, en attendre la vérification et le paiement, puis rapporter à son patron les 84,200 francs qu'ils représentaient. D'autre part, l'employé de Smith devait présenter ses 82 chèques à Rotschild et revenir avec ses 95,000 livres. Au lieu de cela, les deux commis se rencontrent en route, et celui de Rotschild dit à l'autre : « J'ai là 84,200 livres sur votre maison et vous avez 95,000 sur la mienne : prenons note de ces sommes ; donnez-moi vos chèques et prenez les miens, nous allons rentrer pour faire vérifier les valeurs, et, celles-ci reconnues exactes, nous nous retrouverons ici dans une demi-heure, je vous remettrai alors les 10,800 livres qui forment la différence entre le montant de votre recette et le total de la mienne. Si quelques chèques sont irréguliers ou ne peuvent être payés, nous les rapporterons et en déduirons le montant de notre compte. »

C'est ainsi que le système des compensations prit naissance ; les services qu'il rendit ne tardèrent pas à être appréciés de l'universalité des banquiers ou financiers, et l'établissement prit bientôt des développements considérables. Aujourd'hui, le Clearing House de Londres comprend vingt-six banquiers, parmi lesquels se trouve la Banque d'Angleterre : chaque maison admise dans l'établissement y entretient des commis à demeure, désignés sous le nom de clearing-clerks et chargés d'annuler les chèques ou virements qui se compensent et de payer les soldes en numéraire ou en billets. Or, l'importance de ces annulations opérées sans le secours des espèces, grâce à l'organisation de ce mode de virements, est tel qu'en 1840, d'après un compte rendu de l'administrateur général de la Banque de Londres et de Westminster, le Clearing House a pu faire face à 1 milliard sterling (25 milliards de francs) de paiements pour lesquels on n'a guère employé que 60 millions de livres sterling (1,500 millions de francs) en billets de banque.

Depuis 1840, le chiffre d'affaires s'est considérablement accru, et on l'évaluait, pour l'exercice 1871-72, à l'énorme total de 5 MILLIARDS 357,922,000 livres sterling, soit 133 MILLIARDS 993,050,000 francs.

En France, l'esprit de routine, si difficile à déraciner, a mis jusqu'ici obstacle à l'établissement d'une institution semblable ; cependant, en 1872, quelques banquiers de Paris se sont réunis et ont fondé une chambre de compensation dont les opérations commencèrent le 7 mars de la même année ; mais le système employé pour les chèques, et la résistance de certaines institutions, entre autres de la Banque de France, n'ont pas permis encore de donner à cette utile création le développement qu'elle pourrait prendre, au grand avantage de tous les intérêts.

XIII

La liberté du commerce est de droit naturel. — Le commerce dans l'antiquité. — Il est réservé aux esclaves. — Les mœurs romaines. — Le four banal. — Les marchés. — La foire du Landit. — La hanse parisienne. — Les douanes intérieures. — Chaque province est fermée à toutes les autres. — « Laissez faire, laissez passer. » — Les accapareurs. — Quesnay et Turgot. — La guerre des farines. — La Révolution et la liberté du commerce intérieur.

Le droit d'échanger un objet contre un autre, de vendre un produit quelconque moyennant une somme d'argent déterminée, semble aujourd'hui chose fort naturelle, et quiconque oserait mettre en doute la faculté que possède un cultivateur de porter sur le marché ses fruits et ses légumes ou un orfévre d'ouvrir une boutique, serait soupçonné de folie ou tout au moins de plate ignorance.

Cependant cette liberté, cette faculté inhérente à la nature humaine, n'a pas toujours été respectée, et, pendant bien des siècles, chez un grand nombre de peuples, le droit d'échange a été méconnu au préjudice des progrès matériels et moraux de l'humanité.

A Rome, le commerce était considéré comme un acte avilissant, et, par cette raison, était entièrement abandonné à la dernière classe du peuple et aux esclaves. Quiconque était revêtu d'une dignité ou jouissait dans la république d'une grande fortune, d'un nom aristocratique, et même seulement du titre de citoyen romain, ne pouvait se livrer, sans infamie, à un acte mercantile que réprouvaient les mœurs guerrières et hautaines du peuple conquérant. Tel qui s'honorait de conduire lui-même sa charrue, aurait rougi de s'enrichir par le commerce, et Cicéron, quoique issu d'une famille modeste, écrivait à son fils que jamais un sentiment noble ne pouvait naître dans une boutique.

Avec un semlbable préjugé, comment le commerce se serait-il développé? La classe des marchands, méprisée et souvent molestée, vivait misérablement, et les Romains, d'ailleurs, s'étaient habitués à chercher au loin, chez les nations qu'ils avaient soumises, les objets de luxe ou de consommation dont ils avaient besoin.

Après la conquête des Gaules, les mœurs romaines s'implantèrent parmi nos aïeux, et les corporations industrielles ou commerciales qui s'étaient formées à l'instar de celles de Rome furent de longues années avant de s'organiser et de se fortifier. Peu à peu, cependant, la législation romaine disparut de nos codes, et les métiers, les industries et les diverses branches de commerce commencèrent à prendre une grande importance et à porter la richesse dans le sein du pays.

Chaque seigneur, jaloux d'accroître ses revenus, attira sur ses terres et dans les villes qui relevaient de sa suzeraineté les marchands, les artisans et les corps de métiers; il assigna à chacun des règlements et créa des marchés sur lesquels devaient s'opérer les transactions, moyennant une redevance à son profit.

Mais alors le privilége engendra les vexations : il ne fut permis de faire le commerce que dans certaines conditions, dans un rayon déterminé, à des heures fixes et souvent même à des prix réglés arbitrairement par l'autorité. Chacun fut confiné dans une spécialité : l'orfévre ne put vendre que certains objets en dehors desquels sa compétence était contestée : le mercier chez lequel on eût trouvé du drap eût été poursuivi pour usurpation de droits que la loi, ou plutôt la volonté du prince, lui contestait.

Dans un ouvrage fort intéressant qui a ouvert à son auteur, M. Levasseur, les portes de l'Institut, on trouve de nombreux exemples des entraves que les coutumes féodales du moyen âge mettaient à l'accroissement des progrès des échanges. Ainsi, chaque seigneur avait, ainsi que nous venons de le dire, un ou plusieurs marchés établis sur ses terres. C'est là que le cultivateur ou l'artisan devait apporter sa marchandise et la débiter aux acheteurs. Toute opération mercantile faite en dehors de ces marchés était considérée comme nulle et exposait son auteur à une poursuite et à une condamnation.

De plus, le paysan étant ordinairement trop pauvre pour avoir chez lui un pressoir et un four, le seigneur en faisait construire près de son manoir, et tous étaient tenus, moyennant redevance, de venir y faire moudre le grain et cuire le pain. Défense était faite d'élever ailleurs un moulin ou un four ou bien d'aller porter le blé et le pain au moulin ou au four du propriétaire voisin.

Les seigneurs étaient très-jaloux de leurs droits : un étranger venait-il apporter dans un de leurs villages du pain cuit ailleurs, ils le faisaient saisir brutalement et confisquaient sa marchandise ; un noble voisin leur faisait-il concurrence en élevant près de leurs terres un nouveau four, ils le faisaient démolir.

Parfois, les grands propriétaires se faisaient eux-mêmes marchands, et, pour vendre les produits de leurs terres, ils se servaient de moyens souvent révoltants. Après les vendanges, par exemple, ils publiaient leur ban, ou, en d'autres termes, ils faisaient annoncer à son de trompe qu'ils allaient vendre le vin de leurs récoltes. L'époque de cette vente était fixée ; dans le temps qu'elle durait, les taverniers devaient cesser toute affaire et les particuliers étaient tenus de s'approvisionner dans les celliers du suzerain, et non ailleurs.

Dans les grandes villes et dans les domaines du roi, des priviléges étaient accordés à des sociétés ou corporations qui, seules, réglaient la législation commerciale et accaparaient les bénéfices de certaines opérations. C'est ainsi qu'au douzième siècle, une association de marchands d'eau, nommée la *Hanse parisienne*, possédait des bateaux sur la Seine et avait seule le droit de transporter toutes les marchandises qui venaient par eau jusqu'à

Paris. Elle seule pouvait amener une cargaison depuis le pont de Mantes jusqu'aux ponts de Paris, et elle possédait exclusivement le monopole du commerce de la basse Seine dans la banlieue de Paris.

Pour faire sans danger son trafic, elle payait partout de nombreuses redevances, et encore était-elle fréquemment soumise à des attaques et à des vexations. M. Levasseur nous raconte que le sire de Poissy avait à Maisons un château d'où il rançonnait les bateliers ; les marchands qui se rendaient à Mantes ou en revenaient étaient exposés à ses caprices et à ses exigences, et ils ne purent se débarrasser de sa domination qu'en lui payant une redevance fixe de douze deniers par tonneau de vin et deux setiers à prendre sur le premier tonneau (1).

Lyon avait laissé s'établir dans ses murs une corporation de boulangers qui empêchait presque complétement l'introduction du pain fabriqué au dehors, et qui s'était concédé le privilége de le vendre à un prix supérieur.

A Rouen, une compagnie de cent douze marchands avait seule le droit d'acheter les grains qui entraient dans la ville, et son monopole s'étendait jusque sur les marchés des Andelys, d'Elbeuf, de Duclair et de Caudebec. A cette compagnie s'en adjoignit une autre, comprenant quatre-vingt-dix

(1) *Histoire des classes ouvrières en France depuis la conquête de Jules César jusqu'à la Révolution*, 2 vol. in-8°. Guillaumin et Cie, 1859.

officiers porteurs, chargeurs et déchargeurs de grains, entre les mains desquels tous les sacs de blé et de céréales passaient à l'exclusion de tous autres. Puis la ville possédait cinq moulins où ce blé devait être moulu, de sorte que l'alimentation d'une population nombreuse se trouvait ainsi à la merci d'un monopole souvent despotique et malheureusement soutenu par le pouvoir.

Partout, les entraves les plus vexatoires étaient opposées à la liberté du commerce, et des règlements étroits en gênaient même l'exercice ; cependant, quelques exceptions étaient faites en faveur des foires et des marchés. Le nombre s'en multipliait sans cesse, et les revenus qu'ils procuraient aux rois poussaient ceux-ci à en accroître l'importance. La foire du Landit, qui se tenait entre la Chapelle et Saint-Denis et durait quinze jours, était l'une des plus considérables du moyen âge ; elle commençait à la Saint-Barnabé, le 11 juin, et réunissait une grande quantité de marchands de tous métiers ; chaque profession y avait sa place réservée. Les draps, les merceries, les fourrures, les objets les plus variés en or et en argent, jusqu'à des chevaux et des bestiaux y étaient exposés et attiraient beaucoup de monde.

Le jour de son inauguration était impatiemment désiré, et l'on attendait, pour faire des acquisitions, qu'elle fût ouverte. « J'achèterai cela au « Landit, » disait-on, et l'on partait en famille, comme on va de nos jours à la foire aux jambons et aux Loges dans la forêt de Saint-Germain.

Les affaires s'y faisaient directement ou par l'intermédiaire des courtiers; pour laisser plus de liberté aux échanges, les rois évitaient de lever des impôts sur la vente et ils se contentaient des droits de juridiction, d'ailleurs fort productifs.

La chute du système féodal apporta peu d'amélioration à la situation faite depuis des siècles au commerce. Les souverainetés innombrables qui couvraient le sol français avaient disparu, mais les provinces avaient, sous beaucoup de rapports, conservé leur homogénéité et leur indépendance. L'unité politique avait été achevée par Henri IV et par Richelieu, mais l'unité commerciale était encore inconnue.

Des barrières nombreuses s'élevaient à l'entrée et à la sortie de chaque contrée; le moindre comté faisait un État dans l'État, et les marchands étaient accablés de redevances qui rendaient leur profession très-lourde et parfois insupportable.

Un écrivain du siècle dernier comptait, pour les seules provinces de Provence, Dauphiné, Languedoc, Lyonnais, Bresse, 14 espèces de droits; la Loire comptait 28 péages.

Au dix-huitième siècle, les idées subirent quelques changements; la noblesse, qui s'était tenue jusque-là en dehors des carrières commerciales, commença à y prendre une part bien minime, il est vrai, mais cependant suffisante pour donner un peu d'élan aux affaires, et les plus grands noms de France ne dédaignèrent pas de se mêler aux opérations financières qui prirent alors une certaine extension. La secte des économistes, créée par Quesnay, médecin du roi Louis XV, prêchait la liberté du commerce, et montrait du doigt les désastres produits par la prohibition : « Laissez faire, laissez passer, » disaient-ils, et la prospérité croîtra partout.

En ce qui concernait le commerce des grains principalement, cette doctrine était d'une rare exactitude. Grâce aux mesures restrictives alors en usage, les blés ne pouvaient circuler dans l'intérieur des provinces, et il s'ensuivait que de fréquentes famines sévissaient sur le peuple, déjà très-opprimé. Tandis qu'une contrée regorgeait de grains, la contrée voisine ne pouvait s'en procurer, et ses habitants étaient en lutte contre la faim et la mort. Les accapareurs apparaissaient alors et, favorisés par la législation en vigueur, imposaient leurs lois à la population, réalisant ainsi de scandaleux bénéfices.

Turgot, dont nous avons déjà parlé dans une de nos causeries, le plus grand homme de son époque peut-être et à coup sûr le plus honnête, avait voulu réagir contre ces tendances prohibitionnistes; aussi, à peine fut-il parvenu au pouvoir qu'il fit décréter, par le roi Louis XVI, la liberté des transactions dans l'intérieur des provinces.

Mais il se heurta au mauvais vouloir des gens qui vivaient du monopole, et sa réforme fit naître une émeute que l'histoire a baptisée du nom de *guerre des farines*, et dont les conséquences faillirent être désastreuses.

Heureusement il était secondé dans son œuvre de justice; son énergie, soutenue par un brave soldat, le maréchal de Biron, réduisit à néant les tentatives des rebelles.

Sa chute ramena le triomphe des idées qu'il avait combattues, et la liberté du commerce fut de nouveau violée pour ne sortir définitivement victorieuse des vieilles théories du moyen âge qu'au jour où s'évanouirent, sous le souffle révolutionnaire, les institutions de la monarchie.

La Révolution de 1789, en effet, abolit les entraves qui arrêtaient partout l'essor de l'esprit commercial, détruisit les priviléges et les péages féodaux qui échiquetaient chaque région en un nombre infini de petits États, et, tirant l'état de commerçant de l'espèce d'infériorité où l'avaient rélégué les préjugés de l'ancien régime, déclara « que tout gentilhomme pourrait laisser dormir « sa noblesse, suivant l'usage de Bretagne. »

Depuis lors, le commerce est devenu libre dans l'intérieur de la France, et tous les corps de métiers ont pu établir entre eux cette *concurrence* qui est une condition essentielle dela vie, du progrès et de la prospérité.

XIV

Le commerce international. — Ses avantages. — Dieu a créé la solidarité entre les hommes. — La liberté du commerce fait naître l'émulation. — Elle évite les disettes. — Cherté foisonne. — Le commerce extérieur chez les anciens. — Les Phéniciens et les Égyptiens. — Indifférence des Romains pour toute espèce de trafic. — Ils se font approvisionner par les nations vaincues. — Venise veut percer l'isthme de Suez. — L'esprit de commerce et l'amour du lucre conduisent aux découvertes.

La liberté du commerce de nation à nation n'est pas moins nécessaire et n'offre pas moins d'avantages que la liberté du trafic dans l'intérieur d'une province ou d'un pays.

La Providence, en répartissant d'une manière inégale, entre les divers climats et même entre les différents points d'une même zone, les produits les plus variés et les richesses les plus dissemblables, en se montrant prodigue envers les uns et avare envers les autres, a voulu imposer aux hommes la nécessité de se connaître et de se rapprocher, et les contraindre à la concorde par l'intérêt.

Quoi de plus naturel, en effet, que d'échanger entre soi les fruits du travail, de faire jouir les déshérités des bienfaits d'une nature luxuriante, ou de demander à ceux que Dieu a doués de facultés exceptionnelles l'appui de leur génie et de leur expérience !

Pourquoi les pays du soleil ne donneraient-ils pas leurs vins, leurs fruits et les trésors d'une riche végétation aux pays froids, et pourquoi ceux-ci n'expédieraient-ils pas, en échange, la houille, le fer et autres minerais que transforme l'industrie? La sociabilité est une loi qui est née avec l'homme et dont celui-ci ne peut se départir sans souffrir et sans faire souffrir ses semblables.

Les avantages de cette solidarité sont d'ailleurs immenses, et il suffirait d'interroger l'histoire pour se convaincre des maux dont l'humanité a été affligée toutes les fois qu'on a mis des entraves à ces rapports mutuels qui forment les bases du commerce international.

Le premier avantage qui résulte de la liberté commerciale est une vive émulation de travail et un grand moyen d'économie. La nation qui exporte un certain produit en retour d'autres marchandises se livre, par suite de l'étendue du marché et de la certitude où elle est d'avoir des débouchés, à la production de ce qu'elle est en état de faire plus économiquement, et reçoit également d'autres objets obtenus avec le moins de frais possible. De là une tendance, pour chaque nation, à se développer et à s'enrichir, chaque produit indigène servant de débouché à un produit exotique et devenant lui-même, dans l'intérieur du pays, d'autant moins cher que le travail s'applique à le rendre plus abondant.

Un autre avantage non moins important est de donner à la concurrence entre les producteurs une grande activité, et, par conséquent, de faire profiter le consommateur à la fois de l'abondance des marchandises et de l'abaissement de leur prix. Supposons qu'il n'y ait dans le monde qu'un seul fabricant de soieries, il est évident que, régulateur du marché pour le genre de produits qu'il fabrique, il restera maître de surélever les prix dans les proportions les plus exorbitantes, et qu'il ne se pressera pas d'améliorer ses procédés de fabrication. Mais qu'à côté de cet unique industriel, il vienne s'en établir un autre, et aussitôt, pour conserver sa position, le premier recherchera un mode plus avantageux de produire et abaissera ses tarifs, le second en fera autant et il s'ensuivra une concurrence qui profitera en même temps au consommateur et à la marchandise.

De plus, remarquez qu'avec la liberté les disettes deviennent impossibles. Quelque mauvaise qu'ait pu être une récolte, celle des blés par exemple, sur un point de la France, si l'ensemble en est suffisant pour la consommation du pays, le grain, fût-il dans les départements les plus éloignés, arrivera dans les contrées moins bien partagées. Le prix ne sera pas le même partout, c'est probable, mais personne ne souffrira de la faim, et, à quelque distance que ce soit, le blé arrivera où il manque, selon le proverbe : *Cherté foisonne*, ce qui veut dire que, lorsqu'une denrée est chère quelque part, les marchands en apportent de tous côtés, afin de profiter de l'occasion. Il en serait de même si, au lieu de renfermer notre exemple dans les limites d'une nation, nous faisions la même comparaison pour deux ou trois pays différents.

Quand les subsistances sont plus rares et plus chères en Angleterre, en Belgique ou en Italie qu'en France, il faut laisser librement sortir nos produits agricoles, nos vins, nos eaux-de-vie, nos pommes de terre, nos bestiaux, nos volailles et nos œufs; les nations qui n'en peuvent produire jouissent ainsi des bienfaits de l'échange et nos cultivateurs y trouvent un profit d'autant plus grand que leurs marchandises sont plus recherchées.

Ce sont là des vérités qui tombent assurément sous le sens, et il n'est pas un petit commerçant qui n'en puisse saisir la valeur; cependant, de même que le commerce intérieur a longtemps été entravé par des règlements nuisibles à son développement, de même aussi le commerce extérieur est resté, jusqu'au milieu de notre siècle, soumis à un régime de prohibition qui a isolé les peuples les uns des autres et les a poussés à des guerres sanglantes et à des luttes séculaires.

L'histoire du commerce international est presque aussi ancienne que l'histoire de l'humanité. A mesure que les hommes eurent des besoins plus impérieux à satisfaire, ils songèrent à établir des relations entre eux et se livrèrent alors au trafic.

Parmi les peuples de l'antiquité qui ont le mieux compris l'importance des rapports commerciaux et ont le plus contribué à leur développement, l'histoire cite les Égyptiens, les Phéniciens et les Carthaginois.

A peine les Phéniciens avaient-ils un territoire que déjà ils envoyaient des navires sur toutes les côtes de la Méditerranée, traversaient les premiers le détroit de Gibraltar et créaient, sur les points du globe les mieux situés et les plus accessibles, de riches et importantes colonies.

Les Égyptiens bâtissaient Alexandrie, mettaient le Nil en communication avec la mer rouge au moyen d'un canal, et portaient aux Indes des étoffes de laine, du fer, du plomb, du cuivre et de l'argent, en échange de perles, de soieries, d'ivoire, d'ébène, d'écailles, d'épices et surtout d'encens, très-recherché alors pour embaumer le palais des rois ou les temples des dieux.

Les progrès des Romains dans cette voie furent au contraire très-lents et, pendant des siècles, à peu près nuls. L'antipathie, le dédain même qu'ils professaient pour la carrière commerciale, tout au plus convenable, au dire d'un écrivain grec, Polybe, « à ceux qui n'étaient pas d'un rang assez distingué pour être admis dans les légions, » les éloignaient des rapports mercantiles.

Ce n'est pas qu'ils dédaignassent les richesses et le bien-être ; loin de là, leurs proconsuls, leurs opulents citoyens aimaient le luxe et la bonne chère, et l'austère Cicéron trouvait bon d'écrire l'acte d'accusation de Verrès, un prévaricateur célèbre de son temps, sur une table de citronnier qui lui avait coûté 20,000 francs. Mais ils se servaient des nations vaincues comme d'esclaves, et ils se faisaient approvisionner par elles.

C'est ainsi que l'Afrique leur apportait l'or, le blé et les animaux féroces destinés aux jeux du cirque ; l'Espagne, du fer, de la laine et des fruits ; la Perse, des étoffes et des perles; la Syrie, des vins, de la pourpre et des bois de cèdre ; l'Arabie, de l'encens, de la myrrhe et des parfums. Quant aux citoyens de cette orgueilleuse reine du monde, ils s'abstenaient de tout trafic; les lois les en éloignaient, et Constantin, héritier des préjugés de ses prédécesseurs sur le trône d'Auguste, n'hésitait pas, onze siècles après la fondation de Rome, à confondre les femmes de boutique avec les filles perdues.

Quand les époques d'invasion se furent éloignées et que les découvertes géographiques eurent agrandi le domaine des peuples civilisés, le commerce fut entrepris avec une sorte de frénésie que favorisaient d'ailleurs une connaissance plus approfondie de l'art de naviguer et le désir de s'approprier les richesses des contrées jusque-là inexplorées. La découverte des Indes, au moyen âge, ouvrit aux voyageurs et aux négociants de nouveaux horizons, et ce qu'on rapportait de ces terres privilégiées excita la curiosité et la convoitise des aventuriers.

L'entrepôt commercial du monde s'établit, à cette époque, au milieu des républiques italiennes, puis dans les villes hanséatiques que leurs rapports avec les pays lointains avaient élevées à un haut degré de puissance. Leurs navires couvraient les mers et, plus tard, Venise, pour contre-balancer l'influence des Portugais dans les Indes, proposait au soudan d'Égypte la gigantesque entreprise du percement de l'isthme de Suez, qu'un grand homme dont s'honorent notre patrie et notre génération, M. F. de Lesseps, a menée à bonne fin, il y a quelques années.

Peu à peu, le goût du travail et les progrès de l'industrie développèrent chez presque tous les peuples le désir d'acquérir pour eux-mêmes les bénéfices d'opérations qui, jusque-là, n'avaient été entreprises que par des compagnies ou des associations particulières. Ils voulurent se passer d'intermédiaires, et, pour y parvenir, ils firent construire des navires, donnèrent à leurs marines une extension rapide et tentèrent de fonder des colonies sur les plages nouvelles.

Il en résulta une sorte de rivalité qui poussa les nations les plus aventureuses et les plus intelligentes à la recherche de nouveaux mondes, de nouvelles richesses. L'étude de la géographie fut entreprise avec plus d'ardeur ; de nouvelles îles furent entrevues, de nouveaux caps franchis ; et, tandis que les Portugais découvraient les Açores et doublaient le cap de Bonne-Espérance qui leur ouvrait la route des Indes, l'Espagne recevait des mains d'un de ses enfants d'adoption, le Génois Christophe Colomb, tout un monde nouveau.

L'impulsion était donnée. Les hommes de cœur et d'aventure se jetèrent sur la mer comme sur une proie ; et l'esprit de commerce et d'intérêt, l'amour du luxe, du bien-être et des jouissances produisirent des résultats que l'amour seul de la science n'eût certes pas réussi à faire naître ou à développer.

XV

Les prohibitions et le système mercantile. — La balance du commerce. — En quoi consiste cette erreur. — Ses effets, au point de vue social. — J.-B. Say condamne énergiquement les prohibitions. — Un exemple de Franklin. — Puissance de l'Espagne au seizième siècle. — Les mines du Pérou et du Mexique. — Les traités de commerce. — Leur influence sur les progrès de la richesse publique. — Richelieu entretient des consuls dans le Levant. — Les règlements de Colbert et l'organisation du protectionnisme.

Tant que le commerce resta le monopole de quelques peuples favorisés par leur situation géographique, ou de compagnies privilégiées, il resta libre. Les pays qui ne possédaient ni marine ni ports de mer trouvaient très-agréable de recevoir, sans peine, les denrées des deux hémisphères et les richesses des climats les plus variés ; ils ouvraient aux commerçants du monde entier les routes de leurs marchés, les protégeaient contre toute malversation et leur donnaient, en échange de leurs marchandises, les produits de leurs propres industries.

Mais, quand les nationalités se formèrent, que les frontières de chaque peuple furent délimitées, que les idées de prépondérance et de domination entrèrent dans l'esprit des gouvernements, les rivalités naquirent.

Certains États s'imaginèrent que, puisque le commerce avait été une source de richesse et d'influence pour les nations qui s'y étaient livrées jusque-là, le moyen de devenir puissants serait de développer chez eux tous les moyens de production, de fonder au loin des comptoirs ou des colonies et d'éviter, autant que possible, de faire au dehors des achats qui, dans leur pensée, ne pouvaient aboutir qu'à enrichir l'étranger en appauvrissant leurs nationaux.

Cette idée provenait d'une fausse interprétation de la *richesse*.

L'or et l'argent ont été, en effet, considérés autrefois comme l'objet et la cause même des richesses, et un pays passait pour être d'autant plus prospère qu'il possédait une plus grande quantité de ces métaux. C'était là une très-grave erreur qui a subsisté longtemps dans le monde et qui n'est pas encore, à l'heure présente, complétement déracinée.

Les partisans de ce système prétendaient qu'entre deux peuples qui contractent des échanges, il y en a un nécessairement qui, en fin de compte, a reçu plus d'argent que l'autre. Celui qui a importé le plus de marchandises, c'est-à-dire qui a livré en échange une plus grande quantité de monnaie, a fait dans l'hypothèse une mauvaise affaire ; la *balance du commerce*, selon leur langage pittoresque, a tourné contre lui.

Le peuple, au contraire, qui a plus exporté qu'importé, a reçu une plus grande quantité de numéraire et, par conséquent, a réalisé un bénéfice.

Or, pour conserver cet or et cet argent acquis soit par des transactions commerciales, soit par la conquête, les gouvernements élevèrent, à l'importation des marchandises étrangères, une barrière presque infranchissable. Le régime des prohibitions fut mis en honneur; les gouvernements édictèrent des règlements sévères ou des ordonnances draconiennes pour défendre l'introduction, sur un point quelconque de leurs États, des articles façonnés ou des objets naturels exotiques, ou bien ils les frappèrent de droits tellement exorbitants que leurs sujets ne pouvaient se les procurer et avaient intérêt à préférer les produits indigènes. C'est ce qu'on a surnommé le système protecteur ou mercantile.

Ce principe exclusif eut pour effet d'éloigner les uns des autres des peuples qui, à l'origine, s'étaient rapprochés par un besoin réciproque d'échange ou de protection et avaient souvent uni leurs intérêts sans toutefois les confondre. Chacun ne songea qu'à nuire à ses voisins, à repousser les fruits de leur travail : naturellement les représailles ne se firent pas attendre, et il est des guerres séculaires, des haines terribles de nation à nation dont l'origine ne peut assurément être attribuée qu'aux tarifs et aux obstacles de toutes sortes formés contre la liberté des transactions.

Les résultats de la prohibition ne répondirent pas aux espérances de ses auteurs; le commerce, loin de s'étendre et de grandir, alla s'appauvrissant, et les progrès de la civilisation, qui ne peut se développer que par la réciprocité des sentiments, des relations, par l'émulation et par un échange constant des découvertes ou des connaissances, subirent un temps d'arrêt très-prononcé.

Rien, en effet, de plus chimérique que la prétention de vendre sans cesse sans acheter, d'exporter sans importer ou de n'importer que de l'argent. L'un des plus illustres propagateurs de la science économique en France, J.-B. Say, dont le nom est universellement connu et estimé, l'a finement observé : « Vouloir mettre en sa faveur la balance du commerce, c'est-à-dire vouloir donner des marchandises et se les faire payer en or, c'est ne vouloir point de commerce ; car le pays avec lequel vous commercerez ne peut vous donner en échange que ce qu'il a. Si vous lui demandez exclusivement des métaux précieux, il est fondé à vous en demander aussi ; et, du moment que l'on prétend de part et d'autre à la même marchandise, l'échange devient impossible. »

« Supposez, dit un autre citoyen illustre, Franklin, en parlant des prohibitions, supposez un pays X, avec trois manufactures, par exemple : de drap, de soie et de fer, ayant l'approvisionnement de trois autres pays A, B, C, mais désirant augmenter la vente et élever le prix du drap en faveur des simples fabricants de drap.

« En conséquence, on prohibe les draps venant de A ; A, par représailles, prohibe les soieries de X. Il suit de là que les fabricants de soieries se plaignent de la diminution du commerce.

« Cependant X, pour les satisfaire, prohibe les soieries de B ; B, par représailles, prohibe les fers forgés de X. Il suit de là que les maîtres de forges se plaignent de la diminution du commerce. Alors X prohibe les fers provenant de C ; C, par représailles, prohibe les draps de X.

« Qu'est-il résulté de toutes ces prohibitions? C'est que chacun des quatre pays a éprouvé une diminution dans la masse commune des jouissances et des commodités de la vie. »

Cet exemple, dans sa simplicité, est des plus saisissants, en même temps qu'il est des mieux choisis et des plus vrais. Si nous voulions parcourir l'histoire des peuples de l'Europe, nous aurions la preuve des maux créés par l'odieux système de la balance du commerce, ainsi que des déceptions qu'elle a causées à ses partisans.

Quel pays eut jamais plus de puissance que l'Espagne au seizième siècle, sous le règne de Charles-Quint et de Philippe II? Le Mexique et le Pérou lui appartenaient et l'enrichissaient de leurs dépouilles. Des contrées les plus lointaines de sa merveilleuse conquête, l'or et l'argent lui parvenaient en quantités énormes, et on lui expédiait des cargaisons nombreuses de cochenille, d'indigo et de vanille, dont elle retirait de gros bénéfices.

Cependant, jalouse de s'approprier exclusivement les ressources de ses colonies et de s'assurer leur entier approvisionnement, elle ne tarda pas à créer mille obstacles au commerce de l'Amérique avec les autres pays, assujettissant à des droits iniques les objets exportés, réglant les conditions de trafic et allant même jusqu'à défendre aux nouveaux établissements coloniaux, sous des peines capitales, trop souvent exécutées, d'envoyer aucun de leurs navires dans la mère patrie, et ne permettant qu'aux siens le libre parcours sur les mers.

Qu'arriva-t-il?

L'or et l'argent abondèrent dans la Péninsule; les mines du Pérou répandirent promptement dans la population le goût du luxe et de l'oisiveté, et, plus tard, tandis que le reste de l'Europe s'éclairait et développait son industrie, l'Espagne marcha à la décadence. Le travail y fut interrompu, les ateliers se fermèrent; la paresse et l'insouciance entrèrent dans ses mœurs; malgré ses efforts pour les retenir, ces métaux précieux qu'elle avait recherchés avec ardeur et qu'elle s'était donné tant de peine à amonceler s'échappèrent de toutes parts pour alimenter la circulation des pays laborieux; sa puissance s'évanouit, et, un jour, les Barbaresques purent venir infester les mêmes côtes où s'était formée jadis l'invincible flotte *Armada*, destinée à les anéantir.

Le système des restrictions n'a pas toujours été pratiqué d'une façon absolue, et les nations les plus enracinées dans cette voie désastreuse ont admis parfois des exceptions en faveur de certaines catégories de marchandises. Désireuses d'établir entre elles des rapports d'intérêts et de faire jouir leurs habitants des progrès de leurs industries, elles concluaient un traité où les conditions d'entrée et de sortie des marchandises étaient stipulées dans un sens plus libéral que précédemment, et elles consentaient à accepter, chacune sur son territoire, des agents spéciaux de l'étranger, qui, sous le nom de consuls, devaient veiller à la sécurité de leurs nationaux et à la fidèle exécution des engagements.

C'est ainsi qu'à différentes époques de notre histoire moderne, nous voyons les rois de France obtenir des puissances étrangères l'introduction, dans leurs ports ou sur leurs marchés, des principales productions de notre industrie et de notre agriculture.

Richelieu concluait des traités de commerce qui dérogeaient aux doctrines restrictives jusque-là pratiquées ; il obtenait de l'Angleterre la libre importation chez elle des vins de Bordeaux par navires français ; du Danemark, l'abaissement des tarifs pour le passage du Sund, et des Russes, le libre transit de nos voyageurs de commerce à travers leur pays pour aller trafiquer en Perse et en Tartarie. Le Maroc lui accordait l'abolition du droit de bris (des navires), ainsi que la liberté des transactions, et il envoyait des consuls dans les échelles du Levant, à Alep et à Bassora.

Mais bientôt les intérêts privés firent entendre des récriminations ; on se plaignit d'être envahi par les marchandises étrangères, qui, au dire des pétitionnaires, faisaient aux produits indigènes une concurrence mortelle, et des rapports pressants furent adressés au gouvernement pour réclamer un régime protecteur en faveur des industries françaises, en d'autres termes, pour demander la fermeture de nos frontières aux produits exotiques.

La prohibition fut de nouveau inscrite dans nos lois commerciales, et l'un des plus grands ministres du dix-septième siècle, Colbert, en fit la base de ses règlements extérieurs. Il n'aimait pourtant pas l'isolement en matière de transaction. « La liberté est l'âme du commerce, » écrivait-il, « il faut maintenir la liberté, sans laquelle le commerce ne peut s'établir ni prospérer. »

Cependant, il trouva le régime de la protection en vigueur, et, loin de le répudier, il s'efforça de lui donner une organisation. Des tarifs spéciaux furent étudiés ; les restrictions s'accentuèrent peu à peu, furent suivies de représailles terribles des pays voisins et aboutirent à faire décroître notre commerce, à exciter contre nous l'animosité des puissances étrangères et à susciter les guerres de tarifs qui ont ensanglanté cette période de notre histoire.

Ce fut là, en effet, une des conséquences funestes du régime douanier du dix-septième siècle, et malgré les services éminents rendus à la France par Colbert, et l'autorité qui s'attache à son nom, nous ne saurions taire que son œuvre, en ce qui concerne le commerce extérieur, a contribué à reculer d'un siècle et demi les progrès de nos relations au dehors et le développement de nos transactions commerciales.

XVI

Idées libérales du dix-huitième siècle en matière de commerce. — Vaines tentatives des économistes. — Le club de l'Entresol. — La Révolution de 1789 et la liberté commerciale. — Le blocus continental et ses effets. — La contrebande est la conséquence des prohibitions. — L'indépendance de l'étranger. — Ce qu'on entend par ce mot. — Plaisante critique de l'orateur anglais Fox. — Valeur du commerce extérieur de France à différentes époques. — Conséquences de la liberté du commerce.

Vers le milieu du dix-huitième siècle, une lutte ardente s'engagea en faveur de la liberté du commerce. Le spectacle des misères du royaume avait attiré l'attention des philosophes et des hommes d'État, et l'on sentait que le régime prohibitif était funeste à la prospérité publique.

Dans les dernières années de Louis XV surtout, après la fatale guerre de Sept ans, notre commerce extérieur avait reçu de sérieuses atteintes. La perte des Indes, des Antilles et du Canada, l'abandon de la Louisiane, en ébranlant notre puissance au dehors et en arrêtant à l'intérieur l'activité de nos industries, avaient tari une des principales sources de notre richesse.

La France se trouvait donc isolée, après avoir perdu une partie de ses débouchés, alors que l'Angleterre triomphante régnait partout sur les mers, multipliait ses fabriques, en distribuait les produits dans le monde entier et commençait l'édifice gigantesque de sa puissance commerciale.

C'est à cette époque que parut la secte des économistes. Leur doctrine, que nous avons déjà exposée, était en opposition complète avec les principes admis par le gouvernement, et son apparition causa dans le monde politique et industriel une véritable émotion.

Les membres de cette école nouvelle avaient pris l'habitude de se réunir dans un cercle qui portait le nom de club de l'Entresol ; là se rencontraient les esprits les plus marquants de la science, de la philosophie et de la finance, et les questions les plus importantes sur les colonies, sur le régime politique, commercial et social y étaient débattues avec une verve et une profondeur de vues peu communes.

Le bruit s'en répandit bientôt, et le ministère du cardinal de Fleury, intimidé par la hardiesse des idées émises dans le club, en ordonna la fermeture.

Les exilés de cette réunion se réfugièrent alors dans les salons en vogue de la capitale, et l'accueil empressé qui leur fut fait les encouragea à continuer leur campagne contre les rigueurs des règlements et des monopoles. C'est de là, en effet, que partit la première attaque directe contre les systèmes de la prohibition.

Les premières tentatives se heurtèrent contre le mauvais vouloir des partisans du régime opposé, et, pendant quelques années, suspects au pouvoir dont ils frondaient les abus, et au commerce aux yeux duquel leurs adversaires les représentaient comme de dangereux novateurs vendus à l'étranger et disposés à lui sacrifier l'industrie nationale, les économistes eurent de grandes difficultés à faire comprendre la grandeur et la moralité de leur œuvre.

Cependant l'avénement de Turgot aux affaires sembla devoir couronner leurs efforts. Le grand ministre était un de leurs plus fidèles disciples, et l'un de ses premiers actes fut de démontrer au roi Louis XVI les immenses avantages de la liberté commerciale, et de tenter d'en appliquer les principes au gouvernement; mais les monopoleurs et les prohibitionnistes se liguèrent contre lui, et ses projets de réformes ne tardèrent pas à disparaître en même temps qu'il tombait du pouvoir.

La Révolution de 1789, à son avénement, s'inspira des doctrines des économistes, et, reprenant l'œuvre interrompue de Turgot, elle inscrivit un instant en tête de la Constitution politique nouvelle le libre exercice des transactions. Malheureusement la guerre éclata, plus violente que jamais, au lendemain de la mort de Louis XVI, et l'Europe, tout entière liguée contre la France, lui ferma la libre entrée de ses marchés.

Napoléon trouva le régime de la prohibition en vigueur, et il en poussa les mesures à l'extrême. Entraîné par une haine implacable contre l'Angleterre qui soulevait contre lui des coalitions sans cesse renaissantes, il conçut un jour la pensée de l'atteindre dans sa prospérité commerciale, et, pour y parvenir, il décréta et établit le blocus

18.

continental destiné à l'isoler du reste du monde et à lui faire perdre ses débouchés.

Les navires français, échelonnés depuis Lisbonne jusqu'à Saint-Pétersbourg, fermèrent au commerce anglais l'accès des ports européens et le privèrent de ses relations habituelles. Les effets de cette mesure furent désastreux ; non-seulement l'Angleterre, mais encore les autres nations et la France elle-même en souffrirent cruellement, et on ne peut relire les détails de cette malheureuse époque sans ressentir une pénible impression.

C'est alors que les industriels français, lésés dans leurs intérêts et dans leur existence, trompèrent la vigilance des agents impériaux, et, malgré les peines sévères édictées contre les contrebandiers et leurs complices, organisèrent sur toutes les côtes une vaste et formidable contrebande.

C'est là, en effet, une des conséquences les plus directes de la prohibition, et il est à remarquer qu'elle n'est jamais plus active que lorsque la liberté commerciale est menacée.

Dans la première moitié de notre siècle, en France, le système protecteur a trouvé des défenseurs ardents qui l'ont mis en pratique, et l'esprit de liberté ne s'est infiltré dans nos mœurs que difficilement et par degrés imperceptibles. Pour combattre les partisans du libre-échange, on inventa un langage spécial qu'on croyait capable d'impressionner l'opinion publique, et on afficha la prétention hautaine d'*être indépendant de l'étranger*, c'est-à-dire de ne rien lui acheter, de cesser toutes relations d'affaires avec lui, comme si les peuples n'étaient pas tous dépendants les uns des autres, au point de vue matériel, et n'avaient pas entre eux une communauté intime de besoins et d'intérêts.

Cette prétention, d'ailleurs vaine et ridicule, a été réduite à néant, lors de la ligue anglaise en faveur de la liberté commerciale, et un des orateurs les plus marquants de la Grande-Bretagne, M. W. J. Fox, dans un discours plein de finesse et d'une forme plaisante, a fait ressortir ce que l'argument de l'indépendance de l'étranger a de suranné.

« Être indépendant de l'étranger, disait-il, c'est le thème favori de l'aristocratie territoriale. Elle oublie qu'elle emploie le *guano* à fertiliser les champs, couvrant ainsi le sol britannique d'une surface de sol *étranger* qui pénétrera chaque atome de blé, et lui imprimera la tache de cette *dépendance* dont elle se montre si impatiente.

« Mais qu'est-il donc, ce grand seigneur, cet avocat de l'indépendance nationale, cet ennemi de toute dépendance étrangère? Examinons sa vie.

« Voilà un cuisinier *français* qui prépare le dîner pour le maître, et un valet *suisse* qui apprête le maître pour le dîner. Milady, qui accepte sa main, est toute resplendissante de perles qu'on ne trouve jamais dans les huîtres britanniques, et la plume qui flotte sur sa tête ne fut jamais la queue d'un dindon anglais. Les viandes de sa table viennent de la *Belgique;* ses vins, du *Rhin* et du *Rhône*. Il repose sa vue sur des fleurs venues de l'*Amérique du Sud*, et il gratifie son odorat de la fumée d'une feuille apportée de l'*Amérique du Nord* (tabac). Son cheval favori est d'origine *arabe*, son petit chien de la race du *Saint-Bernard*. Sa galerie est riche de tableaux *flamands* et de statues *grecques*.

« Veut-il se distraire, il va entendre des chanteurs *italiens* vociférant de la musique *allemande*, le tout suivi d'un ballet *français*. S'élève-t-il aux honneurs judiciaires, l'hermine qui décore ses épaules n'avait jamais figuré jusque-là sur le dos d'une bête britannique. Son esprit même est une bigarrure de contributions exotiques. Sa philosophie et sa poésie viennent de la *Grèce* et de *Rome ;* sa géométrie, d'*Alexandrie;* son arithmétique, d'*Arabie*, et sa religion de *Palestine*. Dès son berceau, il presse ses dents naissantes sur le corail de l'Océan indien, et, lorsqu'il mourra, le marbre de Carrare surmontera sa tombe.

« Et voilà l'homme qui dit : « Soyons indépendants de l'étranger ! »

Cette saillie eut un succès retentissant et elle contribua à faire condamner le régime, même adouci, des restrictions.

Aujourd'hui, la liberté commerciale a fait d'immenses et précieuses conquêtes. Depuis le traité de 1860 avec l'Angleterre, que la France doit à l'initiative personnelle et éclairée de l'empereur Napoléon III, elle est entrée dans nos mœurs, et, bien que quelques nations, embarrassées dans leur situation financière, aient cru devoir en ajourner l'avénement, elle est appelée certainement à être partout adoptée un jour.

Les progrès qu'elle a d'ailleurs déterminés chez les peuples qui l'ont mise en pratique sont de nature à les engager dans cette voie ; la concurrence y a développé l'esprit de travail et la valeur des produits en y créant par conséquent de très-grandes richesses.

Jetez les yeux sur les documents que le gouvernement publie périodiquement ; examinez les résultats actuels de notre commerce extérieur ; comparez-les avec ceux des époques passées, et vous serez édifiés sur la puissance de la concurrence, en un mot, sur les bienfaits de la liberté du commerce.

Au moment qu'éclatait la Révolution, l'ensemble des transactions internationales de la France était évalué par Necker à 530 millions environ ; au commencement du siècle, alors que la prohibition la plus absolue était devenue la règle commerciale de l'Europe, notre pays ne comptait qu'un chiffre de 550 millions d'importations et d'exportations.

Peu à peu, les rigueurs de la protection se détendant avec le progrès des idées et la facilité des relations, notre commerce général se chiffrait par 1 milliard 200 millions en 1830, pour arriver à 5 milliards et demi en 1860.

Vous vous souvenez sans doute, chers lecteurs,

de cette époque de 1860, qui a marqué dans les annales de notre histoire économique. Une ère nouvelle de liberté fut inaugurée par le traité de commerce conclu avec l'Angleterre et bientôt suivi de traités spéciaux signés avec l'Italie, la Belgique, l'Autriche et la Suisse.

Les résultats en furent prompts et avantageux pour notre richesse. Nos industries décuplèrent leurs moyens de production, et nos transactions avec l'étranger, après avoir pris un développement considérable, ont atteint, en 1874, malgré les malheurs que nous avons éprouvés, le total merveilleux de près de 7 *milliards* de francs.

Voilà les fruits de la liberté du commerce; bien qu'ils soient satisfaisants, nous avons lieu d'espérer que la limite de notre prospérité matérielle n'est pas encore atteinte et qu'elle sera reculée de nouveau lorsque les vérités économiques se seront fait jour dans les contrées qui les méconnaissent actuellement, que de nouvelles découvertes dans le domaine de la science auront permis d'accroître la production et que des marchés peu fréquentés ou fermés encore au commerce de l'Occident se seront ouverts et auront acquis une plus grande importance.

XVII

Ce qu'on entendait par péages. — Le *portorium* des Romains. — La *branchiète*. — Le roi concède le droit de péage comme une marque de bienveillance et de reconnaissance. — Multiplicité des droits au neuvième siècle. — Le droit de *travers*. — Le passage des ponts. — La monnaie de singe. — Le *caiage*. — Les rivières et les fleuves grevés de péages spéciaux. — Les péages s'accroissent pendant le moyen âge.

Parmi les obstacles sans nombre que l'ancien esprit fiscal avait élevés contre la libre circulation des marchandises étaient les *péages*.

On appelait ainsi des droits levés sur les ponts, sur les rivières et sur les chemins, en raison du poids des voitures chargées de marchandises ou de celui que portaient les bêtes de somme, et abstraction faite de la valeur et du prix de ces marchandises. Leur origine était fort ancienne, car dans l'histoire de Rome on en retrouve la trace dans un impôt dit *portorium*, établi sur tous les produits et objets qui débarquaient à un port de la république ou bien sur les marchandises qui traversaient un point quelconque du territoire.

En France, les péages ont été pratiqués au moyen âge. Le roi seul avait le droit de les établir et d'en fixer le tarif: ils se prélevaient d'ordinaire sur toutes les marchandises qui passaient sur les fleuves, près d'un pont ou d'une chaussée, ou traversaient un canal, et leur produit était destiné à entretenir les chemins de halage ou les ponts et à maintenir dans un état convenable les voies navigables.

Leur nom changeait alors selon leur destination ou la nature des objets qu'ils atteignaient : à l'origine on les appelait *branchiete*, à cause de la branche ou du poteau où était suspendue la pancarte destinée à avertir les passants ou les bateliers.

Plus tard, quand le territoire fut divisé en une multitude de petits États, de seigneuries indépendantes les unes des autres, le souverain fit abandon d'une partie de ses droits en faveur de certains officiers ou vassaux et de quelques corporations en témoignage de sa bienveillance ou de sa reconnaissance pour les services rendus. Avec son autorisation, des péages furent concédés à des particuliers, mais sous la surveillance royale et à certaines conditions déterminées. C'est ainsi que, lorsqu'un vol était commis sur une terre où se trouvait un péage, le propriétaire de ce péage était considéré comme responsable du vol et devait en tenir compte à la partie lésée.

Dans la suite, le gouvernement se relâcha de ses rigueurs, et les détenteurs de fiefs s'arrogeant les droits que le souverain seul s'était jadis réservés, établirent, de leur autorité privée, des droits de passage sur leurs terres, les multiplièrent au gré de leurs désirs ou de leurs besoins, et en tirèrent bientôt des revenus importants.

Prélevés d'abord sur les marchandises, les péages

ne tardèrent pas à peser sur les personnes, et les abus les plus vexatoires se glissèrent en grand nombre dans leur perception. Les récriminations les plus vives se firent alors entendre et allèrent échouer auprès du trône. Le roi n'était pas assez puissant pour faire rendre justice, et, malgré ses efforts et ses menaces, les impôts de ce genre étaient devenus si nombreux et si lourds, qu'ils entravèrent, pendant une longue série d'années, le développement des transactions et retardèrent de plusieurs siècles la civilisation, la prospérité du commerce et de l'industrie et l'accroissement de la richesse publique.

Les impôts sur la marchandise se divisaient en deux catégories : impôts sur le transport, ou droits de péage, d'entrée et autres, et impôts sur la vente.

Parmi les droits de péage, un des importants était le *droit de conduit*, que, dans certains lieux, on appelait le droit de *travers*. Il consistait dans une redevance que devaient payer toutes marchandises qui traversaient le territoire d'une seigneurie ou d'une ville ; or, il est facile de comprendre à quelles dépenses il entraînait le commerçant qui avait un long parcours à faire, à cette époque où le royaume était divisé en une quantité de petits États indépendants les uns des autres et disposés à percevoir, chacun pour son propre compte, le plus de revenus possible.

Au neuvième siècle, ce droit était de quatre sous par char pour le drap et diverses autres marchandises, de deux sous par charrette et d'un sou par charge de cheval. Le vin devait quatre deniers par tonneau.

Il y avait encore le droit de *chaussée* ou *chaucié* qui se percevait dans la banlieue de Paris sur tout char, charrette ou cheval passant sur les routes pour traverser le pays ou venir à la ville. Le produit de ce péage servait à entretenir les routes, les chemins et les ponts.

Dans l'intérieur même des villes, les péages et les droits naissaient à chaque pas, pressurant le malheureux marchand ou le cultivateur et prélevant sur les objets qu'ils transportaient avec peine dans les quartiers les plus éloignés de la ville des impôts fort lourds. A Paris même, ces droits étaient considérables. Il en était un, *le péage du Petit-Pont,* qui s'acquittait de différentes façons et dont le tarif consacrait un très-curieux usage.

Lorsqu'un jongleur passait, il était obligé, pour acquitter son droit de passage, son péage en un mot, de chanter un couplet ou de jouer de la flûte, moyennant quoi il était libre ensuite de continuer sa route. Quant aux baladins, à ces sortes de comédiens qui erraient de village en village, portant avec eux quelque pacotille agrémentée d'un singe ou d'un animal quelconque, ils devaient donner une séance aux péagers ou garde-barrières et faire gambader l'animal devant eux.

C'est ce qu'on appelait payer en *monnaie de singe.*

Le mot est vieux, chers lecteurs, et vous voyez qu'il a fait du chemin pour venir jusqu'à nous.

Chaque fleuve était grevé d'une série de péages spéciaux, accrus sans cesse par l'avidité des intéressés, et dont le poids exorbitant, en certains cas, rendait impossible le libre exercice des transactions.

Le passage de la Seine et de la Marne, aux abords de Paris, était soumis à mille péages plus extravagants et plus vexatoires les uns que les autres. Le *liage*, la *montée de la Marne*, le *rivage de la Seine*, étaient autant d'impôts prélevés sur les marchandises transportées d'un point à un autre ou abordant sur la grève.

Ce dernier droit qu'on appelait aussi *caiage* ou droit de quai donnait souvent lieu à des exactions criantes. Sous prétexte que le terrain sur lequel abordaient les bateaux appartenait à un particulier, celui-ci se croyait le droit de taxer lui-même les bateliers, et il le faisait parfois d'une façon arbitraire. Les péagers et les propriétaires de terres où le péage était établi s'arrogeaient des droits imaginaires, vexaient les passants par des violences continuelles, les forçaient à se détourner de leur chemin pour passer sur des routes soumises à des droits et se portaient souvent sur eux à des voies de fait, pillant leurs marchandises ou se saisissant de leur personne.

M. Levasseur, que nous avons déjà cité dans une de nos dernières causeries, rapporte des exemples de ces abus de pouvoir et de la désolation qu'ils répandaient dans les classes d'artisans.

A Milly, était établi un péage où chaque cheval

acquittait trois deniers. En cet endroit passaient de nombreuses voitures qui portaient le poisson de mer à Paris et qu'on appelait alors des *chasse-marées*.

Le propriétaire de ce péage imagina d'exiger, les jours de maigre, son droit en nature, et de se procurer ainsi de fort bon poisson à bon compte. Non satisfait de recevoir des infortunés voituriers la part qui lui était destinée, il prenait plaisir à faire déballer les paniers, à exposer la marchandise à l'air, puis il choisissait les plus beaux poissons, en prélevait, selon sa propre estimation, pour trois deniers, plutôt plus que moins, et laissait passer le reste sans s'inquiéter si les marchands pourraient refaire leur ballot et si la marchandise ainsi secouée n'arriverait pas gâtée à destination.

Ce procédé fut poussé à de telles exagérations, que les voituriers, pillés et maltraités, portèrent plainte au Parlement et obtinrent enfin un arrêt obligeant le péager à ne demander, comme auparavant, que trois deniers en argent.

Pendant tout le moyen âge, les péages, loin de diminuer, ne firent que s'accroître, et, dans l'impossibilité où se trouvait le pouvoir royal de contrôler la conduite de ses agents ou de réprimer le brigandage de ses vassaux, ils furent, pendant de longues années, prétexte à des dilapidations honteuses et à des vexations mortelles pour le commerce.

Les négociants ne pouvaient se transporter avec leurs marchandises d'un village à un autre sans être rançonnés sans pitié à chaque carretour ou à chaque bifurcation de route; heureux quand ils n'étaient pas totalement dévalisés par des péagers peu scrupuleux et assurés de l'impunité.

Les voyages étaient difficiles, en effet, et les routes mal gardées, même le jour. Quant à la nuit, le danger était tel que la loi renonçait à garantir le marchand qui se hasardait hors de sa demeure après le coucher du soleil.

Cet état de choses dura longtemps encore, jusqu'au jour où la royauté, appuyée sur les communes qui prenaient un immense développement, et victorieuse de l'esprit féodal, put faire sentir le poids de sa colère à ceux qui luttaient contre sa volonté et livrer à la justice les prévaricateurs et les seigneurs récalcitrants.

XVIII

Tentatives de la royauté au seizième siècle pour diminuer le nombre des péages. — Une ordonnance de François Ier. — Les péages de la Loire. — Les communes se montrent plus libérales que les seigneurs en matière de commerce. — Les droits sur les vins à Paris. — Les règlements de Colbert. — Les péages en Anjou. — Ce que Colbert pensait des péages. — A sa mort, les abus reparaissent. — L'agriculture est écrasée d'impôts. — Une peinture de la Bruyère. — Une réminiscence d'Henri IV. — La poule au pot. — La Révolution de 1789 abolit les péages.

Au commencement du seizième siècle, la royauté fit de sérieux efforts pour arrêter la tendance des péages à se multiplier. Les plaintes des commerçants, dont le trafic était devenu pour ainsi dire impossible, avaient enfin trouvé de l'écho, et François Ier, en 1515, rendit une ordonnance portant que le cours de la Loire où se commettait le plus d'abus serait désormais libre, et que tous les péages non concédés par charte royale depuis cent ans au moins, seraient abolis.

Tous les propriétaires d'un droit quelconque durent remettre leurs titres entre les mains des officiers royaux, dans un délai de six semaines, sous peine d'annulation.

La Loire était, en effet, plus que tout autre fleuve, embarrassée d'obstacles sans nombre ; à chaque pas, des moulins, des pêcheries, des barrages et des péages causaient aux bateliers des pertes de temps considérables, leur coûtaient des droits exorbitants et souvent même faisaient courir à leurs bateaux de réels dangers. Les propriétaires riverains considéraient les eaux de la rivière comme leur propriété, et ils avaient inventé des droits de péage de tout genre sur les marchandises et sur les personnes, s'emparant des marchandises de ceux qui refusaient de s'y soumettre et parfois même emprisonnant les trafiquants.

La volonté du roi trouva de grosses oppositions, et l'ordonnance ne put être exécutée en son entier. Toutefois, les péages diminuèrent pour un temps, et le commerce éprouva quelque soulagement.

La réforme ne fut pas de longue durée : l'esprit féodal était trop vivant encore, et les péages furent rétablis sur la Loire comme ailleurs. On en créait partout, sans autorisation et sans limite, sous les ponts, sur les ponts, dans les carrefours, sur les routes. Au milieu même d'un sentier, il n'était pas rare de voir un paysan arrêté avec son âne ou sa voiture par une corde tendue, qui ne s'abaissait devant lui que moyennant un droit de passage, et ces vexations se renouvelaient à chaque instant.

A partir de cette époque, toutefois, les ordonnances se succédèrent plus menaçantes et plus fermes que précédemment. Le pouvoir royal s'affermissait peu à peu, et l'on sentait que l'unité monarchique assise sur des bases plus solides se préparait à briser les dernières résistances et l'orgueil de la féodalité mourante.

Le passé ne pouvait cependant disparaître entièrement, d'un seul trait de la plume royale, et malgré les efforts opiniâtres de Richelieu, puis de Colbert, les péages continuèrent à nuire au commerce et à paralyser les tendances progressives de nos industries. Ils furent, il est vrai, perçus avec moins de désordre et d'arbitraire, mais leur nombre n'en fut pas diminué et leur tarif subit au contraire une sensible augmentation.

Au dix-septième siècle, plus de cent ans après l'ordonnance de François Ier, il existait sur la Loire, qui communiquait dans son cours avec quatorze provinces, vingt-huit péages, depuis Saint-Rambert-en-Forey jusqu'à Nantes. La Saône et le Rhône, ces deux autres voies naturelles de communication entre dix grandes provinces, étaient soumis, de Gray à Arles, à *trente* péages qui s'élevaient en général à 25 ou 30 pour 100.

Il se produisait ce fait bizarre que, par suite des droits arbitraires prélevés sur certaines marchandises traversant des fleuves, quarante livres de fer de Russie, apportées à Marseille, ne payaient que 18 ou 20 pour 100, tandis que ceux de la Franche-Comté acquittaient près de 35 pour 100 pour arriver au même point.

Ce qui rendait principalement les transactions difficiles, c'était la diversité des règlements adoptés par les villes ou les seigneuries. Certaines contrées avaient des tarifs moins élevés que d'autres; certaines villes désireuses d'attirer chez elles les commerçants étrangers écartaient tout obstacle capable de les arrêter sur leur route, tandis que d'autres au contraire, jalouses d'éviter la concurrence, multipliaient les entraves autour d'elles.

En général, les communes administrées par les bourgeois montraient, sous ce point de vue, plus d'intelligence que les propriétaires de fiefs : elles cherchaient à obtenir le libre accès des marchés étrangers pour leurs produits, et, en échange, ouvraient les leurs aux marchands de tous pays.

A Paris même, où le gouvernement siégeait et pouvait plus facilement surveiller les agents et contrôler leurs actes, les péages étaient très-nombreux et aucune règle n'en déterminait la limite, le taux et la forme. Tandis que certaines denrées, telles que les grains et le poisson, étaient favorisées et que les règlements en facilitaient l'arrivage, le vin ne pouvait aborder aux quais de réception qu'après mille obstacles.

On pourrait croire aujourd'hui, en examinant les droits que ce produit était obligé de payer, qu'on voulait en empêcher l'entrée à Paris, tant on y avait multiplié sur cette denrée les impôts et les péages. Au milieu du dix-septième siècle, le muid de vin devait acquitter *seize* droits divers depuis Bercy jusqu'à la Grève, l'un pour la *construction du Pont-Neuf*, l'autre pour les *pauvres enfermés*, un autre pour la dépense de la *clôture de Paris* du côté de Montmartre, un autre encore pour le *barrage*, pour la *ceinture de la reine*, tous enfin pour des raisons plus ou moins plausibles.

Le poisson arrivait au contraire sans encombre

dans la capitale. La plupart des obstacles qui jadis l'arrêtaient en chemin avaient été supprimés et les chasse-marées, protégés par les ordonnances, s'étaient organisés en corporations.

Colbert, qui avait concentré toutes ses pensées sur le commerce et comprenait l'impossibilité pour ceux qui s'y livraient de prospérer au milieu d'un semblable chaos, avait résolu de renverser tous les règlements disparates alors en vigueur dans les diverses contrées, d'abolir les douanes intérieures et de les remplacer par un impôt unique.

Il n'était pas de province qui ne fût surchargée de droits bizarres dont la multiplicité causait des abus et des récriminations. La Normandie, l'Anjou, le Poitou comptaient presque autant de systèmes d'impôts que de villages ou même de chemins. En Anjou on comptait entre autres droits cinq péages : la traite foraine, les vingt sous par pipe de vin exportée, la traite domaniale d'Ingrande levée sur les cartes, papiers et pruneaux, le trépas de la Loire sur les vins, grains, toiles et pastels, la nouvelle imposition d'Anjou sur les marchandises qui montaient et descendaient la Loire, le droit de quinze sous par pipe de vin dans la sénéchaussée de Saumur.

« Il estoit presque impossible, a écrit Colbert, qu'un si grand nombre d'impositions ne causât beaucoup de désordres et que les marchands pussent en avoir assez de connoissance pour en démêler la confusion et beaucoup moins leurs facteurs, correspondants et voituriers, qui estoient toujours obligés de s'en remettre à la bonne foi des commis des fermiers qui estoit souvent fort suspecte. »

L'ordonnance de 1669 supprima une grande partie de ces péages, et le ministre de Louis XIV s'appliqua, pendant tout le temps de sa glorieuse administration, à faire prévaloir l'esprit de justice dans la perception des droits et à donner au commerce toutes les facilités de circulation nécessaires à son extension et à sa prospérité.

Sa sollicitude, étendue à toutes les branches de l'industrie et de l'agriculture, donna à la richesse nationale une favorable impulsion, et malgré les tendances restrictives dont il ne se départit jamais en matière de commerce extérieur, il donna à Paris une importance jusque-là inconnue. On estimait, au dix-septième siècle, qu'il y avait dans la capitale deux cents marchands possédant plus de 500,000 livres et vingt mille jouissant d'une honnête aisance.

A la mort de Colbert, les abus tenus jusqu'alors en échec par cette main puissante reparurent. Une certaine catégorie de péages supprimés par Louis XIV furent rétablis avec ou sans le consentement du pouvoir et le nombre s'en accrut tellement, que les transactions recommencèrent à devenir languissantes.

L'agriculture surtout fut soumise à des taxes exorbitantes qui plongèrent les infortunés cultivateurs dans une affreuse misère et les réduisirent à un état d'abaissement voisin de l'abrutissement.

« L'on voit, disait la Bruyère, certains animaux

farouches, des mâles et des femelles, répandus par la campagne, noirs, livides, et tout brûlés du soleil, attachés à la terre qu'ils fouillent et qu'ils remuent avec une opiniâtreté invincible ; ils ont comme une voix articulée, et quand ils se lèvent sur leurs pieds, ils montrent une face humaine ; et, en effet, ils sont des hommes, ils se retirent la nuit dans des tanières où ils vivent de pain noir, d'eau et de racines; ils épargnent aux autres hommes la peine de semer, de labourer et de recueillir pour vivre, et méritent ainsi de ne point manquer de ce pain qu'ils ont semé. »

Ce tableau est peut-être un peu forcé, mais il démontre d'une façon saisissante les conséquences de ces impôts multiples, de ces péages innombrables auxquels était soumise la classe des paysans et des agriculteurs, et il suffit à expliquer les tendances d'opposition qui se manifestèrent dans le cours du siècle suivant.

Pendant le dix-huitième siècle, en effet, sous la pression des idées philosophiques et économiques nouvelles, le gouvernement se montra disposé à abolir les péages ; une révision sérieuse des titres présentés par les propriétaires de péages permit d'en supprimer un grand nombre et de faire examiner l'opportunité des autres.

Louis XVI, à son avénement, avait accueilli avec empressement les projets de Turgot, et son cœur compatissant avait adopté les réformes que son ministre lui proposait. Au lendemain de son avénement, il fit part publiquement de sa volonté ;

mais le peuple avait tant souffert depuis plus d'un demi-siècle, que tout en admirant les belles qualités du roi, il n'osait encore s'abandonner à la confiance et à la joie.

Un jour, quelqu'un ayant écrit au bas de la statue d'Henri IV le mot latin : *resurrexit* (il est ressuscité), faisant ainsi allusion à l'avénement de Louis XVI, un autre ajouta :

J'approuve fort ce mot,
Mais pour y croire, il faut la poule au pot.

Un troisième écrivit au-dessous :

Enfin la poule au pot sera donc bientô mise ;
On doit du moins le présumer
Car depuis deux cents ans qu'on nous avait promise,
On n'a cessé de la plumer.

L'arrêt du conseil royal du 15 août 1779 ordonna néanmoins la suppression des péages, reconnaissant les inconvénients qu'ils présentaient et le peu d'importance des revenus qu'ils produisaient à l'État. L'exécution de cet arrêt ne se fit que lentement et difficilement, et la plus grande partie des abus qu'il visait existait encore lorsque sonna l'heure de la Révolution.

La loi du 15 mars 1790, sapant dans sa base même l'institution féodale, supprima totalement les péages qui furent remplacés par certains droits considérés comme nécessaires pour l'entretien des ponts, des routes, des ports, des voies de halage, comme pour l'amélioration des voies navigables, et perçus, non en vertu de priviléges concédés à des particuliers, mais bien au nom de l'État.

XIX

Les *salaires*. — Le salaire est la rémunération d'un service. — Son origine. — Il est réellement un progrès sur le passé. — Le *salariat* est la conséquence de la tendance de l'homme à la fixité. — Erreurs du socialisme. — Le salaire n'a pas rompu l'association du travail et du capital. — Le salaire obéit aux lois du travail. — Il est réglé par le rapport de l'offre et de la demande. — Influence de la population sur le taux des salaires. — Les démolitions de Paris. — Le ralentissement de la production provoque la variation des salaires.

Il n'est peut-être pas, dans l'ensemble de la vie économique, de sujet plus brûlant et sur lequel on ait échafaudé plus d'erreurs que celui des *salaires*. D'une part, l'ignorance des lois du travail et des conditions de l'existence sociale ; d'autre part, l'envie, la débauche et les mauvaises passions ont fait de cette question le point de départ de revendications injustes et ont aveuglé à ce point certaines sectes, que le sens même du mot *salaire* a été par elles dénaturé. On s'est plu à représenter aux classes laborieuses le salaire comme un signe de servage, comme un stigmate infligé au travailleur par le capitaliste, au lieu de le montrer tel qu'il est, c'est-à-dire comme le résultat d'un contrat librement accepté, comme le produit d'un labeur volontaire, comme le fruit d'un échange mutuel de services.

En effet, qu'est-ce que le salaire, si ce n'est la *rémunération librement offerte d'un côté, libre-*

ment acceptée de l'autre, d'un travail accompli ou d'un service rendu? Un entrepreneur est chargé de construire une maison, un pont ou un viaduc; pour remplir ses engagements, il lui faut des ouvriers, des maçons, des charpentiers, etc... Il fait alors appel aux bras inoccupés ou à ceux qui espèrent trouver dans l'entreprise des avantages supérieurs à ceux qu'ils reçoivent ailleurs, et il leur fait l'offre d'une somme quelconque en échange de leur coopération à l'œuvre qu'il doit accomplir; il *marchande* leur travail, et, le prix en étant convenu dans des conditions fixées par le contrat d'embauchage, il leur donne, à la fin de la journée ou de la semaine, suivant les habitudes, ce qui leur revient: cette somme est ce qu'on appelle le *salaire*.

Or, cette forme de rémunération des services n'a pas toujours existé et elle est née de la tendance naturelle de l'homme à rechercher la fixité, à poursuivre la sécurité relativement aux moyens d'existence et à fuir l'aléatoire. A l'origine des sociétés, le salaire n'existait pas, et l'homme qui aidait un autre de ses semblables à produire un résultat recevait, comme récompense, une part de ce résultat. Ce fait est d'ailleurs naturel; toute marchandise fabriquée est produite par le manufacturier et par ses ouvriers qui ne pourraient les uns sans les autres arriver à un résultat satisfaisant. L'objet fabriqué provient donc du capital du premier et des soins ou du travail des autres, et par conséquent appartient à tous dans une proportion qui varie selon les efforts que chacun a apportés dans l'exécution du travail.

Mais si l'ouvrier était obligé, pour vivre et subvenir à ses besoins, d'attendre que la marchandise dont il doit recevoir une partie soit confectionnée et qu'il ait vendu ce qui lui en revient, il serait exposé à mourir de faim et à voir s'étioler autour de lui ceux qui lui sont chers, c'est-à-dire ses parents, sa femme et ses enfants.

Pour obvier à cet inconvénient, afin de donner à l'ouvrier la possibilité de satisfaire à ses obligations et de vivre sans souci du lendemain, l'entrepreneur consent à garder pour lui seul toutes les charges de l'exploitation, c'est-à-dire à fournir son capital, son usine, ses machines, ses approvisionnements, à payer la patente et les impôts, à supporter les inconvénients des crédits qu'il est nécessaire d'accorder pour écouler les produits, à courir seul les chances de l'avenir, bonnes ou mauvaises, et à acheter d'avance à l'ouvrier qu'il emploie la part que son travail lui donne à la propriété du produit, en lui assurant cette part contre toute espèce de risques et en la lui soldant en une série de paiements réguliers et égaux qui se renouvellent chaque jour ou chaque semaine.

Supposons, par exemple, qu'un ouvrier employé dans une entreprise quelconque soit soumis pour sa rétribution aux fluctuations mêmes de cette entreprise. Sur six mois, trois lui ont produit chacun 75 francs, et les trois autres chacun 125 francs. Ces inégalités dans la répartition des fruits de son travail lui causent des embarras dans l'administration de son intérieur et l'empêchent de régler uniformément ses dépenses et celles de sa famille; tandis qu'à certains mois, il reçoit au delà de ses besoins, à d'autres moments il touche des sommes insuffisantes, et la balance à établir entre ces deux situations extrêmes lui crée des soucis qui nuisent à son activité. En présence d'un état de choses semblable, l'entrepreneur, c'est-à-dire le capital, vient trouver l'ouvrier, c'est-à-dire le travail, et lui dit : « Jusqu'ici ta rétribution a été pendant trois mois de 125 francs et pendant trois autres mois de 75 francs : ceci fait une moyenne mensuelle de 100 francs. Veux-tu consentir à recevoir ce quantum, et je m'occuperai désormais seul de la marche de l'entreprise? Je te soustrairai à l'imprévu perpétuel dont tu parais souffrir, mais aussi les résultats bons ou mauvais de l'œuvre que nous poursuivons m'appartiendront tous sans exception. » Si l'ouvrier accepte, l'aléa est pour lui changé en chose absolue et le revenu variable se transforme en revenu fixe

C'est là l'origine du salaire, et il ne la faut pas chercher ailleurs. C'est, en d'autres termes, la certitude substituée au doute, la rémunération fixe préférée à la rémunération variable et incertaine ; c'est, quoi qu'en disent les écoles socialistes et communistes, un réel progrès sur le passé et l'un des résultats les plus admirables de la civilisation moderne.

Le *salariat*, dans son origine et dans sa nature

comme dans sa forme, n'a donc rien de dégradant ni d'humiliant, ainsi qu'on a voulu tant de fois le prétendre, et il n'est que la conséquence d'une tendance naturelle et indestructible. Son nom même pourrait à la rigueur comprendre tous les traitements qui sont le payement d'un travail quelconque, et Mirabeau, le grand tribun de la Révolution, émettait cet avis en faisant du roi le premier des salariés, et en ne voyant, en dehors du salaire, que le vol comme moyen d'existence. L'usage, il est vrai, a prévalu de maintenir exclusivement cette expression de salaire à la rémunération de la classe ouvrière et de revêtir de dénominations plus pompeuses, telles que traitements, appointements, honoraires, les produits du travail des fonctionnaires ou des individus livrés aux professions nommées libérales; mais ce n'est là qu'une nuance, toute dans la forme et qui ne change rien dans le fond.

Nous n'ignorons pas que le socialisme, dans sa haine pour le capital, essaie tous les jours de représenter le salariat comme une des formes de l'exploitation de l'homme par l'homme et de répéter qu'il a rompu l'association du travail et du capital au profit de ce dernier.

Rien n'est plus faux que ces deux assertions, et la moindre réflexion suffit pour en faire entrevoir la perfidie. Pour que le salariat autorisât l'exploitation de l'ouvrier par le patron, il faudrait que le premier ne fût pas maître de son temps et de lui-même et que soumis corps et âme à son maître, il ne pût débattre les conditions de son travail. Or, dans notre pays surtout, où la liberté du travail est devenue de principe politique après avoir été implantée par le christianisme comme un droit religieux et naturel, un semblable servage n'existe plus, et il n'est pas jusqu'au moindre individu de la race humaine qui n'ait le droit de refuser son temps et ses services à moins d'une rémunération librement consentie de part et d'autre.

On objectera peut-être que dans les stipulations avec le capital, celui qui reçoit un salaire est placé dans une condition inférieure, parce qu'il ne peut pas toujours attendre, que la faim est une nécessité à laquelle il lui faut immédiatement satisfaire, et que le plus souvent il est moins en état d'imposer la loi que de la subir.

Ce raisonnement repose peut-être sur quelque fondement, mais ce n'est pas au salariat qu'il faut s'en prendre, et cette infériorité qu'on exploite avec ardeur ne tient pas au mode de rémunération qui porte le nom de salaire. Sa cause réside presque entière dans le peu de prévoyance de l'ouvrier qui ne sait pas se constituer une épargne, et qui, vivant au jour le jour, ne peut pas sans un grave inconvénient perdre même une heure de sa vie à discuter le taux de son salaire.

La seconde accusation du socialisme contre le salariat n'est pas plus fondée que la première. Le salaire n'a pas rompu l'association du travail et du capital. Celle-ci existe aujourd'hui comme auparavant ; seulement la solidarité absolue qu'il y avait entre elle a été détruite en ce qu'elle avait de fâcheux pour la classe la plus nombreuse, ou de funeste pour les progrès du travail. En même temps que le travailleur trouvait, dans cette modification, la sécurité que le passé n'avait su lui donner, le capitaliste recouvrait sa liberté d'action ; il assumait sur lui seul, il est vrai, la responsabilité de l'entreprise, il en courait les risques, heureux ou défavorables, mais il avait la possibilité de conduire son œuvre avec un esprit de *suite* que l'association n'aurait peut-être pas obtenu. Les tâches se spécialisaient, mais l'accord n'en demeurait pas moins entre les deux éléments de la production, le travail et le capital.

Est-ce à dire que l'association proprement dite ne puisse être un élément d'avenir et de prospérité pour les classes laborieuses, et que le salaire doive être considéré comme la seule forme essentielle de la civilisation économique ? Bien au contraire, nous avons la conviction que l'association sagement comprise, prudemment pratiquée, dominée par des lois mûrement réfléchies et strictement observées, peut enfanter des prodiges et devenir, selon l'expression d'un savant moraliste, une école mutuelle de bonnes mœurs et d'efforts intelligents. Mais elle exige une éducation spéciale, des idées nouvelles et des habitudes d'économie qui ne sont pas encore assez développées dans les masses ouvrières pour qu'on puisse en tenter, avec assurance de succès, l'application sur une vaste échelle.

Toutefois, il ne faut pas oublier que c'est un but honorable, d'une réelle influence sur le caractère du travailleur, et auquel celui-ci doit tendre de toutes ses forces, mais aussi dans la mesure du possible et du réalisable. Les essais qui ont été tentés dans ce sens, chez une nation voisine, l'Allemagne, par l'un des hommes les plus éminents de notre temps, M. Schulze Delitzsch, ont donné jusqu'ici des résultats merveilleux, et laissent entrevoir dans l'avenir des horizons d'une étendue immense et peut-être même une des solutions à cette grave question sociale qui préoccupe à si juste titre les hommes d'État et les économistes de notre temps.

Si le salaire est la rémunération du *travail*, il doit nécessairement obéir aux lois économiques qui régissent le *travail*. Or, ce dernier étant une espèce de marchandise, et, comme telle, soumis à des fluctuations fréquentes provenant de causes très-diverses, le salaire qu'il procure ne garde pas toujours, lui aussi, la même mesure et ne tend pas à un même niveau. Son taux varie comme le travail dont il est le prix, et monte ou baisse selon que celui-ci est plus ou moins demandé ou plus ou moins offert; en d'autres termes, le prix courant du travail dépend du rapport qui existe entre le capital consacré à le défrayer et le nombre des travailleurs, ou bien encore il est réglé par le rapport entre l'offre et la demande.

Supposons que dans une localité où sont établies deux manufactures, les ouvriers soient rares, en nombre insuffisant même, et que les chefs de ces deux industries soient contraints de se les disputer pour satisfaire aux commandes qui leur sont adressées ; il s'établira naturellement entre les deux patrons une concurrence d'autant plus vive pour se procurer des travailleurs que leurs affaires seront actives et que leur clientèle sera exigeante. Les ouvriers, à leur tour, sollicités de deux côtés à la fois, se prévaudront de leur petit nombre, élèveront le prix de leurs services et iront là où on les payera plus cher. Dans ce cas le taux des salaires *haussera.*

Si, au contraire, dans ce village, les ouvriers abondent à ce point que les bras soient plus nombreux que les deux établissements n'en peuvent occuper, la concurrence, au lieu d'exister entre les deux patrons, aura lieu entre les travailleurs: c'est à qui d'entre eux sera admis dans la manufacture. Alors les rôles seront intervertis : les patrons, prétextant les offres qui leur sont faites, feront leurs efforts pour obtenir le travail au meilleur marché possible ; les ouvriers devront subir les conditions qu'on leur imposera et le salaire *baissera.*

Il ressort de cet exemple que le taux des salaires reste à peu près le même tant que le capital et la population marchent de front et qu'ils augmentent ou diminuent dans la même proportion ; mais que lorsque le rapport de ces deux éléments vient à changer, le prix du travail subit aussi une élévation ou une réduction correspondante.

Cette question de la population joue, en effet, dans la question des salaires, un rôle très-important, et c'est à elle qu'il faut le plus souvent faire remonter la cause de cette misère ou de cette difficulté de vivre que les classes ouvrières qui en souffrent attribuent bien à tort à la marche du gouvernement ou à la dureté des capitalistes. Il n'arrive que trop fréquemment que lorsqu'un genre d'industrie donne des résultats fructueux, une grande quantité d'individus, jusque-là occupés à d'autres travaux, viennent, alléchés par le profit, et s'établissent autour de la manufacture ou de l'usine. Ils ne tardent pas à y rester à demeure fixe, à élever leurs enfants dans la même pensée et à leur faire apprendre le même métier. Pendant quelques années, les salaires restent élevés parce que ces enfants ne sont pas encore en état de faire une concurrence sérieuse aux ouvriers en possession de leurs places; mais bientôt l'encombrement se produit dans la profession, le taux du salaire décroît et la détresse survient.

N'avons-nous pas la preuve de ce fait sous les yeux? A Paris, dans les temps ordinaires, le nombre des ouvriers varie peu pour chaque industrie; mais, dès qu'un grand travail se prépare, dès qu'une artère nouvelle va s'ouvrir, que des démolitions sont prévues, votées, arrêtées et qu'on entrevoit à leur suite pour plusieurs mois de constructions et d'embellissements, on voit s'abattre sur la capitale une nuée de travailleurs inoccupés ou insuffisamment salariés qu'attirent les prix rémunérateurs offerts par les entrepreneurs.

Pendant le temps que dure l'opération, les salaires restent élevés pour tous les genres d'états qu'elle occupe et pour tous les ouvriers de ces états ; mais au lendemain de ces constructions et de ces entreprises extraordinaires, le travail reprenant sa marche normale, et le nombre des ouvriers se trouvant tout d'un coup trop considérable, eu égard au travail en cours d'exécution, les salaires éprouvent une dépression subite qui ne cesse qu'avec le départ des ouvriers étrangers et la disparition des bras devenus inutiles.

Il est aussi, en dehors du cas que nous venons de citer, d'autres causes qui peuvent influer sur le taux des salaires : tel est entre autres le ralentissement de la production qui résulte d'une diminution dans la consommation. Ce fait a lieu principalement aux époques de troubles politiques ou d'inquiétudes pour le lendemain, ou bien encore à la suite d'une production inconsidérée hors de proportion avec la consommation habituelle. Les acheteurs ne s'accroissent pas, les manufactures se trouvent encombrées de produits, et il leur faut, pour en effectuer l'écoulement, consentir à des sacrifices parfois sensibles sur les prix précédemment cotés. La fabrique ne fait plus alors de bénéfices, il peut arriver même qu'elle subisse des pertes, et alors les salaires baissent dans des conditions d'autant plus pénibles que les affaires de l'entrepreneur sont moins satisfaisantes ; cette hausse et cette baisse des salaires sont donc des faits naturels qui n'obéissent en aucune façon à l'arbitraire, et qui sont déterminés par des événements souvent en dehors de toute prévision.

XX

Le salaire *réel* et le salaire *nominal*. — Leur distinction. — Les ouvriers en Amérique. — L'inégalité des salaires. — Elle s'explique naturellement. — Elle est causée par plusieurs circonstances, telles que la difficulté du travail à exécuter, l'intelligence nécessaire pour l'accomplir. — Le mineur. — Les salaires se sont améliorés depuis deux siècles. — Une statistique. — Un *axiome* de Malebranche.

Tout salaire se compose de deux parties très-distinctes qu'il importe de ne pas confondre si l'on veut avoir une idée exacte de son importance : ce sont la *valeur réelle* et la *valeur apparente*; d'où la distinction des salaires en *réels* et en *nominaux*.

Le premier s'entend de la quantité de choses utiles ou de valeurs en usage que le travailleur peut obtenir de l'entrepreneur comme rétribution de son travail.

Le second, c'est-à-dire le salaire nominal, comprend la quantité d'argent que l'ouvrier reçoit du patron qui le paie.

On comprend que cette distinction entre les deux salaires n'a d'intérêt que lorsqu'il s'agit de comparer deux localités différentes, et qu'elle est complétement indifférente s'il s'agit du même lieu et du même temps. Si par exemple on avance que les ouvriers d'un état, à Lyon ou à Marseille, gagnent 5 francs par jour, tandis que ceux d'un autre ordre ne perçoivent que 2 fr. 50, il sera facile de conclure que les premiers touchent le double des seconds, ou, si l'on préfère, qu'avec leur salaire les uns peuvent se procurer deux fois autant de choses utiles que les autres.

Mais la comparaison sera nécessaire, si nous étudions le salaire dans deux endroits éloignés ou à des époques différentes, et, dans ce cas, le salaire réel deviendra la vraie mesure des salaires pour les ouvriers.

Ainsi 5 grammes d'argent ou 1 franc peuvent être plus à Pékin que 15 grammes d'argent ou 3 francs à Paris. Si, par suite du peu d'élévation de prix des subsistances et des objets de nécessité, l'on peut se procurer en Chine trois fois plus de marchandises qu'en France avec le même salaire, il sera vrai de dire que la travailleur chinois, malgré l'apparente infériorité de son salaire, est payé trois fois plus que celui de France : si les dépenses sont les mêmes, c'est-à-dire si chacun d'eux avec ce qu'il reçoit vit aussi bien que l'autre, le salaire sera identique.

N'entendons-nous pas avancer tous les jours qu'on est plus riche avec 15,000 francs de rente dans une ville de province qu'avec 30,000 à Paris? Cela est souvent très-exact. Que signifie ce langage? Que les besoins étant moins nombreux ou bien qu'étant les mêmes, ils sont moins dispendieux en province qu'à Paris, et qu'on peut, dans les deux cas, avec une somme qui diffère dans la proportion de 1 à 2, obtenir autant d'utilité et autant de satisfaction.

Ces explications qui précèdent peuvent faire saisir l'énorme différence qui existe entre les deux espèces de salaires et combien il importe d'abord de fixer le salaire réel et de s'en rendre compte. Malheureusement c'est là un fait sur lequel un grand nombre d'ouvriers ne s'appesantissent pas suffisamment. Que de fois il nous a été donné de voir de ces âmes naïves se laisser éblouir par le récit qu'on leur faisait de la situation de certains travailleurs sur des points différents soit d'une même contrée, soit d'une autre hémisphère, et, sans chercher à calculer ce que valait dans ces positions différentes le prix de la vie, envier leur sort, et commettre la faute impardonnable d'abandonner la proie pour l'ombre, de risquer le pain de chaque jour pour tenter une fortune le plus souvent trompeuse.

Nous pourrions multiplier à ce sujet les exemples : il nous suffira toutefois de rappeler l'espèce d'attrait que l'Amérique a exercé et exerce encore, quoique à un degré moindre, sur les esprits superficiels. Dans ce pays, pour des causes économiques qu'il serait trop long d'énumérer ici, la puissance de l'argent est de beaucoup inférieure à ce qu'elle est dans nos pays, et les salaires y sont par conséquent plus élevés. Il n'est pas rare d'y voir des ouvriers ordinaires toucher un revenu journalier moyen de 5 dollars ou 25 francs ; mais avec cet argent, par suite de la cherté des objets nécessaires à la vie, ils ne peuvent acquérir plus d'utilités que les ouvriers français qui perçoivent 5 francs par jour ; de telle sorte que celui dont le salaire s'élève en France à 6 francs gagne plus que les travailleurs américains dont le prix de la journée de travail est coté à 25 francs.

L'inégalité des salaires a souvent été le thème de dissertations erronées et de théories dangereuses. On a cherché à présenter ce fait essentiel à la nature même des choses et des hommes, comme la conséquence des lois sociales ou de l'égoïsme de certaines classes, et, partant de ce principe, on a cru trouver le remède au mal en sapant la société pour la reconstituer sur d'autres assises.

L'inégalité des salaires s'explique cependant d'elle-même. Il est incontestable qu'il y a une différence notable entre le travail de certaines personnes et celui de certaines autres ; par conséquent il doit exister un écart équivalent entre leur rétribution respective. Or, cette différence peut provenir de la difficulté du travail à exécuter, de l'intelligence que ce travail exige de la part de son auteur, ou bien encore de la défaveur que l'opinion ou le préjugé attache à son accomplissement.

Il est évident qu'il y aurait une grave injustice à confondre ensemble l'ouvrier qui se lève le matin à cinq heures pour se livrer au travail le plus ingrat et le plus rude, travaille douze ou quatorze heures dans sa journée et ne gagne que 3 francs, et le gérant d'une entreprise qui, lui, se lève plus tard et ne donne à ses occupations professionnelles que cinq ou sept heures pour un bénéfice qui peut être centuple. Tandis que l'un accomplit sa besogne pour ainsi dire comme une machine et sans se préoccuper du résultat final de la fabrication à laquelle il coopère, l'autre a les soucis de l'entreprise, les fatigues de la surveillance et de la direction auxquelles se joignent les tourments provenant de l'écoulement des produits, de la rentrée des sommes dues et des paiements à effectuer, soit aux fournisseurs de la matière première, soit aux ouvriers employés à la mettre en œuvre.

Pour acquérir la position qu'il occupe, ce dernier a dû développer de bonne heure ses facultés intellectuelles, faire des études spéciales, suivre des cours, apprendre des leçons qui ont rempli les premières années de sa jeunesse, quelques-unes peut-être de son âge mûr, et ont coûté à sa famille ou à lui-même des sacrifices d'argent parfois considérables. N'est-il pas équitable que ces sacrifices trouvent leur récompense dans l'avenir, que ces sommes d'argent employées à son instruction lui procurent plus tard un bénéfice supérieur à celui de l'ouvrier qui n'apporte dans l'exécution de son travail que sa force et l'habileté acquise par une longue pratique.

Et d'ailleurs, à la tête de toute œuvre humaine, il est absolument nécessaire qu'il y ait une pensée directrice, une puissance initiatrice sans lesquelles cette œuvre courrait le risque de péricliter. Est-il admissible que celui auquel incombe cette délicate et pénible mission n'en soit pas spécialement récompensé par une rémunération plus élevée que celle de ses collaborateurs ?

Assurément non, et toute opinion contraire ne pourrait supporter le moindre examen. Jamais il ne viendra à l'esprit de gens sensés de songer un instant que le salaire du soldat doive être le même que celui du général ou *vice versâ*. Il en sera de même de toute profession qui a exigé de longues années de préparation, années qui, loin de rapporter, ont coûté souvent fort cher, et constituent par ce fait seul un capital moral ou matériel dont il est de toute équité que l'intérêt se récupère dans un temps donné.

Il peut se faire qu'un travail considéré comme grossier, et par conséquent peu recherché, soit mieux rémunéré que celui du métier le plus difficile; c'est lorsque l'occupation présente de l'incertitude, exige de grandes fatigues, est malpropre ou offre quelque danger.

Prenons pour exemple l'état de mineur. Dès le matin, l'ouvrier qui l'a embrassé descend dans les entrailles de la terre, et là pendant de longues heures, privé de la lumière du jour, éclairé seulement par la faible lueur de la lampe Davy, il travaille sans relâche pour obtenir péniblement quelques quartiers de houille dont l'extraction peut lui coûter la vie. Les accidents de ce genre sont en effet très-fréquents et nous savons, par le récit qui nous en parvient, que la plus légère imprudence suffit pour les provoquer.

En face de cette perspective de mort ou d'infirmité qu'il entrevoit, de cette existence difficile et rude qu'il faut mener dans des régions qui semblent à jamais éloignées de la société humaine, l'ouvrier mineur ne doit céder sans aucun doute, dans le choix de son état, qu'à l'espoir d'une rétribution rémunératrice, plus élevée que celle à laquelle il lui serait permis de prétendre s'il préférait être simple manœuvre dans un chantier. A ce point de vue même, la comparaison des deux salaires ne peut se faire que dans la même localité, par cette raison que le salaire étant déterminé, nous l'avons déjà dit, par le prix des objets de première nécessité, ce prix n'est pas le même souvent d'une localité à une autre voisine. Il faudra donc, pour se faire une idée de l'élévation du prix de la rémunération d'un mineur de Cornouailles, se rendre compte du taux des salaires des autres corps de métiers dans la même circonscription.

Une autre cause peut encore influer sur le taux du salaire : c'est la confiance plus ou moins grande qu'il faut accorder à l'ouvrier. Adam Smith, dont nous avons déjà cité le nom, l'explique ainsi : « Les orfèvres et les joailliers, en raison des matières précieuses qui leur sont confiées, ont partout des salaires supérieurs à d'autres ouvriers dont le travail exige non-seulement autant, mais même beaucoup plus d'habileté. Nous confions au médecin notre santé, à l'avocat et au procureur notre fortune et quelquefois notre vie et notre honneur; des dépôts aussi précieux ne pourraient pas, avec sûreté, être remis dans les mains de gens pauvres et peu considérés, il faut donc que la rétribution soit assez forte pour leur donner dans la société le rang qu'exige une confiance aussi grande. »

Les salaires se sont-ils améliorés? C'est une question qui mérite d'être examinée et qui, seule ou presque seule, dans toute cette étude, doit intéresser l'ouvrier.

Il serait presque superflu de prouver cette amélioration quand on se rend compte du bien-être général dont jouissent aujourd'hui les classes laborieuses, et que l'on compare la situation matérielle des générations qui nous ont précédés de quelques années seulement avec celle qui nous est faite aujourd'hui. Quoi qu'il en soit, nous ne pouvons résister au désir de présenter quelques exemples de cette progression en suivant en cela les travaux de statistique effectués depuis plusieurs années par de savants économistes et en dernier lieu par un publiciste de talent, M. de Foville (1).

Sous le règne de Louis XIV, à la fin du dix-septième siècle, une famille agricole composée du père, de la mère, d'un enfant en état de travailler

(1) *Variation des prix depuis un demi-siècle.*

et de deux autres en bas âge gagnait environ 180 francs, c'est-à-dire une somme à peine suffisante pour se procurer de ce mauvais pain sans froment qui fut la nourriture pour ainsi dire habituelle des paysans de cette époque. A la veille de la Révolution, cette même famille gagnait 200 francs; l'augmentation n'avait donc été que de 20 francs en un siècle. En 1813, ce salaire doublait pour monter à 500 francs en 1840, à 550 francs en 1852, à 720 francs en 1862 et à 800 francs en 1870. En faisant la part du prix des objets nécessaires à la vie à ces diverses époques, il ressort cette certitude que les grands-pères de nos agriculteurs n'avaient pas les deux tiers de ce qu'ils possèdent de nos jours, et que leurs arrière-grands-pères n'en avaient que le tiers.

C'est donc un progrès réel et sensible sur le passé. Or, ce que nous disons des salaires agricoles peut s'appliquer au même titre aux salaires industriels, qui, après s'être élevés de 20 pour 100 à peine en un siècle et demi, c'est-à-dire de la fin du dix-septième siècle à la Révolution, ont presque doublé depuis.

De tout ce qui précède, il est facile de conclure que le salaire obéit à des lois naturelles qui se meuvent dans le domaine de la liberté et dont nul n'est autorisé à dénaturer le sens ou la portée. D'une part, l'égalité vraie, constante des salaires n'existe pas : c'est un rêve dont la réalisation sort des limites de la nature. D'autre part, le *salariat*, ce mot que le socialisme perfide s'est plu à jeter comme un brandon de discorde au milieu des classes ignorantes ou égarées par la passion, n'a aucune des significations qu'on prétend lui imposer, et nous croyons en avoir fait comprendre le véritable sens.

« Qui n'entend qu'une cloche n'entend qu'un son, » dit le proverbe vulgaire. C'est ici le cas ou jamais de le rappeler. Après avoir trop longtemps écouté les théories subversives et grotesques des sectaires et servi de jouet aux ambitions des déclassés, il faut que l'ouvrier ouvre son intelligence à la connaissance des principes de la loi économique, qu'il considère désormais le travail non pas comme une charge, mais comme un honneur, et son salaire non pas comme une aumône, mais bien comme le prix des services qu'il rend, et qu'avant de se livrer aux doctrines qui le flattent et l'égarent, il médite cette parole profonde d'un de nos anciens philosophes : « L'erreur est la cause du malheur des hommes. »

TROISIÈME PARTIE

I

Un problème inconnu. — La terre suffira-t-elle toujours à nourrir ses habitants? — La politique, la philosophie et la religion encouragent l'accroissement de la population. — Malthus et le principe de population. — Les hommes ont une tendance naturelle à s'accroître. — Dans quelle proportion se produit cet accroissement. — Les enfants trouvés à l'hospice de Dublin. — La population en Amérique et dans quelques États de l'Europe. — Raisonnement de J.-B. Say au sujet de la population. — Malthus reconnaît l'exagération de sa doctrine.

Vous est-il parfois arrivé, chers lecteurs, de réfléchir à la rapidité avec laquelle certaines contrées de la planète que nous habitons se peuplent et se transforment sous les efforts opiniâtres de l'homme, et ne vous êtes-vous pas demandé si la terre suffirait un jour à nourrir ses habitants dans le cas où ceux-ci, continuant à se multiplier dans les mêmes proportions, couvriraient la surface entière du globe ?

C'est là assurément un sujet auquel peu d'entre vous se sont arrêtés, et cependant à différentes époques de l'histoire du monde, il a fait l'objet de certaines observations judicieuses. La question de la population se retrouve en effet, à tous les âges de la race humaine, inscrite dans la législation ou formulée en tête des religions les plus diverses et les plus dissemblables. L'accroissement des hommes était alors généralement considéré comme un bien; tandis que la philosophie reconnaissait avec respect, dans la procréation d'une famille nombreuse, l'accomplissement des destinées humaines, la religion rappelait que Dieu avait jadis promis aux hommes et aux peuples qu'il voulait récompenser une postérité nombreuse comme les étoiles du firmament; la politique à son tour mesurait la puissance des États au nombre des citoyens, et deux de ses représentants les plus illustres, Louis XIV et Napoléon Ier, encourageaient l'accroissement de la population en accordant des primes aux mariages féconds.

Nul ne songeait alors que cette terre, si prodigue des dons du Créateur, pût un jour refuser à la créature la subsistance nécessaire à son existence, et les générations se succédaient sans se soucier plus que celles qui les avaient précédées, des ressources propres à satisfaire leurs besoins, ni du champ réservé à leur activité.

Un jour cependant, lorsque les nations se furent formées et que les agglomérations d'êtres humains eurent transformé les conditions de l'existence, les esprits éclairés furent frappés de certains phénomènes économiques qui offraient des rapports constants avec les différentes phases parcourues par le principe de la population, tels que le prix, la rareté ou l'abondance des denrées, le bien-être ou la misère, et ces remarques donnèrent lieu alors à des études spéciales dont quelques-unes préoccupèrent l'esprit public, surtout vers la fin du dix-huitième siècle. A cette époque, en effet, la question de la population fut vivement discutée, et toutes les vieilles croyances admises jusque-là, et rendues respectables, presque sacrées, par les siècles qu'elles avaient traversés, furent soudain sapées par un économiste, dont le nom est devenu célèbre et dont la doctrine a parcouru le monde, provoquant après elle une profonde émotion.

Dans le comté de Surrey, près de Dorking, l'un des plus beaux sites de l'Angleterre, vivait, dans les dernières années du dix-huitième siècle, un homme austère dans sa vie, irréprochable dans sa conduite, et partageant son temps entre ses fonctions de ministre du culte anglican et l'étude des sciences sociales que le beau livre d'Adam Smith avait, pour ainsi dire, mises à la mode. Doué de l'esprit d'observation, Malthus (c'était son nom) avait été frappé de la misère qui régnait autour de lui ; il en avait aussitôt recherché les causes, et, convaincu qu'il existait une disproportion notable entre les moyens de subsistance et la population, il en était venu à se demander si le principe de l'accroissement de la population prêché jusque-là n'était pas erroné, et si ce n'était pas un crime de donner la vie à un être humain avant d'être convaincu que sa place dans le monde lui serait assurée et qu'il y trouverait les éléments de sa subsistance et de son développement.

Il publia alors un livre qui a eu un immense retentissement et dans lequel, au milieu de graves erreurs ou d'exagérations imprudentes, se trouvent de hautes vérités et un enseignement puissant.

Voici le résumé de sa doctrine : les hommes, disait-il, ont une tendance naturelle à multiplier; et cette tendance est illimitée. Ils peuvent doubler en nombre dans l'espace de vingt-cinq ans, et vingt-cinq ans après ils peuvent avoir doublé encore, c'est-à-dire avoir quadruplé, puis, après une autre période de vingt-cinq ans, avoir doublé de nouveau, c'est-à-dire être devenus huit fois plus nombreux. C'est ce qu'il appelait, dans son langage pittoresque, suivre une proportion géométrique. Puis, en face de cette donnée, il déclarait que les subsistances, les moyens de vivre ne croissaient pas et ne pouvaient pas croître avec la même rapidité que les hommes, et que, par conséquent, il arriverait un moment où les hommes, ne pouvant plus se procurer des aliments suffisants, devraient mourir. Il donnait, pour mieux faire saisir sa pensée, la comparaison suivante : tandis que les hommes peuvent s'accroître dans la proportion de 2 à 4, de 4 à 8, de 8 à 16, de 16 à 32, les subsistances ne croissent que dans la proportion de 2 à 4, de 4 à 6, de 6 à 8, de 8 à 10. Il en concluait donc qu'il fallait, sans porter atteinte en rien à la vertu et à la morale, enrayer autant que possible le mouvement qui engageait les populations à s'accroître sans cesse, sous peine de les vouer fatalement à la faim.

Tel est le fond de la théorie du célèbre pasteur anglican. Ce n'est pas qu'il méconnût les qualités fondamentales du mariage et fût l'ennemi des grandes familles; au contraire, il les accueillait avec joie, mais à une condition, c'est qu'elles ne portassent pas dans leur sein la misère et la mort, et que loin d'être un fardeau pour la société où elles naissaient, elles pussent contribuer à sa grandeur et à sa prospérité.

Il n'ignorait pas que la bienfaisance fût immense; il savait que l'esprit de charité produit des merveilles, adoucit bien des chagrins et sèche bien des larmes; mais il savait aussi qu'il a de graves inconvénients contre lesquels l'économie politique devait s'élever, tout en admirant le principe qui le produisait.

C'est là, en effet, le rôle de l'économiste et son domaine est vaste; il s'étend partout où l'homme vit, se meut, produit et consomme, quelle que soit la forme ou la valeur des objets qu'il produit ou consomme. Or, la bienfaisance et la population l'intéressent à un haut degré; car, ainsi que l'a dit Blanqui, si le christianisme a découvert la bienfaisance, l'économie politique l'a régularisée. A l'époque où Malthus écrivait, la misère était au comble, et la bienfaisance mal dirigée encourageait davantage le vice dans la basse société anglaise et précipitait la mortalité en même temps que s'accroissait la désolation. Le nombre des enfants abandonnés par des familles incapables de les nourrir était considérable, et l'organisation de la charité était si défectueuse que ces enfants mouraient presque tous à l'hospice des enfants trouvés de Dublin; de 1791 à 1797, sur

12,785 de ces infortunées créatures, il en était mort 12,561. Le cœur de Malthus en saignait, et ces exemples terribles le poussaient à des conclusions exagérées. A son point de vue, la terre, par suite de l'accroissement de la population, deviendrait un jour impuissante à produire assez d'aliments; les hommes, ne pouvant plus se procurer en suffisante quantité les choses qui soutiennent la vie, devraient nécessairement diminuer en nombre, et si la prudence et la raison ne suffisaient pas à opérer cette diminution, la souffrance s'en chargerait.

En ce qui concerne la rapidité d'accroissement de la race humaine, Malthus avait raison ; les faits sont là pour le prouver. La population de l'État de New-York, en Amérique, est devenue sept fois plus considérable en cinquante ans, de 1790 à 1810, et neuf fois plus forte de 1790 à 1850. La population de l'Ohio a triplé en vingt ans, de 1820 à 1840, et quadruplé en trente ans, de 1820 à 1850. Dans les pays qui n'ont pas les facilités que rencontrent les Américains du Nord pour l'espace et pour l'aliment, la période de doublement est encore très-rapide. Ainsi, en Belgique, la population a doublé en quarante-deux ans; en Grèce, en cinquante et un ans; en Autriche, en cinquante-deux ans ; d'où on peut conclure que, s'il n'y avait aucun obstacle à la multiplication, on arriverait au bout d'un petit nombre de siècles à des chiffres exorbitants.

J.-B. Say, qui a fait de sérieuses études sur cette question, est de l'avis de Malthus, et il a fait au sujet de la population le raisonnement suivant : « Si nous écartons toutes les causes qui bornent l'accroissement de notre espèce, nous trouvons qu'un homme et une femme, mariés aussitôt qu'ils sont nubiles, peuvent donner naissance à douze enfants au moins... L'expérience nous apprend, à la vérité, que la moitié environ des êtres humains périssent avant l'âge de vingt-six ans. On voit par là que si chaque couple ne peut pas élever douze enfants sans se reproduire, il en peut élever six qui sont capables de peupler autant que le premier couple l'a fait lui-même ; d'où l'on peut conclure que s'il n'y avait aucun obstacle à cette multiplication, la population d'un pays quelconque triplerait au bout de vingt-six ans. »

Mais pour ce qui regarde la seconde proposition de sa doctrine, l'économiste anglais a commis de graves oublis qui l'ont entraîné à des craintes chimériques et à des axiomes dont le fond et la forme contrastaient avec sa propre nature et que l'avenir a fait disparaître en partie.

L'excès des souffrances dont il était le témoin l'avait trompé, et lui-même, dans les derniers jours de sa vie, il l'avouait avec humilité. « J'ai trouvé l'arc trop courbé d'un côté, disait-il, il est bien possible qu'en voulant le redresser, je l'aie trop courbé de l'autre. »

Il l'avait trop courbé, en effet, et malgré l'excellence du but qu'il s'était proposé, il s'est laissé entraîner à des erreurs que nous exposerons dans notre prochaine causerie.

II

Effet produit par l'apparition de l'ouvrage de Malthus. — Les municipalités et les gouvernements réglementent le mariage. — Erreurs de l'économiste anglais. — Ce que peuvent produire deux harengs. — Progrès de l'humanité depuis un siècle. — — Les États-Unis en 1790. — La France du seizième siècle et la France actuelle. — Une page de M. Thiers. — Caractère de la doctrine de Malthus. — Quelle conséquence on doit tirer de son enseignement. — Ce que pensait Rossi des mariages imprévoyants.

L'ouvrage de Malthus fut, dès son apparition, avidement recherché et étudié avec une curiosité mêlée d'effroi. Peu de philosophes avaient sondé la profondeur des maux sociaux que le ministre anglican faisait passer sous les yeux de ses contemporains, et les conséquences qu'il tirait de ses observations avaient frappé vivement les esprits.

Les gouvernements, jusque-là convaincus de la nécessité du nombre des citoyens, changèrent à cet égard leurs dispositions, et quelques-uns même, comprenant mal la pensée du pasteur anglican, allèrent jusqu'à décourager les mariages par des moyens analogues à ceux qui avaient été employés pour en augmenter la fécondité.

Certaines municipalités en étaient venues à établir des règlements destinés à limiter la reproduction des classes indigentes. En Norwége, par exemple, à l'heure présente, on ne peut se marier à moins de prouver au prêtre que l'on est en état d'entretenir une famille. Dans le Wurtemberg, aucun homme ne peut se marier avant d'avoir accompli sa vingt-cinquième année et satisfait aux obligations du service militaire. De plus, il est obligé de prouver qu'il est en état d'élever une famille; dans les grandes villes, il faut justifier d'un revenu de 800 à 1,000 florins; dans les petites de 400 à 500 florins et dans les villages de 200 florins. Dans ce pays et en Bavière, on ne peut se marier si l'on ne possède des moyens d'existence suffisants.

Ce résultat était loin de la pensée de Malthus, car, large dans ses idées et jaloux de conserver à l'homme sa liberté, il avait entendu donner des conseils et engager à la contrainte morale, à la prudence, et non pas faire appel à l'action coercitive de l'autorité.

Son livre fut tout naturellement attaqué, même avec une certaine violence, par les partisans de la doctrine contraire, et, des deux côtés, on dépassa le but. « Tous les hommes, disait M. de Lamennais, ne sont-ils pas conviés au riche banquet de la nature ? Un seul d'entre eux est-il exclu ? Les plantes des champs étendent l'une auprès de l'autre leurs racines dans le sol qui les nourrit toutes, et toutes croissent en paix ; aucune d'elles n'absorbe la sève d'aucune autre. » Et ce grand rêveur continuait de la sorte, oubliant, dit M. Frédéric Passy, ce que connaît le dernier des enfants de la campagne accoutumé à voir les plantes trop serrées s'étioler, se nuire les unes aux autres, et qui sait que, dans un bois, à mesure que les sommets s'élèvent, tout ce qui se trouve en dessous languit et se dessèche, faute de lumière et de sève.

Assurément, la doctrine de Malthus était exagérée et péchait en quelques endroits : à côté des vérités indéniables que nous avons déjà exposées, apparaissaient de grandes erreurs. La crainte émise par le célèbre économiste de voir les subsistances manquer un jour à l'humanité témoignait de sa part un oubli sinon une ignorance des forces productrices de la terre et des animaux, ainsi que de l'étendue des vastes continents encore inhabités et qui attendaient, avec l'homme, la fécondité qu'il porte toujours et partout avec lui.

Une de ses erreurs dont nous sommes surpris, est l'opinion qu'il émettait d'une loi de multiplication et d'accroissement des subsistances, contraire à celle qui concerne l'homme. Nous savons tous, en effet, que les animaux sont doués de la faculté de se multiplier avec autant de rapidité que la race humaine, qu'une brebis, par exemple, peut mettre bas chaque année un ou deux agneaux qui, à leur tour, ne tardent pas à faire des petits tout comme leur mère.

Qui ne sait avec quelle rapidité croissent certaines plantes et certaines espèces animales ? Qui n'a entendu dire qu'une carpe pondait 350 mille œufs, qu'une jusquiame couvrirait le globe de ses rejetons en quatre ans, et que deux harengs suffiraient pour remplir les mers en dix ans, l'Océan couvrît-il le globe tout entier ?

D'ailleurs, en ce qui concerne les subsistances en général, des progrès immenses se sont accomplis dans le domaine de l'homme depuis que Malthus a émis ses idées, et ces progrès font évanouir la plupart de ses craintes et enlèvent à ses données philosophiques le caractère de fatalisme qu'il leur avait impliqué. Des découvertes merveilleuses ont ouvert à l'humanité des horizons nouveaux ; les machines ont centuplé la production et facilité le travail ; les chemins de fer, sillonnant la surface du globe, conduits par la vapeur qui a également fait transformer les marines de tous les peuples, ont rapproché les distances, permis le libre échange des idées et des produits, et ont, par suite, apporté des modifications sensibles dans la manière de vivre, dans les mœurs et dans la richesse.

Cette dernière s'est accrue dans des proportions fantastiques ; et, malgré l'accroissement de la population dans les pays civilisés, industrieux, intelligents et laborieux, le bien-être s'est répandu partout avec profusion. L'agriculture elle-même a fait de grands pas, et là où jadis le cultivateur ne récoltait, à la sueur de son front, que quelques herbes inutiles et quelques plantes malingres, nos instruments aratoires et nos procédés scientifiques font venir des fruits savoureux et des récoltes splendides.

Des contrées entières se sont transformées. L'Amérique entre autres, jadis déserte et inculte, se couvre peu à peu d'États florissants, bien administrés et riches, de villes puissantes, coquettes même, où l'activité humaine se déploie sous toutes ses formes, où le commerce prend une extension sans cesse plus rapide et rivalise avec celui des vieux peuples de l'Occident.

Les États-Unis, qui ne possédaient en 1790, lors du premier recensement, qu'une population de 3,929,000 âmes, c'est-à-dire deux habitants par kilomètre carré, en comptent aujourd'hui une de 40 millions environ. De vastes espaces naguère inoccupés se sont remplis, et plus la population s'est agrandie, plus la production a augmenté, plus la richesse a pris de développement.

Telle est en effet la conséquence du travail de l'homme : la fertilité est inhérente à la terre, et plus on lui demande, plus elle donne et plus elle augmente sa puissance.

Qui pourrait soutenir que la prospérité matérielle de la France actuelle est inférieure à celle de la France de nos pères; que les artisans, les cultivateurs et les ouvriers ne sont pas mieux nourris, vêtus et logés aujourd'hui qu'au seizième siècle, par exemple? Cependant, à cette époque, la France comptait 15 millions d'habitants à peine, tandis que de nos jours sa population s'élève à 36 millions.

Que de terres sont encore à défricher, que de contrées mal définies et inconnues où la charrue n'a jamais tracé de sillons, où le pied de l'homme n'a pas encore imprimé sa trace et dont les ressources cachées réservent aux générations à venir d'incalculables surprises !

« Si donc, a écrit quelque part l'illustre historien du Consulat et de l'Empire, on pouvait imaginer un jour où toutes les parties du globe seraient habitées, l'homme obtiendrait de la même surface dix fois, cent fois, mille fois plus qu'il n'en recueille aujourd'hui. De quoi, en effet, peut-on désespérer quand on le voit créer de la terre végétale sur les sables de la Hollande ? S'il en était réduit au défaut d'espace, les sables du Sahara, du désert d'Arabie, du désert de Cobi se couvriraient de la fécondité qui le suit partout. Il disposerait en terrasses les flancs de l'Atlas, de l'Himalaya, des Cordillières, et vous verriez la culture s'élever jusqu'aux cimes les plus escarpées du globe, et ne s'arrêter qu'à ces hauteurs où toute végétation cesse. Et fallût-il enfin ne plus s'étendre, il vivrait sur le même terrain en augmentant toujours sa fécondité. »

Nous n'avons donc point à craindre les famines dont nous menaçait Malthus : la surface du globe ne manquera pas plus aux générations futures qu'elle ne manque aux générations présentes, et la dernière limite de la puissance de production de la terre est encore inconnue.

Est-ce à dire que Malthus ait commis une hérésie en morale et une altération à la vérité des faits? Non assurément ; Malthus, que l'esprit de parti a tenté de représenter comme un vampire altéré de sang, était au contraire un homme doux et bienfaisant, que son amour de l'humanité a conduit à l'exagération, mais dont l'intention était louable. « Je désire l'accroissement de la population, disait-il, je veux autant que possible une population nombreuse. Le seul accroissement de population que je redoute, c'est celui qui devient une cause de misère, de vice et de souffrance. Je souhaite d'abord que les hommes soient heureux, et ensuite, s'il est possible, qu'ils soient nombreux. »

Quoi de plus digne que ce langage. Pour arriver à ce résultat que désire le célèbre économiste, il faut de la sagesse et de la prudence, et comprendre le précepte divin comme il mérite d'être compris. Par ces mots : *croissez et multipliez*, dont les adversaires de Malthus se sont servis contre sa doctrine, la religion n'a pas ordonné à l'homme de croître sans discernement et sans mesure, car elle a fait de la virginité, de la chasteté et de la continence des vertus de premier ordre; elle a voulu que ce précepte fût ainsi appliqué : *croissez*, c'est-à-dire devenez plus forts, devenez plus vaillants et plus capables de remplir votre tâche ; et, lorsque vous serez devenus plus forts, alors *multipliez*, afin de devenir encore plus forts et de soumettre de plus en plus votre domaine (1) ; en un mot, évitez les unions imprévoyantes, et ne vous mariez que lorsque vous êtes en état de répondre dignement à la mission que vous recherchez.

(1) M. Frédéric Passy.

C'est là l'enseignement qu'on doit, en effet, retirer de la doctrine de Malthus, et nous ne saurions mieux terminer cette causerie qu'en rappelant les éloquents commentaires que Rossi, l'un des écrivains dont la science et l'humanité s'honorent le plus, mettait en tête de l'œuvre de l'économiste anglais : « Nous voudrions pouvoir persuader aux travailleurs, aux jeunes hommes qui ne possèdent encore d'autres richesses que leur intelligence et leurs bras, que la question de la population les intéresse avant tout et presque exclusivement ; nous voudrions leur dire que la morale nous conseille, que la religion nous commande de contenir nos appétits lorsque nous ne pourrions les satisfaire qu'aux dépens du bien et du juste ; que des enfants qui tremblent de froid, qui pleurent de faim ne sont pas seulement un spectacle déchirant, mais une effrayante tentation pour les parents qui, trop souvent, ne sortent de l'affreux combat auquel leur âme est livrée qu'emportés vers le crime, ou, ce qui est peut-être plus horrible encore, avec le cœur pétrifié par le désespoir qui étouffe les sentiments naturels et fait que les enfants n'ont plus ni père ni mère. »

III

Pierre qui roule n'amasse pas mousse. — L'imprévoyance est la cause première de la misère. — Un axiome de Franklin. — Histoire d'une épingle. — L'économie n'est pas difficile à réaliser. — Une armoire infidèle. — Les tontines. — La Caisse nationale de prévoyance. — Henri Duncan et les banques de salut en Écosse. — La première Caisse d'épargne en France. — Ses succès. — L'institution se développe lentement dans les départements. — — L'épargne annuelle en France. — Un projet de réforme.

« Pierre qui roule n'amasse pas mousse, » dit avec raison un vieux proverbe.

De même qu'on ne bâtit pas sur un sable mouvant, de même aussi on ne peut arriver à la fortune ou à l'aisance sans l'économie, sans la prévoyance. Or, de toutes les causes auxquelles on peut attribuer la misère, il n'en est peut-être pas de plus capitale que la prodigalité, ni qui influe davantage sur l'existence matérielle et morale des individus.

Entrez dans l'intérieur d'une famille rangée, sage, économe, et vous rencontrerez des visages souriants, des cœurs ouverts et des âmes sereines; on ne redoute pas là les jours mauvais que l'avenir peut faire naître, on ne marche pas vers l'incertain. Chaque soir, l'épargne destinée à sauvegarder la famille du besoin quand viendra la vieillesse ou l'adversité est mise pieusement en réserve, et nulle considération ne fait manquer à ce devoir.

Voyez, au contraire, ces familles d'ouvriers comme il n'en est malheureusement que trop, où le salaire passe tout entier dans des dépenses souvent vaines ou malfaisantes, où nulle pensée d'avenir ne vient adoucir l'amertume du labeur ; le père passe une partie de ses journées au cabaret, adonné à l'ivrognerie, tandis que la mère, presque nue et souffrante gît sur un misérable grabat et que les enfants se livrent au vagabondage. Là, règnent d'ordinaire l'inconduite et la misère ; là, les mauvaises passions trouvent facilement un aliment, et les révolutions, des adeptes.

Bien souvent il nous est arrivé d'entendre dire : « Vous nous conseillez la prévoyance, l'épargne ; cela vous est facile : mais comment y parvenir quand on ne gagne que peu de chose et qu'il faut entretenir et faire vivre une famille nombreuse ? »

Nous ne prétendons pas que l'épargne soit chose très-simple à réaliser : toutes les fois qu'il faut prélever sur sa fantaisie ou ses plaisirs une somme quelque minime qu'elle soit, cela coûte assurément ; nous savons bien que la nature humaine est peu portée au sacrifice. Cependant que de dépenses inutiles ne relevez-vous pas dans le cours d'une année, qui ne laissent aucun souvenir après elles, si ce n'est celle de la satisfaction passagère, imparfaite d'un caprice ou d'une passion ! Eh bien ! c'est en cette circonstance, après que les besoins urgents de l'existence ont été satisfaits, qu'il faut songer à l'avenir et économiser.

Mais, ajoutent quelques autres, l'économie que

nous pourrions avec beaucoup d'efforts réaliser sur notre salaire, ne s'élèverait par jour qu'à 50 ou 60 centimes. Est-ce vraiment la peine de s'imposer une privation pour un si mince résultat?

Certainement ce résultat mérite un effort. 50 centimes sont peu de chose relativement à ce qu'il faut pour constituer un capital, mais tout capital se compose de sommes de 50 centimes plus ou moins nombreuses, et on se doute peu en général de l'importance des petites épargnes accumulées.

Ainsi, on a calculé qu'un ouvrier qui épargnerait 100 francs par an, ou un peu moins de 2 francs par semaine, depuis l'âge de vingt ans jusqu'à celui de soixante, c'est-à-dire pendant quarante ans consécutifs, et qui pendant ce temps cumulerait les intérêts à 5 pour 100 de ces dépôts successifs, deviendrait possesseur d'un capital de 12,000 francs environ. Ce capital placé ensuite en rentes 5 pour 100 au taux de 103 francs lui donnerait un revenu de 580 francs, suffisant pour son entretien pendant sa vieillesse et qui augmenterait l'aisance de sa famille après sa mort.

Ce sont là des résultats d'une exactitude indéniable, et de nature à démontrer aux ouvriers l'utilité et les avantages de l'épargne et à les encourager à y consacrer une partie de leur salaire.

Un peu souvent répété fait beaucoup, disait l'honnête Franklin, et il avait raison. Il en est ainsi pour toutes les entreprises humaines : une maison ne se construit pas en un jour, ce n'est que par l'accumulation des travaux de plusieurs jours, quelquefois de plusieurs semaines, qu'elle s'élève et s'achève.

Que de fortunes immenses ont commencé par un grain de sable, par une économie de 10 centimes !

Vous connaissez sans doute l'histoire de ce fameux banquier du règne de Louis-Philippe qui dut sa fortune à une épingle ? Tous les livres de morale l'ont répétée à plaisir ; mais les bons exemples ne sauraient être trop vulgarisés, et je ne puis résister au désir de vous la conter.

Venu à Paris pour chercher une position, notre héros se présente un jour chez un des plus riches financiers de la capitale afin d'obtenir une place dans ses bureaux. Celui-ci avait alors un personnel suffisant, et, ne pouvant utiliser la bonne volonté et les talents du jeune provincial, il fut contraint de l'éconduire.

Notre solliciteur, triste et confus de l'insuccès de sa démarche, se retirait le front penché, lorsqu'en traversant la cour de l'hôtel, dont il s'apprêtait à franchir le seuil, il aperçoit une épingle perdue dans l'interstice de deux pavés. Il se baisse aussitôt pour la ramasser, et sort en la fixant au parement de son habit.

Ce mouvement avait été aperçu du banquier qui, frappé de l'esprit d'ordre du jeune homme, conçut pour lui une vive sympathie et résolut de se l'attacher. Aussitôt, il le fit venir en sa présence et lui ouvrit les portes de sa maison. Bientôt, le zèle avec lequel le nouveau commis accomplissait son devoir l'ayant fait remarquer, il obtint la confiance de son protecteur qui l'aida de ses conseils, de ses lumières et même de son argent, et contribua à en faire l'un des esprits les plus distingués de son temps, en même temps que le chef d'une des maisons de banque les plus importantes de Paris.

L'économie demande un peu de peine assurément; les commencements en sont durs, mais il n'y a que le premier pas qui coûte, dit-on vulgairement, et les premiers mille francs, comme je vous le répétais naguère, font tant de plaisir! Quand on a pris l'habitude de retenir sur sa dépense courante une somme d'argent pour la mettre en réserve, on le fait ensuite sans difficulté et sans regret, et le résultat final récompense bien des rigueurs du début.

Ce qui est difficile dans l'épargne, ce n'est pas tant de s'imposer une privation continue que de conserver ses économies à l'abri de toute tentation de les dépenser immédiatement. Un petit ménage qui n'aurait, pour sauvegarder ces épaves de la vie matérielle, que le secret d'une armoire, serait bien exposé à gaspiller son trésor ou à le voir disparaître. Un vol, un incendie peuvent survenir; et puis, il est si scabreux de laisser une porte ouverte à la tentation!

C'était là jadis un obstacle sérieux à l'économie, et c'est pour y remédier que la Caisse d'épargne a été instituée.

Avant la Révolution de 1789, le gouvernement s'était vivement préoccupé, à plusieurs reprises, de la disposition des classes laborieuses à épargner; il avait senti que développer cette tendance serait un moyen de moraliser le peuple en même temps qu'un remède à la misère, et il avait cherché à l'encourager par la création de *tontines* où les petits capitaux trouveraient à la fois un placement avantageux et un puissant attrait.

Ces tontines, ainsi nommées de leur inventeur, le Napolitain Lorenzo Tonti, consistaient dans la réunion de fonds versés par un certain nombre de personnes et assuraient, à une époque déterminée, aux survivants les sommes déposées et les intérêts qu'elles avaient produits. De la sorte, si le déposant achetait la chance de recueillir une rente toujours grossissant ou un capital augmenté, ce n'était que sous la condition d'aliéner sa mise et avec la chance de la dépenser en pure perte s'il mourait avant d'avoir recueilli. Et, en effet, les économies du père de famille ainsi déposées à la tontine étaient perdues pour ses enfants en cas de mort.

Dans les derniers jours de l'ancienne monarchie, diverses tentatives furent faites pour organiser des dépôts d'épargnes, mais toutes échouèrent devant l'incertitude de l'avenir politique. Le gouvernement révolutionnaire remit également cette question à l'étude, et un décret de la Convention, en date du 19 mars 1793, créa une *Caisse nationale de prévoyance* destinée à recevoir en dépôt les économies des classes ouvrières et à leur servir un intérêt.

Les désordres de cette époque, l'état déplorable où se trouvaient les finances publiques et l'absence complète de confiance dans le gouvernement ne permirent pas de donner suite à ce projet, et la création des caisses de prévoyance fut indéfiniment remise.

Pendant ce temps, les pays voisins se mettaient à l'œuvre et se préoccupaient vivement d'améliorer le sort des classes moyennes. En 1798, une caisse de prévoyance était établie en faveur des enfants à Tottenheim en Angleterre, et un digne pasteur, Henry Duncan, en fondait une plus importante en Écosse quelques années après. Le mouvement était donné et il se fit promptement sentir dans toute l'étendue de la Grande-Bretagne, où les *caisses de salut* (ainsi qu'on les nommait) s'élevèrent comme par enchantement.

En France, le premier établissement analogue aux institutions anglaises fut fondé à Rive-de-Gier, le 25 juin 1817, en faveur des ouvriers mineurs et de leurs familles. Il avait pour but de pourvoir au soulagement des ouvriers qui seraient blessés dans les souterrains et de soutenir les veuves et les enfants. Ses premiers fonds avaient été fournis par le gouvernement et par une redevance sur les mines, auxquels étaient venus s'adjoindre les dons volontaires des propriétaires de mines et les cotisations des ouvriers.

Toutefois, ce ne fut qu'en 1818 que la France

sentit le besoin de reprendre l'œuvre interrompue par la Révolution et de suivre l'exemple salutaire que donnaient les nations voisines.

Un homme de bien, M. Benjamin Delessert, soutenu par quelques esprits éminents, entreprit de créer à Paris une Caisse d'épargne, et, après de laborieux efforts, décida la Compagnie royale d'assurances maritimes à prendre l'initiative de son établissement. Bientôt des noms illustres vinrent se joindre à ceux des premiers fondateurs, et la Caisse, alimentée par des dons et des cotisations des principaux sociétaires, ouvrit ses opérations le 15 novembre 1818, rue de Richelieu, au siége même de la Compagnie d'assurances.

Ses débuts eurent un véritable succès. De toutes parts arrivèrent les ouvriers, les cultivateurs et les domestiques, apportant leurs petites économies amassées sou par sou, et, en 1821, trois ans après sa création, la Caisse d'épargne de Paris avait en dépôt 5,861,717 francs.

Les grandes villes des départements imitèrent son exemple, et Bordeaux, Metz, Rouen, Marseille, Nantes, Troyes, Brest, le Havre, Lyon et Reims organisèrent des caisses sur le modèle de celle de Paris.

Le zèle commença cependant à se ralentir dès le début de l'entreprise : le gouvernement, craignant qu'il ne résultât de graves inconvénients pour le Trésor de cette accumulation rapide de capitaux, arrêta un peu l'essor des caisses, et, de

1818 à 1830, treize établissements d'épargne seulement furent organisés. A partir de cette dernière époque, les Caisses d'épargne devinrent, en vertu d'une ordonnance, institutions publiques, et leurs fonds furent placés sous la garantie du gouvernement dont elles excitèrent dès lors la constante sollicitude. Le versement maximum, qui n'était que de 50 francs par semaine, fut porté à 300, et il en résulta aussitôt un accroissement dans le solde des caisses d'épargne qui s'éleva à 37 millions en 1834, pour doubler deux ans après, lors de l'élévation du maximum des versements de 2,000 à 3,000 francs.

Depuis 1840, les Caisses d'épargne se sont accrues en France, mais leur législation a subi de nombreuses modifications qui ont nui à leur prospérité et à leur essor. Aussi notre situation, comparée à celle des autres pays qui nous environnent, présente-t-elle une différence qui nous est défavorable. Cependant l'habitude d'économiser fait partie de notre nature; les statisticiens ont recueilli des documents qui leur permettent d'évaluer notre épargne annuelle à 1,800 millions. Or, sur cette somme, les deux tiers sont produits par les classes laborieuses, et il est certain qu'une extension plus grande donnée aux caisses de prévoyance et des conditions de versement plus favorables donneraient aux dépôts d'épargne une importance plus considérable.

C'est ce qu'ont pensé quelques esprits élevés et pratiques. Par leurs soins, la dernière Assemblée nationale fut saisie d'un projet de loi destiné à favoriser les Caisses d'épargne et à leur donner une organisation plus en rapport avec les aspirations du pays et les nécessités de notre époque ; malheureusement la pusillanimité d'une grande partie de ses membres l'a fait échouer, et il nous faudra attendre des circonstances plus favorables pour obtenir une réforme reconnue de tous points indispensable.

IV

Organisation de la Caisse d'épargne. — Le registre matricule et le livret. — Le règlement du livret. — Retrait de fonds. — Achat de titres de rentes. — La Caisse des dépôts et consignations. — — Le maximum du dépôt est trop peu élevé. — Facilités accordées par les Caisses d'épargne. — Le transfert. — Un changement de garnison. — La prescription trentenaire. — La Caisse d'épargne moralise. — Elle est un des remèdes les plus efficaces contre la misère.

Il n'est pas d'organisation plus simple ni plus facile à comprendre que celle des Caisses d'épargne et de prévoyance.

Recevoir les épargnes, les conserver à la charge d'en payer l'intérêt, les restituer ou en opérer la conversion en rentes sur l'État au nom et à la demande du déposant, telle est, en résumé, leur mission. Mais pour accomplir tous ces actes différents, certaines conditions sont requises, de l'observation stricte desquelles dépendent et le bon ordre des Caisses et l'intérêt des déposants.

La première de ces conditions est l'ouverture du compte courant ; or, voici comment elle s'obtient :

Lorsqu'une personne se présente à la Caisse d'épargne pour opérer un premier versement, le caissier, assisté d'un administrateur désigné, inscrit sur un registre matricule ses nom, prénoms, profession, âge et demeure, afin que la propriété soit clairement établie, et il la fait ensuite signer dans une colonne du registre destiné à cet effet. Un compte courant lui est immédiatement ouvert, où le versement, dont le total ne peut être inférieur à 1 franc ni supérieur à 300, est porté à son crédit, et, en échange, il lui est délivré un livret numéroté, portant ses nom et prénoms, et destiné à l'inscription de toutes les sommes qui seront dans la suite versées ou retirées pour son compte.

Le livret, c'est le contrat qui lie désormais le déposant à la Caisse d'épargne et qui constate sa créance. Par lui, il peut suivre pas à pas et jour par jour les progrès de ses économies, connaître la situation de son compte et se faire une idée exacte de la puissance des petites sommes accumulées.

Cette formalité remplie, le titulaire, muni de son livret, peut désormais faire autant de dépôts qu'il lui plaît jusqu'au jour où, les sommes versées atteignant un chiffre maximum déterminé par la loi, il est invité à le réduire ou à le convertir en rentes sur l'État. D'après la législation actuelle, ce maximum, après avoir été successivement de 3,000, de 2.500 et 2,000 francs, a été réduit à 1,000 francs.

A la fin de chaque année, le livret est réglé; les intérêts, qui varient de 3 à 4 pour 100, sont ajoutés au capital, et le solde, reporté en tête de l'exercice suivant, produit de nouveaux intérêts.

Le déposant veut-il, dans le cours de l'année,

retirer une partie de ses épargnes, soit pour en faire un placement plus avantageux, soit pour faire face à des besoins impérieux, rien ne lui est plus aisé.

Il en fait purement et simplement la demande aux administrateurs de la Caisse, qui en prennent acte, et, dans un délai déterminé par le règlement, délai nécessaire pour retirer des caisses de l'État les fonds demandés, il obtient les sommes en possession desquelles il désire rentrer.

Veut-t-il, au contraire, échanger le montant de ses économies en un titre de rente 5 ou 3 pour 100, la Caisse d'épargne se charge de lui en faire l'acquisition sans frais.

Toutes ces opérations se font par l'intermédiaire de la Caisse des dépôts et consignations, dont l'organisation remonte au commencement du siècle, et qui a, entre autres missions, celle de recevoir les fonds des Caisse d'épargne et de les faire valoir.

Car il ne faut pas croire que les Caisses d'épargne conservent dans un coffre-fort les sommes qu'elles reçoivent. Comment, en effet, pourraient-elles servir un intérêt aux déposants, si elles ne faisaient elles-mêmes des bénéfices ? Or, ces bénéfices, elles les obtiennent en remettant à l'État, qui les fait fructifier, les économies que viennent chaque semaine leur confier les titulaires des livrets. L'État, à son tour, se sert des fonds des Caisses d'épargne pour alimenter les grands services publics, pour entretenir les travaux d'utilité générale et pour répandre dans le pays le mouvement et l'activité par l'ouverture de nouvelles routes ou l'entretien des canaux et des ports.

De la sorte, rien n'est perdu, et la modeste épargne du travailleur va rejoindre les gros capitaux du riche pour produire et améliorer. C'est ainsi que l'État est en mesure de payer une rémunération à toutes ces sommes, petites ou grandes, qui lui parviennent par le canal des Caisses d'épargne, et que celles-ci répartissent à chaque titulaire la part d'intérêt qui lui revient relativement à la somme de ses économies et au temps pendant lequel il les a laissées en dépôt.

Il m'est souvent arrivé d'entendre de braves ouvriers ou cultivateurs se plaindre de ne pouvoir déposer plus de 1,000 francs sur leur livret.

« Quand l'époque de la moisson est passée, me disaient-ils, que nous sommes parvenus à mettre de côté 2 ou 3,000 francs dont nous n'avons que faire pour quelques mois, nous serions bien aises de les confier à la Caisse d'épargne. Ils seraient là en sûreté, et, quand reviendraient les semailles, nous serions enchantés de les reprendre pour travailler. »

Et, en effet, la Caisse d'épargne n'est, pour la plupart des titulaires de livrets, qu'une caisse de dépôt où ils accumulent petit à petit ce qu'ils ont pu économiser sur leurs salaires. Dès qu'une occasion favorable s'offre à eux, qu'un lopin de terre est à vendre ou qu'une petite opération avantageuse se présente, ils retirent aussitôt leur argent, sans se soucier le plus souvent même de l'intérêt qu'il a pu produire.

Le chiffre de 1,000 francs fixé comme maximum de versement par la loi de 1851 est donc, pour cette classe de déposants, un peu restreint, et c'est peut-être une des causes qui ont empêché les Caisses d'épargne de prendre un plus grand développement. Aussi, ainsi que nous le disions dans notre dernière causerie, quelques hommes de bien qui ont étudié la question non-seulement en France, mais aussi à l'étranger, ont-ils songé à soumettre au gouvernement un projet de modification au régime actuel des Caisses, projet qui, bien que repoussé une première fois, sera certainement examiné dans un temps prochain.

Beaucoup de gens s'imaginent que lorsqu'ils sont obligés, pour des raisons de travail ou autres, de quitter l'endroit qu'ils habitent, ils perdent leur droit au livret, et cette considération en empêche un grand nombre de se servir de la Caisse d'épargne pour déposer leurs économies.

C'est là une sérieuse erreur.

Toutes les facilités sont données, au contraire, à l'épargne, et, par leur mécanisme, les Caisses enlèvent toute excuse à l'imprévoyance et à la prodigalité.

Qu'une domestique, par exemple, placée à Poissy, charmante petite ville arrosée par la Seine, quitte cet endroit pour Saint-Germain-en-Laye, ses économies la suivent sans qu'elle en éprouve le moindre ennui. Il lui suffit de donner avis de son départ au caissier de Poissy, qui opère le transfert de son compte à Saint-Germain-en-Laye, et elle n'a plus ensuite qu'à se présenter à la Caisse d'épargne de cette dernière ville pour faire de nouveaux versements ou des retraits de fonds.

Il en est de même pour aller d'un département à un autre, quelle qu'en soit la distance, de Nantes à Marseille et d'Amiens à Pau.

Les militaires qui sont soumis à des changements de garnison très-fréquents peuvent trouver dans cette organisation un appât puissant, et il en est un certain nombre qui usent des facilités du transfert pour économiser sur leur solde modeste de quoi leur permettre d'attendre une occupation à la fin de leur congé.

Dans le nombre considérable de livrets qui sont délivrés aux déposants, il en est dont le titulaire reste des années entières sans venir à la Caisse d'épargne soit pour un versement soit pour un retrait de fonds. Plusieurs même ne se représentent jamais.

Quelques-uns sont partis en lointains pays sans songer à régler leur compte, ou même sans en avoir eu le temps; et ne reviennent plus; d'autres sont morts, ne faisant connaître ni l'importance ni l'emploi de leurs épargnes, ou ne possédant pas d'héritiers directs. Les fonds dont ils sont propriétaires restent en dépôt dans les caisses de l'État, et, au bout de trente ans, les noms des titulaires de ces livrets oubliés sont mis à la connaissance de tous au moyen des feuilles publiques. Si ces sommes ainsi abandonnées ne sont pas réclamées par leurs propriétaires ou leurs héritiers, elles deviennent la propriété de l'État conformément à la loi.

Ainsi, tout est prévu dans cette admirable organisation des Caisses d'épargne, que l'on peut à bon droit considérer comme l'un des plus grands bienfaits de ce siècle. En recevant les dépôts depuis la somme d'*un* franc, elle fait disparaître tout prétexte de dépenser ce qu'on a pu économiser. A la Caisse d'épargne tout profite, et rien ne se perd ; les moindres économies font promptement des sommes, et les plus grandes richesses ont souvent commencé de la sorte. Cette institution est à la fois le remède le plus efficace contre la misère et le moyen le plus ingénieux que pouvait trouver la bienfaisance pour permettre à l'ouvrier de s'élever à une condition meilleure, de passer du prolétariat à la propriété, et de la condition d'ouvrier à celle de patron. (1).

(1) Déjà à l'heure présente, la Chambre des députés a voté la création d'une Caisse d'Épargne postale dont le Sénat étudie les bases à son tour (février 1881) ; le même projet élèverait le maximum des dépôts à 2000 francs.

QUATRIÈME PARTIE

I

Le luxe. — Définition de ce terme. — Quelle est la limite du luxe. — Le luxe varie selon les progrès et la fortune des sociétés. — C'est l'usage des choses chères. — Le prix d'une glace sous Louis XIV. — Charles-Quint et les joyaux de la couronne de France. — Les bourgeoises de Bruges. — Le luxe est une idée relative. — Il y a deux sortes de luxes. — L'Empire romain de la décadence. — Un souper de Lucullus. — Le luxe immoral absorbe et détruit la richesse sans profit pour l'humanité. — Un passage de Pline. — Le luxe chanté par les poëtes. — Idée que s'en faisait Voltaire. — Une boutade de la Fontaine.

Que n'a-t-on dit, publié, écrit et prêché pour ou contre le luxe ! Quels arguments n'a-t-on pas invoqués en faveur de son développement ou contre son existence ! Selon les uns, c'est un élément d'immoralité et de ruine, c'est un obstacle au progrès, à la richesse. Selon les autres, au contraire, c'est un signe infaillible de civilisation, c'est un excitant aux affaires, un moyen intelligent de dépenser la fortune et de répandre l'aisance et la vie autour de soi.

Rien de tout cela n'est exact, rien de tout cela n'est vrai. Il y a luxe et luxe, comme il y a fagot et fagot. *In medio veritas*, dit un vieux proverbe, et, en aucune circonstance, jamais axiome ne fut mieux applicable que dans la question qui nous occupe. Ce n'est pas dans les extrêmes qu'on peut trouver l'explication et la raison d'être du luxe, mais dans ce juste milieu où résident la sagesse, le progrès et l'amour du beau et du bien.

Et d'abord qu'est-ce que le luxe ? Qu'entend-on par ce mot ?

On a défini le luxe *l'usage du superflu*. Or cette définition est mauvaise, car il est difficile de distinguer le superflu du nécessaire et d'établir, pour tous les cas, pour toutes les situations sans distinction, une limite absolue et identique au *nécessaire*. Il est certain que ces deux états varient avec les progrès ou avec la fortune de la société ; que l'homme des pays civilisés ne peut se contenter de la manière de vivre du sauvage des forêts inexplorées, et que, bien que certaines tribus indiennes se nourrissent encore, à l'heure présente, de racines et d'animaux à peine cuits, s'habillent de peaux ou de feuillages et s'abritent sous une hutte informe sans que leur existence en ressente de funestes effets, il serait absurde de considérer comme des superfluités le pain et la viande, un habit d'étoffe de laine et un appartement confortable dans une maison bien construite.

On peut dire, avec J.-B. Say, que le luxe est l'usage des choses chères, et que les objets dits de luxe sont les choses qu'on n'emploie ni pour leur utilité réelle ni pour leur commodité, mais pour éblouir les regards et satisfaire à certaines dispositions de bien-être ou de vanité. Dans ce cas également, le luxe est encore chose relative, car selon les époques et les positions de fortune, il diffère de forme et d'étendue. Il est certain que ce qui est luxe pour celui qui a 20,000 francs de revenu, peut ne pas l'être pour celui qui en a 100,000, et qu'un objet rare à une époque, et devenu pl us tard très-commun, aura passé par les deux phases du superflu et du nécessaire. C'est l'étendue de la fortune qui établit la proportion entre les dépenses d'utilité, les dépenses d'agrément et la part réservée à l'épargne. L'ouvrier qui sacrifie un objet utile ou une part du salaire nécessaire à l'existence de sa famille pour acheter une bouteille d'eau-de-vie, se livre à une consommation de luxe, tandis que cette dépense faite par un ouvrier qui possède un revenu suffisant n'aura que le caractère d'une consommation prévue, ordinaire.

Vous comprenez bien que la même règle s'applique pour les mêmes causes aux différentes époques. Il fut un temps où une glace était un objet tellement rare et luxueux qu'une grande dame du temps de Louis XIV vendait une terre pour s'en procurer une. Qui de nous n'en possède même plusieurs dans son appartement sans avoir été contraint, pour en acheter, de sacrifier le nécessaire? Porter des bas et des souliers, voire des bottines, est une chose commune aujourd'hui, et cependant ces objets si simples furent jadis considérés comme un luxe coupable que la loi atteignait.

De pays à pays même, ces différences existaient très-marquées, souvent très-considérables. Certaines contrées, par leur industrie et leur commerce, étaient parvenues à se procurer une grande quantité d'objets précieux qui, se répandant dans toutes les classes de la société, y perdaient peu à peu le cachet de luxe que leur rareté première leur avait donné, et devenaient communs, alors qu'une contrée voisine les recherchait avidement et ne pouvait les attribuer qu'aux personnages distingués ou opulents.

On raconte qu'à son passage à Paris, Charles-Quint, invité à venir visiter les joyaux de la couronne, réputés en France comme le dernier mot de la richesse et de la somptuosité, parut médiocrement enthousiasmé, et que, pour répondre à l'étonnement des seigneurs qui l'accompagnaient, il leur dit dédaigneusement : « Je connais à Augsbourg un tisserand de lin qui pourrait acheter tout cela. » Augsbourg s'était, en effet, enrichie par l'industrie du lin, et elle comptait alors dans ses murs des fortunes dont nos pères ne pouvaient se faire encore une idée.

Vers la même époque, une reine de France disait, en présence du luxe déployé par les marchandes de la ville de Bruges : « Je croyais être la seule de mon rang, et je vois que, dans cette ville, il y a plus de six cents reines. » Les bourgeoises flamandes étaient presque toutes vêtues d'étoffes soyeuses et portaient des joyaux ciselés, déjà connus et répandus dans cette opulente cité, alors qu'en France ce luxe n'était encore admis que dans les familles princières.

On ne peut donc pas nier que le luxe soit en général une idée relative qui varie selon les temps et les positions individuelles. Ce qui est excès pour l'un peut ne pas l'être pour l'autre, et un acte qui n'a rien de répréhensible en soi et peut paraître agréable sera coupable dans telle situation. Il vous est parfaitement permis de manger un perdreau ou une caille à déjeuner, et la morale n'y peut rien trouver à redire. Cependant il serait mal de se permettre cette satisfaction s'il en devait résulter un préjudice pour votre famille et si ce surcroît de dépense accordé à une pure fantaisie portait atteinte à votre fortune ou vous privait du nécessaire.

Est-ce à dire qu'il n'y ait jamais dans les abus du luxe quelque chose d'absolu ? Bien au contraire, il y a des excès que la raison condamne en tout temps, même chez ceux qui ont assez de fortune pour satisfaire à leurs caprices. Sans rechercher nos exemples dans l'histoire moderne, qui, à coup sûr, nous en fournirait en abondance, jetons les yeux sur l'Empire romain aux jours de décadence. Ne rougissons-nous pas aujourd'hui du luxe de ce Romain qui croyait se faire un renom parmi ses concitoyens en s'adonnant à toutes sortes d'extravagances, en se livrant à des dépenses insensées, en jetant ses esclaves en pâture à des murènes religieusement entretenues, et en faisant servir à ses convives des oiseaux rares, tous ayant appris à parler et à chanter et ayant le mérite unique de coûter fort cher ? Qui ne se rappelle ces festins d'une époque dégradée où quelques jeunes débauchés, flétris par les orgies, blasés et enrichis des dépouilles du monde, avalaient, au milieu des fumées d'un souper, des perles de prix mêlées à des aliments de choix ou au vin d'Espagne versé dans des coupes d'or? Qui donc a pu oublier le nom de ce consul fameux, Lucullus, qui sacrifiait dans une fête ou dans un souper les revenus d'une province entière?

Voilà le luxe immoral, indécent, dégradant, que l'économie politique répudie et dont elle indique les dangers. Ce luxe détruit la richesse sans profit pour l'humanité, et, tandis qu'il satisfait à l'orgueil ou à la stupide passion de quelques sybarites, il prive la société d'un capital qui eût suffi à améliorer le sort de beaucoup et à donner au travail des moyens puissants d'action. De plus, il pousse à des actes inavouables, et l'histoire est pleine de faits honteux, de rapines impudentes provoqués par l'amour d'un faste effréné. « J'ai vu, dans un souper, disait Pline. Paulina couverte d'un tissu de perles et d'émeraudes qui valait 40 millions de sesterces, ce qu'elle pouvait prouver, disait-elle, par ses registres; elle le devait aux rapines de ses ancêtres. C'était pour que sa petite-fille parût, dans un festin, chargée de pierreries, que Lollius consentit à répandre la désolation dans plusieurs provinces, à être diffamé dans tout l'Orient, à perdre l'amitié du fils d'Auguste et finalement à mourir par le poison. »

Cette fin tragique, digne couronnement d'une

vie peu honorable, se renouvelait fréquemment à cette époque, où l'oubli des notions les plus élémentaires de la famille et de la religion se joignait à un désir insatiable de plaisirs et de jouissances.

Eh bien! ce luxe coupable, dangereux, dont nous venons de citer quelques exemples, a trouvé de tout temps des apologistes enthousiastes, et, malgré les désastres qui l'ont trop souvent accompagné, il a été considéré comme utile au bien-être des classes laborieuses, comme un moyen de développer les affaires et de donner au commerce et à l'industrie une impulsion créatrice. Le faste, poussé à l'extrême, était, aux yeux de certains politiques, un attribut nécessaire de la puissance souveraine, et cette idée était si bien généralisée qu'il est facile, en consultant l'histoire, de trouver certaines époques où les plus illustres souverains de l'Europe manquaient presque de pain au milieu des splendeurs d'une cour luxueuse et dépensière.

Les poëtes surtout, entraînés et séduits par les apparences, et dont l'imagination ne se nourrit, le plus souvent, que de rêves et de chimères, célébraient par des chants emphatiques le luxe et la recherche. Tandis qu'Horace, retiré dans le calme de sa voluptueuse villa, tonnait contre la pompe romaine et regrettait les champs d'oliviers que remplaçaient des édifices somptueux et des bassins « plus spacieux que le lac Lucrin », Ovide indiquait les raffinements du luxe et de la parure et y conviait, en vers lascifs, les élégants et les élégantes de son temps.

En France, il y a deux siècle à peine, un des plus grands noms de la littérature philosophique, Voltaire, ignorant des véritables lois économiques, s'oubliait à écrire :

> Sachez que le luxe enrichit
> Un grand État, s'il en perd un petit.
> Cette splendeur, cette pompe mondaine,
> D'un règne heureux est la marque certaine.

Cette loi s'était généralisée, et le luxe, le mauvais luxe voulons-nous dire, s'était implanté avec tant de force dans les classes élevées qu'il entraîna à sa suite la misère et le désordre. C'est là, en effet, la conséquence naturelle du luxe mal entendu, de ce faste, ou, pour mieux dire, de cette richesse, de cette prodigalité, qui absorbent, au delà de la raison, des capitaux désormais improductifs et qui les détruisent sans avantage pour le travail, pour le progrès ou pour la morale. Ce luxe doit être évité, parce qu'il nuit à la civilisation et que les richesses qu'il consomme, ne se reproduisant plus, sont perdues pour la société comme pour les individus.

II

Le bon luxe. — Il est un signe de civilisation. — Le nivellement est une utopie. — Le luxe dans la nature. — Plus la nature a été cultivée, plus les espèces se sont multipliées. — Les roses d'Alphonse Karr. — L'industrie doit au luxe son progrès et ses merveilles. — Le luxe élève l'esprit et fait concevoir des choses plus élevées. — Les arts et l'industrie. — Il est un stimulant au travail et une mine précieuse de salaire. — Une anecdote de l'Américain Franklin. — Le luxe fait vivre un grand nombre d'ouvriers. — Son influence sur le bien-être des classes ouvrières. — L'absence de luxe est un signe d'infériorité. — Aimez le luxe.

A côté du luxe blâmable, du luxe qui détruit et corrompt, et dont nous avons donné précédemment quelques exemples, il existe un luxe aimable, permis, honnête, le véritable luxe, seul digne de ce nom, car le premier n'est autre chose que la débauche et la dissipation. Et celui-là est utile, nécessaire même, car il est un signe assuré de civilisation, et un stimulant de progrès profitable aux masses populaires par l'élévation du niveau général.

Le jour où un homme abandonne ses vêtements de peaux de bêtes et sa hutte grossière, file, tresse et peigne la laine pour se faire des étoffes plus coquettes et en couvrir son corps, il se donne du superflu et quitte l'état primitif, l'état sauvage. C'est là déjà un luxe qui le conduit à d'autres besoins plus délicats encore, dont chacun constitue assurément un luxe supérieur, et celui-ci prend un développement d'autant plus considérable que le niveau moral de l'homme s'élève et qu'il s'éloigne de cette vie animale qu'il avait dès l'abord adoptée.

On ne peut assurément nier qu'il n'y ait dans cette transformation un progrès qui profite à la civilisation, et dont l'espèce humaine ne ressente d'excellents effets, en lui permettant de s'élever à des besoins supérieurs et à des facultés plus développées. Les nations où nul besoin supérieur à la faim et à la soif ne parle aux individus, où l'on n'entrevoit rien au delà des haillons et du strict nécessaire, sont fatalement destinées à la misère, à la dégradation et au néant. Supposez, en effet, tout le monde réduit au même travail, à la même alimentation, au même vêtement, au même genre d'existence, restant perpétuellement stationnaire, que deviendrait le progrès ?

Ce ne serait plus, selon l'expression d'un moraliste moderne, la hiérarchie vivante et mobile d'une société dont toutes les parties peuvent s'élever à la fois, mais l'égalité de la platitude et de la misère.

Cette tendance au nivellement que nous avons pu entrevoir dans quelques législations de l'antiquité ou dans certains programmes philosophiques de notre siècle n'a pu germer que chez les hommes chagrins et envieux ou dans la cervelle vide de théoriciens ignorants des lois morales de l'humanité. Vouloir réglementer et unifier le vêtement, la nourriture et le logement, est une prétention insensée que le moindre examen réduit au néant. Croit-on que les mêmes éléments soient de nature à satisfaire à la fois l'homme de la campagne et le citadin? que la santé robuste du cultivateur habitué aux rudes travaux des champs puisse s'accommoder du traitement alimentaire de l'écrivain penché, pendant des journées entières, sur des livres et des parchemins?

Assurément non, et l'exiger serait folie, inhumanité. Cette manière d'être serait d'ailleurs en opposition formelle avec les lois de la nature, et, aux adversaires systématiques du luxe, il suffirait d'ouvrir le livre de la création pour les confondre. De quelles splendeurs Dieu n'a-t-il pas rempli la terre! De quel luxe ne l'a-t-il pas enrichie en lui prodiguant les fleurs, les plantes, les oiseaux et les animaux! Quelle variété et quelle richesse dans les formes, dans les couleurs, dans les tons, dans les parfums!

Prenez d'abord la nature primitive; examinez ces plaines immenses, où les plantes les plus disparates se mêlent, s'entrecroisent en formant mille figures, émaillées de fleurs, jaunes, rouges, bleues et blanches, qui paraissent de loin un tapis moelleux agrémenté de mosaïque, et dites-moi si ce n'est pas là un véritable luxe?

De là, passez à la nature civilisée, cultivée, et votre surprise sera plus grande encore. Que n'a pu faire la main de l'homme? Regardez ces parterres enchanteurs où des fleurs splendides s'épanouissent avec grâce, reflétant leurs mille nuances aux rayons du soleil et exhalant autour d'elles les parfums les plus suaves : approchez vos yeux de leurs calices, étudiez la finesse de leur tissu, et vous serez convaincus que c'est là un luxe immense, d'une incomparable hauteur, dont l'essence est dans la nature même, et qui ne demande qu'à s'accroître sous les efforts du travail.

Vous connaissez tous, au moins de nom, Alphonse Karr, le spirituel écrivain qui réunit à la plume du journaliste et du romancier la bêche du jardinier ; vous savez tous sa passion pour les fleurs et particulièrement pour les roses. Eh bien ! à force d'études, de patience, de persévérance et d'efforts, il est parvenu à nous donner des variétés de roses auparavant inconnues, et à produire des nuances adorables dont il a le secret.

Et dans le monde des oiseaux, quelle prodigalité de couleurs, de ramages, de plumages et de grâce ! N'est-ce pas un luxe prodigieux dont l'homme n'est qu'un faible imitateur, et l'Écriture sainte n'avait-elle pas raison de dire que Salomon n'avait rien de plus beau dans toute sa gloire ?

De plus, si on supprimait le luxe, il faudrait supprimer le goût, les arts, le beau et le perfectionnement. N'est-ce pas lui qui a fait découvrir ces procédés merveilleux de la science qui nous ont donné le verre, le cristal, la bijouterie, l'émail ? Ne lui devons-nous pas la sculpture, la peinture, l'architecture qui ont peuplé la terre de chefs-d'œuvre admirables et qui tous les jours encore nous enrichissent de produits nouveaux? Ne lui devons-nous pas les Gobelins, la manufacture de porcelaines de Sèvres, le palais du Louvre, la cathédrale de Paris, Notre-Dame, et ces créations monumentales dont notre sol est riche, qui font la grandeur de notre pays et qui sont des témoins irrécusables du génie de nos pères?

Ne faudrait-il pas aussi arrêter l'essor de l'industrie et lui défendre cet esprit d'invention et d'amélioration qui l'a élevée à un si haut degré de prospérité? C'est le luxe qui a fait découvrir le métier à tisser, la vapeur et toutes ces machines qui centuplent la production et la perfectionnent: c'est le luxe qui produit ces magnifiques étoffes de soie dont nous sommes si fiers et dont la fabrication a donné à l'une de nos plus grandes villes une réputation européenne et à une multitude d'ouvriers le pain de chaque jour; c'est lui qui a transformé l'industrie de la laine par l'introduction des moutons mérinos et par la puissance de la mécanique appliquée à la filature et au tissage, et l'a rendue si puissante qu'elle donne lieu environ annuellement, en France, à 4 milliards de rétributions, dont la plus grande partie est prélevée par la main-d'œuvre.

Car l'une des qualités du luxe est d'être une mine directe, féconde de travail et de salaires. Partout où on le rencontre, on trouve également un stimulant pour le travail, un progrès dans le niveau intellectuel des classes ouvrières et une source nouvelle de rémunération et de bien-être.

Et, à ce sujet, le bon Franklin, dont nous aimons à citer les paroles et qui, au milieu de sa vie modeste et honorée, reconnaissait que le luxe était un puissant aiguillon pour le bien, a consigné dans ses Mémoires l'anecdote suivante, à notre avis pleine d'enseignements :

« Le patron d'une chaloupe qui naviguait entre le cap May et Philadelphie, nous avait rendu, raconte-t-il, quelque petit service, pour lequel il refusa tout payement. Ma femme, sachant qu'il avait une fille, lui envoya en présent un bonnet à la mode. Trois ans après, ce patron se trouva chez moi avec un vieux fermier du cap May, son passager; il parla du bonnet et dit combien il avait fait plaisir à sa fille. Mais, ajouta-t-il, c'est un bonnet qui a coûté bien cher à notre canton. — Comment cela? — C'est que, lorsque ma fille parut à l'assemblée avec le bonnet, il fut tellement admiré, que toutes les filles résolurent d'en faire venir de pareils de Philadelphie; et ma fille et moi avons calculé que le tout ne peut pas avoir coûté moins de 100 livres sterling (2,500 francs).

« Cela est vrai, reprit le fermier; mais vous ne contez pas toute l'histoire. Je pense, moi, que le bonnet a néanmoins été avantageux pour nous; car nos jeunes filles se sont mises alors à tricoter des mitaines de laine pour les vendre à Philadelphie, afin d'avoir de quoi y acheter des bonnets et des rubans ; et vous savez que cette branche d'industrie continue, que même elle promet d'acquérir une beaucoup plus grande importance. En somme, le résultat de cet échantillon de luxe ne m'a pas déplu, car enfin les jeunes filles de ce canton se sont trouvées plus heureuses en se parant de jolis bonnets, et les habitants de Philadelphie ont été plus satisfaits en se fournissant de bonnes mitaines. »

Ainsi, partout où se trouve le luxe, se développe la production, et il se rencontre presque partout. Prenez les moindres métiers, les états les plus simples, les plus ordinaires, et vous le trouverez sous une forme quelconque. L'alimentation, par exemple, qui comporte la boulangerie, les restaurants, les débits de vin et la pâtisserie, admet aussi le luxe. Le pain mollet et le pain de gruau, qui plaisent tant aux palais délicats, ne s'étalent-ils pas aux vitrines des boulangers à côté du pain de ménage? La galette ne fait-elle pas concurrence au pain mollet, et les gâteaux délicats à la galette elle-même? Eh bien! cette industrie indispensable de l'alimentation compte, à Paris seulement, 40,000 ouvriers aux ordres de plus de 30,000 patrons, et le chiffre d'affaires qu'elle opère tous les ans se monte à 1 milliard 400 millions. Le vêtement, qui comprend les cordonniers, les chapeliers, les couturières, les blanchisseurs, les tailleurs, emploie dans la capitale 80,000 ouvriers et donne la vie à un grand nombre de familles. A quoi doit-il son importance, si ce n'est au luxe, c'est-à-dire à l'élégance, à la recherche de la distinction dans le costume, au besoin de la tenue irréprochable, qui est devenu nécessaire à notre civilisation?

Que dire du groupe des métaux précieux et des industries qu'il alimente? Parlerons-nous des catégories sans nombre d'états qui vivent en travaillant l'or et l'argent? Citerons-nous les fabricants de bijouterie fine, les bijoutiers chaînistes, les fabricants de bijouterie fausse, ciseleurs, graveurs, doreurs, argenteurs, émailleurs et peintres sur émail, estampeurs et graveurs de matières pour orfévrerie et bijouterie, graveurs de camées et graveurs de pierres fines, lamineurs et planeurs, lapidaires, polisseurs, brunisseurs, sertisseurs et monteurs de perles fines, ainsi que tant d'autres métiers qui dépendent de cette industrie? Que d'ouvriers employés à satisfaire à l'ornementation des appartements, et dont la vie est assurée par un travail constant que le luxe a fait naître?

Est-il vrai de dire que ces producteurs de luxe soient, comme le prétendent certains rigoristes, les corrupteurs de la moralité publique, et méritent-ils les anathèmes des philosophes et les arrêts prohibitifs et répressifs dont ils furent jadis les victimes de la part de gouvernements peu éclairés? Non, et c'est par là que nous terminerons cette causerie : le luxe, en tant qu'il ne consomme pas la richesse en pure perte et qu'il ne porte pas atteinte à la morale, est utile, et son développement est un bienfait pour la société.

A mesure qu'on s'élève dans l'échelle des êtres, les besoins s'accroissent, l'esprit se développe, l'horizon s'agrandit et les moyens d'existence doivent, par une loi de conséquence, prendre une forme de plus en plus exquise, de plus en plus délicate.

Le luxe n'a jamnis perdu que les esprits peu élevés ou les têtes peu sages, et, sous toutes les formes et à tous les degrés, quand il s'est attaché à se mettre en règle avec le bien, avec l'utile et avec le beau, quand il a rayonné sur le travail, il a produit, au contraire, d'heureux fruits.

Vouloir le répudier et préconiser un minimum de besoins comme un idéal de perfection serait, au contraire, méconnaître les lois morales de l'humanité et décréter l'infériorité des espèces.

Aimez donc et cultivez le luxe, chers lecteurs, dans la mesure de vos besoins, de votre état et de votre fortune; considérez-le, adoptez-le comme un stimulant pour le bien et pour le travail, et, loin d'être une cause de corruption ou de misère, il sera pour vous un moyen d'agrandir vos pensées et de vous élever à un état supérieur dans la hiérarchie sociale.

III

Le budget d'un employé. — La bougette. — Le domaine du roi. — Les revenus de la France au treizième siècle. — L'état du roi. — Colbert et l'état de prévoyance. — Désordres des finances après Colbert. — Le budget des dépenses sous Louis XIV. — Le budget de l'État. — Son origine. — Sa division.

— Comment donc vous y prenez-vous, demandait-on un jour à un honnête employé, excellent père de famille, pour faire face aux exigences de la vie et élever dignement vos enfants, sans jamais dépasser les limites étroites de vos modestes ressources?

— Le procédé est bien simple, répondit-il, et ne cache pas de mystère, je vous assure.

Je gagne 6,000 francs ; là se borne mon avoir, et c'est peu, vous le savez, au prix où sont toutes choses aujourd'hui.

Or, au commencement de chaque année, selon les circonstances ou selon les charges nouvelles qui m'incombent, je divise mon revenu en un nombre de parts déterminées, dont chacune est proportionnée à l'importance des besoins qu'elle doit satisfaire.

Ainsi j'attribue, par exemple, 1,000 francs à mon loyer, 2,500 francs à la nourriture, 1,500 francs à notre entretien, 500 francs à l'instruction de mon fils, et je réserve 500 francs pour les menues dépenses, pour l'imprévu ou pour l'épargne.

En un mot, j'établis mon *budget*.

Établir son budget! tel est le devoir de tout homme soucieux du bon ordre, de tout esprit sérieux et sage quels que soient sa position et son revenu, et je suis convaincu, chers lecteurs, que vous êtes de ce nombre.

De la sorte, vous vous rendez un compte exact de votre état; vous évitez les dépenses exagérées, imprudentes ou inutiles, vous faites honneur à vos affaires, et vous pouvez répondre comme ce paysan dont parle le poëte et auquel on demandait ce qu'il gagnait : « Je gagne, disait-il, autant que le roi : le roi gagne ses dépens et moi les miens. »

Eh bien ! de même que le riche propriétaire et que l'humble employé, l'État aussi possède son budget.

Comme le dernier des citoyens qui le composent, lui aussi il a des besoins à satisfaire et des dépenses considérables à mettre en face d'immenses revenus.

N'est-il pas chargé d'entretenir nos routes, de creuser nos canaux, de former et de nourrir nos instituteurs, d'armer nos soldats, d'habiller et d'entretenir les gendarmes commis à la garde de nos personnes et de nos propriétés?

Tout cela demande une surveillance active, une régularité constante et une comptabilité tenue avec un soin et une exactitude extrêmes.

De même que le simple particulier divise en parts bien distinctes les divers éléments dont se composent ses recettes et ses dépenses, de même l'État forme de son budget un nombre de chapitres correspondant à celui de ses charges et de ses revenus.

Et ce budget étant plus compliqué que celui de l'homme privé, et par la diversité des dépenses et des recettes auxquelles il lui faut répondre, et par la nature des objets qui le composent, est soumis à certaines règles spéciales, garanties par les lois, et mises par conséquent à l'abri de toute atteinte.

Mais, me direz-vous, quel rapport peut-il exister entre ce compte de recettes et de dépenses tel que vous l'exposez et le mot de budget qu'on emploie pour le désigner?

Le voici :

Ce mot est très-vieux et, de plus, il est essentiellement français. C'est en Normandie, l'une de nos plus belles et plus anciennes provinces, qu'il a pris naissance.

Autrefois, dans cette contrée, on donnait le nom de *bouge* ou *bougette* à une sorte de petite bourse de cuir dont se servaient les commerçants pour mettre leur argent.

Plus tard, les Anglais s'emparèrent de ce mot en l'altérant un peu et le donnèrent au sac de cuir dans lequel on apportait au Parlement les pièces formant l'exposé des recettes et des dépenses publiques.

Peu à peu, du contenant le nom passa au contenu; le temps, qui change tout, et les mots et les choses, transforma la bougette en budget, et l'exposé des recettes et des dépenses publiques devint ainsi le budget de l'État.

C'est avec cette signification que le mot budget est revenu en France, en 1802, et voilà pourquoi, lorsque vous lisez dans les feuilles officielles cette formule : *Présentation... ou discussion du budget de l'année* 1874..., cela revient à dire : Examen ou discussion des états de recettes et de dépenses de l'État pendant l'année 1874.

N'allez pas croire que l'État ait toujours été régulier dans la conduite de ses affaires.

Lui aussi, hélas! a eu ses jours de jeunesse et de défaillance; lui aussi, à certaines époques, a agi en enfant prodigue; et l'histoire est là pour nous apprendre qu'il a expié cruellement son imprévoyance et sa légèreté.

Il est vrai de dire, toutefois, que ses revenus n'ont pas eu, de tout temps, l'importance qu'ils possèdent de nos jours, et que sa juridiction financière était fort restreinte.

Pendant la féodalité, la France appartenait à quelques familles princières, dont le roi était le chef, mais qui se considéraient comme parfaitement indépendantes les unes des autres, et même de leur suzerain. Plusieurs étaient plus riches et plus puissantes que lui et ne consentaient à lui rendre hommage que sous certaines conditions.

Chaque seigneur, étant donc maître absolu dans

ses terres, percevait ses revenus comme il l'entendait, en faisait le cas qu'il jugeait convenable, et, dans la distribution de ses bienfaits, ne dépassait jamais les limites de son domaine.

L'unité manquant en tout point, les routes étaient mal entretenues, les villages n'offraient souvent qu'un abord impraticable, et certaines contrées, selon la richesse et le tempérament de leurs seigneurs, florissaient et prospéraient, tandis que les pays voisins dépérissaient.

Le roi de France en était réduit, comme les autres seigneurs féodaux, à ses propres ressources pour faire face aux dépenses du royaume, et nous savons, par les documents que nous ont laissés les siècles antérieurs, que le *domaine royal* donnait des revenus bien insuffisants.

C'est ainsi que nous découvrons que, sous le bon roi saint Louis, les revenus de l'État s'élevaient à peine à 14 millions de notre monnaie. C'est peu pour une nation qui compte aujourd'hui non plus par millions ni même par centaines de millions, mais par milliards.

Mais nous devons ajouter qu'en temps de guerre, le roi avait le droit de faire appel à ses vassaux, et qu'il lui était accordé, à cet effet, des subsides levés dans tout le royaume, et dont l'importance variait selon les circonstances ou selon la durée de la campagne.

Avec le temps survinrent de sérieuses modifications ; l'émancipation des communes enleva aux seigneurs certains droits fiscaux qui devinrent alors la propriété exclusive des municipalités; le domaine royal, enrichi de nouvelles provinces, soit par des mariages, soit par des legs, soit par la conquête, s'était rapidement développé, et le système financier avait pris un corps.

Sous Philippe-le-Bel, à la fin du treizième siècle, on commença à établir une sorte d'*état du roi*, indiquant les revenus et les dépenses du domaine; mais ce travail était très-incomplet, et le roi puisant dans la même bourse pour satisfaire à ses dépenses personnelles et à celles de ses États, il était impossible d'arriver à un équilibre réel.

Plusieurs grands ministres voulurent obvier à ces abus, et parmi eux il suffit de rappeler les noms de Sully, de Colbert, de Richelieu et de Turgot, ces grands hommes jaloux de la gloire et de la prospérité de leur patrie, qui utilisèrent toutes les forces de leur génie à donner à la France une organisation régulière et une unité complète.

Avant eux, le désordre le plus absolu régnait dans les comptes financiers : la forme et la quotité de l'impôt variaient d'une province à l'autre, et la perception en était confiée à certains fonctionnaires qui faisaient souvent, de leur autorité privée, les dépenses jugées par eux nécessaires. Le contrôle manquait partout et les receveurs des deniers publics ne versaient guère au Trésor que leurs excédants nets.

Dans cet état de choses, il eut été difficile,

l'eut-on voulu, de dresser un tableau régulier des recettes et des dépenses publiques.

Aussi, les aperçus présentés par les ministres, variant d'étendue et de forme selon les exigences du monarque ou les desseins de ses intendants, étaient-ils très-incomplets et souvent inexacts.

C'est Colbert qui, le premier, fit dresser régulièrement un compte des recettes et des dépenses de l'État, auquel il donna le nom d'*état de prévoyance.*

C'était un véritable budget arrêté par le roi en son conseil et dans lequel étaient reproduits et calculés approximativement les revenus et les charges de la nation.

Malheureusement, après ce grand homme, le désordre reparut dans les finances.

Aujourd'hui, de semblables faits ne pourraient se renouveler ; la France possède un budget admirablement disposé, où le montant des revenus publics et l'emploi qui en est fait sont reproduits avec une rigoureuse exactitude.

Tous les ans, le ministre des finances réunit en un seul compte les comptes partiels de tous les autres grands services publics et des administrations qui dépendent du Trésor, puis il en présente l'ensemble à l'assemblée des représentants du pays.

Là, chaque article, chaque crédit est discuté et contrôlé avec un grand soin, de telle sorte qu'il n'est pas si petit contribuable qui ne puisse, à un son près, se rendre compte de la perception des revenus de l'État et de leur emploi.

Cette étude offre un puissant attrait et il est bon de ne pas la négliger.

Elle habitue les citoyens à ne pas se désintéresser complétement des affaires de leur pays, et elle les encourage à supporter avec plus d'énergie et de patriotisme les charges qui leur incombent.

Aussi désormais, lorsque le budget de l'État tombera sous vos yeux, ne le fermez pas avant de l'avoir parcouru et d'en avoir compris l'esprit et l'importance.

IV

Le titre de rente. — La dette publique. — Les emprunts sur l'Hôtel de Ville. — Paroles de Michel de l'Hôpital. — Les économies de Sully. — Le palais de Versailles. — Le Grand-Livre de la dette publique. — La Révolution et le tiers consolidé. — La dette inscrite ou perpétuelle. — Le 3 pour 100. — L'ordre et le travail sont la garantie de la dette publique.

Il n'est assurément personne aujourd'hui en France qui ne connaisse la rente française et n'en apprécie la solidité.

Je dirai plus : il en est peu qui n'en possèdent, soigneusement pliés au fond d'un tiroir secret, un ou plusieurs coupons.

C'est une chose si répandue de nos jours !

Dès qu'on a réuni un petit capital, que les économies déposées chaque semaine et sou par sou, à la Caisse d'épargne, ont atteint un certain chiffre, vite on s'adresse au percepteur ou à l'agent de change, et l'on transforme le plus souvent ses écus en titres de rente.

Cet acte de prévoyance est certainement très-louable et mérite d'être encouragé.

Mais vous êtes-vous rendu compte de la raison d'existence de ces titres? vous êtes-vous parfois demandé ce que représentaient ces minces feuilles de papier sur lesquelles l'État appose son cachet, et avez-vous recherché sur quelles garanties elles reposaient?

Non, peut-être ; cependant elles renferment dans leurs plis l'histoire de nos gloires, de nos grandeurs, de nos défaillances et de nos chutes, et, à ce point de vue aussi, elles ne sont pas indignes d'intérêt.

A certaines époques de notre histoire nationale, à mesure que la civilisation se développait, que la condition sociale des individus s'améliorait, que partout, sous l'influence du commerce et de l'industrie, s'établissaient entre les autres peuples des relations plus fréquentes, l'État s'est trouvé en présence de besoins nouveaux à satisfaire, de travaux immenses à exécuter et de guerres à poursuivre.

Pour mener à bonne fin ces gigantesques entreprises, des capitaux considérables étaient nécessaires, et les revenus ordinaires dont s'alimentait le Trésor public ne pouvaient suffire.

Qu'arrivait-il ?

L'État s'adressait à l'emprunt et obtenait ainsi des ressources qu'il utilisait et dont il servait l'intérêt à un taux déterminé.

A l'origine, ces emprunts n'avaient qu'une mince importance, et ils étaient faits avec promesse de prompt remboursement; mais bientôt aux engagements primitifs venaient s'en joindre de nouveaux, et le gouvernement, ne pouvant plus rembourser, changeait les dettes éventuelles en dettes perpétuelles.

De nos jours, l'emprunt a été encore la seule source à laquelle on ait dû puiser dans les circonstances exceptionnelles; vous en avez été vous-mêmes les témoins en 1871 et 1872, alors qu'il a fallu payer à l'Allemagne l'énorme rançon de 5 milliards de francs qu'elle nous imposait.

Dans ce cas, les formes de l'emprunt varient selon le temps et les circonstances, et la garantie de l'intérêt qui lui est affecté repose soit sur des impôts de création nouvelle, soit sur une augmentation des anciens impôts.

C'est à la dette ainsi contractée par l'État dans un but d'utilité générale, et dont l'intérêt seul est servi, tandis que le capital est aliéné, qu'on a donné le nom de *dette publique.*

L'histoire de notre dette publique, bien que ne partant réellement que du siècle actuel et n'ayant reçu son développement et son organisation que depuis quatre-vingts ans, a pris naissance sous l'ancien régime.

Elle remonte au quatorzième siècle environ, sous le règne de Charles VI, cet infortuné monarque atteint de folie, dont la régence fut le point de départ d'une guerre désastreuse contre l'Angleterre et d'une invasion quasi centenaire.

Le roi, pressé d'argent et ne pouvant en obtenir suffisamment au moyen des impôts, s'adressa à l'abbaye de Saint-Denis, réputée pour ses grandes richesses. Celle-ci consentit à donner au royal emprunteur une somme de 20,000 livres moyennant une rente annuelle de 2,500 livres à prendre sur la boucherie de Beauvais et sur la boîte au poisson de Paris.

C'était, vous le voyez, une avance placée à gros intérêts, et il fallait que la fortune de l'État inspirât alors peu de confiance !

Cette avance fut le premier exemple du prêt perpétuel fait à l'État moyennant une rente non assise sur une propriété foncière ; car, auparavant, les rois avaient pu obtenir certaines sommes à titre de prêt, mais en aliénant une partie de leur domaine privé. C'est l'opération que fait aujourd'hui le Crédit foncier.

Plus tard, Charles VII fit de nouveaux emprunts, dont plusieurs lui furent facilités par le fameux argentier Jacques Cœur.

Toutefois, ce n'est qu'à partir du règne de François Ier que la dette de l'État prit un accroissement rapide. C'était une époque brillante : les arts étaient en honneur, la littérature prenait une forme exquise, et le souffle de la Renaissance italienne, traversant les Alpes, inspirait le goût des belles choses.

Mais les belles choses coûtent cher et le roi obéré dut emprunter. Ce furent les bourgeois de Paris qui remplirent les caisses de l'État. Ils apportèrent au Trésor une somme de 200,000 livres, moyennant un intérêt de 12 pour 100, au payement duquel furent affectés les droits sur les vins en gros et en détail. Puis, les emprunts se multipliant, le gouvernement créa des rentes sur l'Hôtel de Ville et nomma des commissaires chargés d'en établir la comptabilité et de veiller à la stricte observation des engagements.

Sous Charles IX, la dette grossit à ce point que Michel de l'Hôpital, l'un des hommes les plus considérables de son temps et le plus honnête, disait que si l'on mettait le royaume à l'encan, on ne trouverait peut-être pas d'acquéreur.

En effet, en 1561, les Parisiens, pressés par le roi, ne voulurent lui prêter 500,000 livres que sur les bagues et les joyaux des princesses. Nous ne jurerions pas que les Parisiennes n'aient été pour quelque chose dans cette détermination !

Au commencement du règne de Henri IV, la dette publique s'élevait à 300 millions.

Quinze ans plus tard, en 1610, les choses avaient complétement changé. Le prince qui voulait améliorer le sort de ses sujets et permettre au plus pauvre de mettre la poule au pot le dimanche, était secondé par un ministre intègre, Sully. Les économies les plus strictes furent observées; les revenus publics qui souvent n'arrivaient au Trésor que considérablement amoindris, furent contrôlés avec soin, et on introduisit un ordre sévère dans la comptabilité.

A la mort de ce grand homme, l'État ne devait plus que 157 millions en capital, plus 2 millions de rentes sur l'Hôtel de Ville au capital de 36 millions 700,000 livres.

Bientôt le désordre reparut dans les finances, et Sully dut se retirer du gouvernement, emportant avec lui le secret des économies et de la bonne administration.

Lorsque le cardinal Mazarin mourut, la dette

perpétuelle se montait en intérêt à 27,500,000 livres et en capital à 500 millions.

Colbert, il est vrai, réorganisa le système des finances et apporta des réformes sérieuses dans la perception et la distribution des revenus publics; mais ses efforts furent souvent impuissants devant les tendances luxueuses de son maître, et les améliorations dont il se fit le promoteur durèrent peu après lui.

Louis XIV dépensait beaucoup; il s'en est lui-même accusé aux dernières heures de sa vie. Il aimait le faste et rien ne lui coûtait pour l'obtenir.

Tout ce qu'il a entrepris est marqué au cachet de sa grandeur, et aujourd'hui on ne peut visiter Versailles, ce chef-d'œuvre du roi Soleil, parcourir les allées ombreuses de son immense parc ou les vastes salles de son palais unique, sans être frappé de respect et d'admiration.

C'est superbe, c'est majestueux!

Mais que de richesses enfouies dans ces bosquets et dans ces marbres!

A la mort de Louis XIV la dette publique s'élevait à 1 milliard 900 millions de livres, et quand Louis XVI convoqua les états généraux, elle dépassait 4 milliards.

Le premier acte du gouvernement révolutionnaire fut de déclarer la dette publique inviolable, et, le 24 août 1793, la Convention nationale, voulant réunir sous une même dénomination tous les titres des créanciers de l'État, ordonna la confection en un ou plusieurs volumes d'un Grand-Livre sur lequel seraient inscrits les noms des propriétaires de rentes perpétuelles.

Mais la guerre et les désordres de la Révolution creusant chaque jour le gouffre où s'abîmaient les finances du pays, le gouvernement ne put bientôt faire face à ses engagements et crut se tirer d'embarras en décrétant une demi-banqueroute.

Une loi de 1798 ordonna le remboursement des deux tiers de la rente en bons d'acquisition de biens nationaux et fit inscrire sur un nouveau Grand-Livre le troisième tiers, avec un revenu de 5 pour 100 payable par semestre.

Ce troisième tiers (*tiers consolidé*) est devenu l'origine de la dette publique actuelle, inscrite dans le budget général sous le nom de *dette consolidée* ou *inscrite*.

Depuis cette époque, l'exécution de nombreux travaux d'utilité générale, tels que canaux, chemins de fer, etc., l'entretien de l'armée et de la marine et les dépenses occasionnées par la guerre, ont obligé les divers gouvernements qui se sont succédé en France à recourir de nouveau à l'emprunt.

La dette consolidée comprend actuellement une rente annuelle de 750 millions de francs et se compose de rentes 5, 4 1/2, 4 et 3 pour 100.

Le 5 pour 100, converti en 3 pour 100 en 1825, a été de nouveau rétabli en 1871, lors de l'emprunt national de 2 milliards; le 4 pour 100 date de 1830, et le 4 1/2 pour 100 du 1er mai 1825.

Le 3 pour 100, qui est la véritable rente française, doit son origine à la conversion opérée en 1825 par M. de Villèle. Créé par la loi du 1er mars de la même année, il prit un rapide développement, et, en 1870, il formait un capital de 10 milliards 700 millions, rapportant une rente de 365 millions 300 mille francs.

De nos jours, la rente s'est démocratisée. Réservée autrefois à certaines classes privilégiées de la fortune, elle s'est peu à peu divisée à l'infini et répandue dans tous les rangs de la société.

Il n'est pas de valeur plus populaire. Elle circule partout avec la même faveur, se subdivisant à volonté et ne dédaignant pas plus l'humble échoppe de l'artisan que le coffre-fort de l'opulent capitaliste.

Quand on parle du 3 ou du 5 pour 100, tout le monde connaît la portée de ces termes : c'est la rente par excellence, parce qu'elle repose sur le crédit de la France, qui est le crédit par excellence ; c'est aussi la valeur la moins soumise aux caprices de la fortune.

Certes, la solidité de la rente est indéniable, mais sa sécurité exige deux conditions indispensables : le travail et l'ordre public.

Pour que l'État puisse répondre à ses engagements et faire face au payement de la rente, pour que sa dette ne subisse pas une augmentation subite, dangereuse, il faut que la rentrée de ses revenus s'opère régulièrement et librement, que le travail soit abondant et qu'aucune secousse n'en vienne déranger le cours normal et la puissance productrice.

Rien ne lui est plus funeste que le désordre et la révolution. En effet, que le bruit se fasse dans la rue, aussitôt les ateliers se ferment, le commerce languit, l'argent se resserre, les impôts ne rentrent plus, l'inquiétude envahit les esprits et les fonds publics subissent une rapide dépression.

Si vous voulez vous en convaincre, jetez les yeux sur les feuilles officielles et examinez le cours de la rente aux époques de troubles. Vous verrez quels écarts entre les prix de la veille et ceux du lendemain.

En 1847, la rente 3 pour 100 était cotée à la Bourse 80 francs; en 1848, après le renversement du gouvernement de Louis-Philippe, elle descend à 38 francs. Dès que l'ordre est rétabli et que l'assurance de la stabilité reparaît, elle reprend son essor, dépasse 60 francs, pour atteindre bientôt les hauts cours qu'il nous a été donné de constater sous l'Empire et que nous retrouvons aujourd'hui.

Aujourd'hui, de même qu'à l'origine du Grand-Livre, la rente est inviolable, et nos gouvernements, jaloux d'en assurer le payement régulier, l'inscrivent en tête du budget général de l'État, dont elle forme le premier article.

V

La reconnaissance. — La pension d'un général grec. — L'ancienne monarchie et les gratifications. — Corneille et Chapelain. — Colbert et la caisse des invalides de la marine. — L'Assemblée constituante et la loi de 1790. — Suppression des caisses de retraite. — Les pensions de l'État. — La dette viagère.

Est-il un sentiment plus naturel que celui de la reconnaissance?

Assurément, non.

Cependant, il n'en est peut-être pas, dans la vie ordinaire, de plus souvent méconnu, de plus indignement outragé.

On laisse vivre, on entoure même de soins le vieux chien de chasse dont les forces épuisées refusent le service; on aime à se rappeler ses allures vives et coquettes d'autrefois, son intelligence à dépister le gibier et les émotions que causaient ses arrêts subits.

Mais s'agit-il d'assurer contre la misère ou contre le besoin les derniers jours d'un serviteur dont on a utilisé les aptitudes ou dont la vie entière s'est passée dans le dévouement le plus absolu, on hésite, on calcule, et souvent l'indifférence s'unit à l'égoïsme pour étouffer toute pensée de gratitude.

Et, pourtant, quoi de plus juste, de plus digne, que de reconnaître les services passés et de récompenser le mérite chez ceux que l'âge ou les infirmités rendent incapables de travailler?

C'est pour répondre à ce sentiment d'équité que l'État a institué les pensions de retraite, et c'est pour indiquer toute l'importance qu'il y attache qu'il en fait figurer le montant au budget général, à la suite des rentes perpétuelles.

Il n'en a pas été de même à toutes les époques, et si nous consultons l'histoire, nous découvrons avec peine de nombreuses lacunes à cet égard. Ne nous hâtons pas, toutefois, de condamner l'antiquité : elle a connu les grands dévouements et elle a su aussi les récompenser avec noblesse ; elle fut accessible aux pensées généreuses, et quelques-uns des hommes illustres dont elle est fière ont vu leur vieillesse entourée d'égards et de respects.

Les rois d'Orient, ces fastueux ancêtres des nababs de l'Inde et des souverains de la Perse, donnaient à leurs fidèles des villes, et même des provinces qui devaient leur fournir toutes les choses nécessaires à la vie ; quelquefois diverses provinces, éloignées les unes des autres, étaient chargées de pourvoir aux besoins et au luxe d'une seule personne.

Artaxercès, voulant récompenser dans Thémistocle, général grec, les hautes qualités qu'il lui reconnaissait, lui donna, paraît-il, Magnésie-sur-Méandre, pour son pain, Lampsaque, le meilleur vignoble de l'Asie, pour son vin, tandis que Myonte, qui abondait en poissons et en pâturages, devait fournir au luxe de sa table.

Or, d'après un historien du temps, Magnésie à elle seule donnait à son heureux propriétaire 50 talents, c'est-à-dire environ 150,000 francs. Six cents ans plus tard (fait assez curieux), les descendants de Thémistocle jouissaient encore de la munificence du satrape.

A Rome, les récompenses pécuniaires étaient peu en usage; cependant, dans certaines circonstances particulières et pour donner à un citoyen une marque éclatante de satisfaction, la république lui accordait une rémunération en argent qui tenait lieu de pension.

A l'expiration de son temps de service, un vétéran, fidèle à son drapeau, était gratifié d'une somme de 12,000 sesterces ou 2,000 francs environ. Plus tard, sous l'Empire, les prétoriens recevaient, au bout de seize ans de services, 20,000 sesterces ou 3,300 francs.

A mesure qu'une organisation régulière permit à certaines personnes de se vouer par état au service de la société, le système des retraites prit une plus grande extension.

En France, sous l'ancienne monarchie, les pensions étaient multipliées à l'infini; les rois et leurs ministres aimaient à reconnaître les services éclatants par des récompenses spéciales. Vauban, le célèbre ingénieur devenu maréchal de France, et Lebrun, peintre de Louis XIV, recevaient de la munificence du pouvoir, le premier 75,000 livres, et le second 22,000.

Les artistes, les écrivains, les hommes de plume et d'épée étaient recherchés, surtout au grand siècle, et les pensions leur arrivaient comme un hommage à leurs talents, ou parfois comme un encouragement à leurs flatteries.

Mais les largesses royales ne connaissaient point en cela de lois fixes : aucune règle n'était suivie, soit pour la nature ou la durée des services qui faisaient obtenir la pension, soit pour la quotité de la rémunération. Souvent c'était à l'insu et même contre la volonté du roi que les ministres accordaient de semblables faveurs ; il en résultait que les droits les plus légitimes étaient méconnus, tandis que d'abondantes largesses étaient faites sur les deniers publics, suivant les caprices du hasard.

Tandis que le grand Corneille touchait sur la cassette royale une modeste pension de 2,000 livres, que Molière, notre immortel poëte comique, recevait 1,000 livres à peine, le poëte Chapelain, aujourd'hui presque oublié, mais qui se disait *le plus grand poëte français qui ait jamais été et du plus solide jugement*, émargeait 4,000 livres sur les registres des pensions.

Il est vrai que Racine en était privé, par une mesquine vengeance qui dépare la grande figure de Colbert (1), et que le fabuliste la Fontaine était oublié.

(1) Racine avait blessé le roi Louis XIV par des allusions sévères

C'est Colbert qui, le premier, soumit les pensions à un régime spécial plus conforme à l'équité. Il fonda la caisse des invalides de la marine et la caisse des retraites des employés de la compagnie des fermes chargées des finances de l'État.

L'une et l'autre, formées par des retenues exercées sur les traitements, assuraient aux intéressés survivants le bénéfice des extinctions d'après les principes des tontines. Bien qu'incomplètes dans leur organisation, ces caisses rendirent d'immenses services, et c'est sur leur modèle que s'établirent, dans le courant du dix-huitième siècle, d'autres compagnies destinées à assurer aux vieux serviteurs de l'État une retraite convenable.

Lorsque, après 1789, il fallut établir sur les ruines de l'ancien état de choses les bases d'une nouvelle organisation politique et administrative, la question des retraites fut mise à l'ordre du jour.

Par la loi du 3 août 1790, l'Assemblée constituante déclara qu'il était du devoir de l'État de subvenir aux besoins des fonctionnaires qui s'étaient dévoués à son service, et qu'il serait établi un règlement spécial déterminant les conditions requises pour l'obtention des pensions de retraite.

Mais les guerres continuelles qu'eurent à soutenir la République et l'Empire, les désordres financiers qui signalèrent le régime de la Terreur ne permirent pas à cette loi de fonctionner, et les

au despotisme qui écrasait le peuple et aux misères des campagnes opprimées par une noblesse hautaine. (*Athalie,* acte IV, scène III.)

employés des administrations publiques furent contraints d'organiser, de leur propre mouvement, des caisses particulières de prévoyance, dont quelques-unes parvinrent à une très-grande prospérité.

Actuellement, la quotité des pensions est déterminée par des règlements sérieux garantis par la loi. La munificence de l'État ne présente pas les disproportions que l'histoire du passé nous dévoile ; elle n'enrichit pas subitement ceux qui en sont l'objet, mais elle possède une qualité précieuse, celle d'être assurée. Les pensions sont, en effet, judicieusement accordées ; elles reposent sur des services antérieurs honorables et dévoués, et elles ne sont que les effets de la reconnaissance de l'État.

La loi qui les régit date de 1853. A cette époque les caisses spéciales ont été supprimées, et la loi, ramenant à des bases uniformes la liquidation des pensions, a centralisé au Trésor les recettes et les dépenses qui y sont relatives.

De la sorte, tous les fonctionnaires qui ont rempli dignement leur carrière et sont parvenus à l'époque de leur retraite, reçoivent une somme annuelle basée sur l'importance et la durée des services rendus.

Au début de leur vie administrative, l'État leur dit : « Dévouez-vous à mon service, utilisez toutes vos aptitudes, toutes vos qualités pour ma prospérité et pour ma gloire, et je vous assurerai contre le besoin quand la vieillesse vous aura rendus incapables de travailler. »

C'est ainsi que vous voyez souvent autour de vous de ces fidèles et honnêtes serviteurs, que l'âge ou les infirmités rendent impotents et qui jouissent en paix des dernières heures de la vie.

L'un, vieil invalide, privé d'un bras ou d'une jambe, a vu les guerres de l'Empire et Waterloo et se plaît à raconter la charge meurtrière des cuirassiers de Milhau, les ancêtres héroïques des héroïques cuirassiers de Reischoffen.

Un autre, voué à l'autel et à la prédication, feuillette les pages usées d'un bréviaire poudreux, et, tandis que ses yeux éteints suivent encore par habitude les caractères imprimés du saint livre, ses lèvres murmurent en silence les prières qu'il a récitées pendant cinquante ans de son ministère.

Ailleurs, c'est un instituteur, un humble maître d'école usé dans l'exercice de l'enseignement et auquel quarante ans de durs labeurs ont acquis des droits à un modeste morceau de pain.

Toutes ces pensions constituent ce que le budget de l'État désigne sous le nom de rente viagère, et elles font partie de la dette inscrite où elles figurent pour une somme annuelle de 123 millions de francs environ.

Depuis plusieurs années, ce chapitre a été l'objet d'études consciencieuses suivies de louables modifications. Certaines classes de pensions ont

(1) Il ne faut pas oublier que l'État encaisse comme contrepartie une somme assez importante prélevée, sous peine de retenue, sur les traitements du plus grand nombre de ses fonctionnaires.

été révisées à nouveau et augmentées dans des proportions plus en rapport avec la cherté sans cesse croissante de la vie matérielle.

Tout n'est pas encore dit à ce sujet, et l'Assemblée nationale, en 1875, sur la proposition du gouvernement, s'est occupée déjà d'améliorer le sort des employés de l'État. (1)

On ne peut qu'applaudir à de semblables efforts, car il est peu de récompenses aussi justement et aussi noblement gagnées que celles qui s'obtiennent par un dévouement absolu au bien général et par une existence entière passée au service de son pays.

(1) Depuis lors, une nouvelle loi est venue relever le chiffre des pensions de retraite de l'armée.

VI

La dette flottante ; son origine. — Les anticipations ou billets au comptant. — Les receveurs généraux. — Le banquier de la cour. — Les traitants. — Samuel Bernard et Louis XIV. — Probité de Turgot. — Les assignats et les rescriptions. — Division de la dette flottante. — Les bons royaux et les bons du Trésor.

Supposons qu'un fermier dont l'exploitation s'accroît et prospère se voie soudain obligé, pour abriter ses récoltes, d'agrandir ses granges ou d'en faire élever de nouvelles, et qu'au moment où un tel besoin se fait sentir, l'argent nécessaire à cette construction lui manque.

Certes, une semblable situation serait bien critique, et beaucoup, parmi nos lecteurs, émettraient la pensée que pour entreprendre une dépense aussi considérable, il faut être en mesure d'y faire face.

C'est aussi l'avis de notre fermier; il voudrait bien attendre que ses rentrées de fonds soient faites en partie. Il sait qu'à une époque déterminée, prochaine même, il doit toucher certaines sommes qui lui sont dues, ou que la vente de ses produits lui procurera d'abondants capitaux ; mais ses foins sont coupés et ses blés sont en gerbes : sa récolte, en un mot, repose en plein champ, et la place manque pour la mettre à couvert.

S'il attend, il s'expose à la voir souffrir des variations de la température, se détériorer peut-être, et il court risque, par conséquent, de subir, en fin de compte, une perte très-sensible.

Que fera-t-il?

Il ira trouver le banquier de la ville voisine, dont il est connu, et le priera de lui *avancer* la somme dont il a besoin. Il lui remettra en échange des valeurs négociables, dont il fera concorder l'échéance avec l'époque de ses recouvrements, il aliénera une partie des revenus qu'il doit toucher, et, au moyen de cette avance, il fera construire ses bâtiments.

C'est ainsi que fait l'État.

Ses revenus entrent dans les caisses du Trésor à des époques fixes et en vertu des règlements déterminés par la loi. Mais, dans l'intervalle de la perception, le gouvernement a des dépenses à faire, des travaux d'utilité générale à entreprendre, et il doit entretenir des services dont il ne peut suspendre ni entraver la marche régulière sans préjudice grave pour l'intérêt du pays.

Pour faire face aux éventualités et supporter toutes les charges que nécessite son existence, l'État emploie alors les fonds que lui confient les grandes administrations et demande, sous forme d'emprunt temporaire, aux receveurs des deniers publics et au public lui-même des avances pour lesquelles il paie un intérêt qui varie selon les besoins du Trésor et l'abondance des capitaux disponibles.

Ces avances, remboursables à des échéances

généralement rapprochées, constituent ce qui nous appelons la *dette flottante*.

L'origine de cette dette remonte assez loin dans notre histoire.

Depuis le moment où une administration financière, basée sur une certaine centralisation, a existé en France, il a fallu organiser des moyens de crédit capables de procurer aux caisses publiques les valeurs ou l'argent qui leur étaient nécessaires pour réaliser leurs payements à jours fixes.

Sous l'ancienne monarchie, ces avances étaient comprises sous la dénomination de *billets au comptant* ou plutôt encore sous celle d'*anticipations*. C'était là leur véritable nom : on anticipait sur les revenus à venir pour acquitter certaines dépenses jugées indispensables par le pouvoir.

Ces billets étaient généralement remis un an à l'avance au caissier de la caisse commune des receveurs généraux des finances qui les endossait, et le Trésor les négociait avec une perte de 4 1/2 à 8 pour 100, suivant la valeur du crédit de l'État.

D'autres fois, le gouvernement s'adressait directement aux fermiers généraux et leur demandait des à-compte sur les impôts non perçus. Ce mode d'emprunt avait de graves inconvénients, car il mettait le pouvoir à la merci de ses fonctionnaires, et ceux-ci se dédommageaient souvent, par des moyens illicites, des embarras qu'on leur imposait et des risques qu'ils avaient à courir.

Il arrivait parfois que les anticipations allaient si loin qu'elles absorbaient par avance la plus grande partie du revenu public.

Le gouvernement, pressé d'argent pour mener à bonne fin les œuvres qu'il avait commencées, s'adressait alors aux *banquiers* ou *traitants*. Ceux-ci lui faisaient des avances à des taux exorbitants et en échange de *rescriptions royales* ou valeurs à échéance qui devaient être acquittées de préférence à toute autre dette par les détenteurs des deniers publics.

Plusieurs d'entre ces banquiers étaient parvenus à une immense fortune et ils éblouissaient Paris par le luxe de leurs équipages et de leurs maisons. A la fin du règne de Louis XIV, un certain nombre s'étaient glissés dans les salons les plus aristocratiques de la capitale et avaient contracté des alliances illustres.

On les recherchait avec empressement, on leur faisait toutes sortes d'honneurs et on briguait leur appui.

Tout le monde connaît l'aventure curieuse dont le héros fut le fameux banquier Samuel Bernard, l'un des traitants les plus riches et les plus fastueux du règne de Louis XIV.

C'était au moment de cette longue et glorieuse campagne que le grand roi soutenait contre la maison d'Autriche; les finances étaient délabrées et les impôts ne suffisaient plus pour subvenir aux immenses besoins de l'État. Les banquiers se refusaient à de nouvelles avances, et Samuel Bernard principalement avait donné au ministre de Louis XIV une réponse absolument négative.

Un jour que le roi se rendait à Marly avec une partie des seigneurs de son entourage, il se fit présenter le financier et lui proposa, avec toute la grâce « qu'il savait si bien employer quand il avait dessein de combler », de lui faire visiter les beautés de son parc.

Bernard, fou de joie, gonflé d'orgueil, suivit la cour, écoutant respectueusement les explications que le roi lui donnait avec bonté sur les embellissements de la royale demeure, et lorsqu'il sortit de cette promenade, il offrit tout l'argent qu'on désirait.

La vanité l'avait assoupli, et Louis XIV en avait profité pour « lui couper plaisamment la bourse », comme le disait gaiement le duc de Saint-Simon.

Quoi qu'il en soit, l'État avait souvent besoin de ces riches capitalistes, et ceux-ci faisaient payer cher leurs complaisances. C'est ce même Bernard qui, prié de la part de Louis XV de lui consentir quelques avances, lui faisait répondre : « Quand on a besoin des gens, c'est bien le moins qu'on en fasse la demande soi-même. »

Et le roi consentait à lui faire les honneurs de sa maison lui-même ; le duc de Noailles et les plus grandes familles lui faisaient des avances et recevaient à sa table ce parvenu de la fortune, enorgueilli de sa puissance.

Quand il mourut, il laissait, en biens de toute nature, environ 33 millions, somme énorme pour le temps.

Les anticipations et les billets de comptant étaient, en effet, une source de revenus considérables, que se disputaient les capitalistes à cette époque. On a calculé qu'un banquier de la cour, dans le temps qu'il occupa cet emploi, reçut de l'État 83 millions d'intérêts de fonds avancés.

Aussi les ministres, sous le règne de Louis XVI, s'opposèrent-ils à ce système financier qui dévorait le plus net des revenus publics. Turgot refusait de payer une ordonnance de comptant de 500,000 livres et préférait descendre du pouvoir plutôt que de consentir à un acte de coupable faiblesse; Necker, pour éviter l'entremise du banquier de la cour, créait la caisse et l'intendance du Trésor royal.

Pendant la période révolutionnaire, les besoins immenses et incessants de l'État furent remplis au moyen de la ressource du papier-monnaie et des assignats, auxquels plus tard, sous le Directoire, on ajouta la création de 60 millions de francs de rescriptions, payables avec le premier numéraire qui rentrerait dans les caisses.

Lorsque l'ordre fut rétabli et, plus tard, sous le régime impérial, le service de la trésorerie fut soutenu au moyen des obligations des receveurs généraux et des valeurs émises par la caisse d'amortissement qui venait d'être réorganisée. La loi fixait désormais des limites à l'émission des bons remboursables, et la dette flottante était maintenue à un chiffre restreint.

Pendant les dix premières années du gouvernement de la Restauration, de 1814 à 1824, les moyens de trésorerie, c'est-à-dire les fonds dont l'État avait besoin pour faire face aux dépenses courantes en attendant la rentrée des impôts, se composèrent de rentes dont la loi autorisait la création dans certaines conditions.

C'est de 1824, sous le ministère de Villèle, que date le nouveau système de la dette flottante aujourd'hui en vigueur.

Par la loi du 4 août de cette même année, le ministre des finances fut autorisé à créer, pour le service de la trésorerie, des *bons royaux* portant intérêt et à échéance fixe.

De nos jours, la dette flottante se compose : des cautionnements versés par certains officiers publics, chargés du recouvrement des impôts, tels que les receveurs des finances, les percepteurs, etc. ; des fonds des communes, de la caisse des dépôts et consignations et du Crédit foncier ; des sommes provenant des Caisses d'épargne, et enfin des bons du Trésor.

Les bons du Trésor qui ont remplacé les bons royaux sont des obligations à courtes échéances, souscrites par le ministère des finances, et qui produisent un intérêt variable.

Ces obligations sont délivrées à toute personne qui veut placer ses fonds sur le Trésor pour une période de temps de peu de durée. Elles sont très-recherchées à cause de la solidité du crédit sur lequel elles reposent et de l'assurance qu'elles donnent d'être remboursées intégralement et à jour fixe, capital et intérêts.

Rien, en effet, de plus ingénieux, de plus avantageux que le mécanisme de cette organisation des bons du Trésor !

Avez-vous 1,000, 2,000, 5,000, 10,000 francs disponibles pour trois mois, six mois, un an? Vite, portez-les aux caisses de l'État. Il vous sera délivré un bon de la somme versée, portant en plus le chiffre des intérêts qui vous seront dus à l'échéance, et vous pourrez attendre l'époque à laquelle vous y aurez droit sans craindre de perdre votre argent ou d'en être volés.

Un rentier, par exemple, vend une petite propriété 15,000 francs. Il a l'intention d'utiliser les fonds qui proviennent de cette vente dans l'achat d'une maison ou d'une valeur quelconque; mais, pour cela, il lui faut attendre trois mois.

S'il comprend ses intérêts, gardera-t-il cet argent chez lui? Non, car il peut craindre les voleurs, un incendie, un accident, et une pareille somme lui demandera une surveillance qui absorbera son temps et lui causera peut-être beaucoup d'inquiétude.

Il ira déposer ses 15,000 francs au Trésor qui lui délivrera un bon à trois mois, et, lorsque l'échéance sera arrivée, il touchera ses fonds, plus un intérêt. Il pourra alors contracter l'achat auquel il est résolu, et son opération lui aura rapporté un petit bénéfice.

Vous voyez combien ce mécanisme est simple et utile.

Or cet argent que vous aurez ainsi versé à l'État ne restera pas inactif, improductif. Il servira à entretenir les services publics en attendant la rentrée des impôts, et il permettra au gouvernement, soit d'équilibrer ses budgets, soit d'entreprendre des travaux nécessaires dont vous profiterez vous-mêmes, et, lorsque viendra le jour où votre avance devra vous être restituée, le Trésor vous la remettra ponctuellement au moyen d'autres avances qui lui auront été faites de la même manière.

Tels sont le rôle et le fonctionnement de la dette flottante.

VII

Pas d'argent, pas de Suisses. — Origine de l'impôt. — Les impôts chez les anciens. — Le tribut d'un satrape. — Gaule et France. — Légitimité et nécessité de l'impôt. — Son emploi. — L'impôt profite au contribuable. — Les voyages d'autrefois et ceux d'aujourd'hui. — L'impôt est la juste rémunération d'un service.

« Pas d'argent, pas de Suisses, » disait-on autrefois.

Or, ce vieil adage populaire est resté tout aussi vrai, tout aussi exact de nos jours que du temps de nos pères.

Sans argent on ne vit pas, fût-on sobre comme saint Jean le Précurseur qui ne se nourrissait que de racines et de sauterelles. Tout coûte fort cher aujourd'hui, jusqu'à la plus vulgaire des salades, et les sauterelles n'ont pas encore trouvé place dans l'art culinaire contemporain.

Par quels moyens parvenez-vous à élever votre famille, à payer votre entretien, à acquitter votre loyer et à vous procurer toutes les choses nécessaires ou même simplement agréables?

Assurément, en réunissant les ressources que vous peuvent donner l'économie, le patrimoine ou le salaire. Vous ne pouvez, en effet, pour tout résumer en un mot, établir votre budget, ainsi que nous l'exposions naguère, sans mettre, en face de vos dépenses, des recettes au moins équivalentes.

Ce qui est une vérité pour un simple particulier l'est également pour l'État qui n'est qu'une personne morale représentant l'ensemble des particuliers. Pour vivre, pour veiller au bien général, pour sauvegarder les intérêts de tous et conserver saine et sauve la fortune publique, il lui faut comme à vous, comme à moi, des ressources constantes, sans cesse renouvelées. Son existence et son activité sont à ce prix, et, de même que nos peines et notre travail demandent un salaire et une récompense, de même aussi les services que nous rend l'État exigent une juste rémunération.

Mais à qui doit s'adresser l'État pour obtenir les ressources nécessaires à son existence?

A ceux qui profitent de cette existence même.

Or, dans un pays civilisé, où la loi règne, où l'ordre public est déterminé selon des règles invariables, où le travail et la propriété sont protégés, où toutes les améliorations et les progrès ne s'opèrent qu'en vue et au nom de tous ceux qui l'habitent, tout le monde profite des bienfaits de l'État, et tout le monde, par conséquent, doit contribuer à lui assurer une marche régulière et des revenus conformes à ses besoins.

Ce sont ces revenus, destinés à alimenter l'ensemble de cette vaste et intelligente organisation qu'on appelle l'État, qu'on a réunis sous la dénomination d'*impôts*.

L'impôt a existé à peu près de tout temps. Chez les Hébreux on payait aux lévites qui formaient la classe gouvernementale du peuple de Dieu une redevance annuelle considérée comme une reconnaissance des droits du Seigneur sur les biens des Israélites. Elle consistait dans la dixième partie des fruits de la terre et du croît des animaux, d'où le nom de dîme qui a traversé les siècles. Cette coutume datait des premiers âges du monde, et, à l'époque des patriarches, Abraham donnait au grand-prêtre Melchisédech le dixième de tout ce qu'il possédait.

On retrouve l'impôt partout où une réunion d'hommes associés pour la défense de leur vie ou de leurs intérêts confie à un seul ou à plusieurs d'entre eux leur droit de direction ou de gouvernement.

Les sauvages eux-mêmes, qui vivent en tribus au milieu des profondeurs de l'Afrique ou des forêts vierges du Nouveau-Monde, donnent tous au chef qu'ils se sont choisi et auquel ils ont remis le soin de veiller à leur sûreté un revenu qui consiste d'ordinaire en une part du gibier tué ou du poisson résultant de leur pêche.

Chez les Athéniens, le Trésor public était propriétaire de mines considérables qui lui donnaient de grands revenus ; et, en dehors de ces richesses et de celles qu'il retirait de la douane et des peuples alliés, il imposait tous les citoyens selon le degré de fortune.

A Rome, dans l'origine, les citoyens de la

grande ville ne payaient pas d'impôts, et les ressources de la République provenaient exclusivement des tributs que lui versaient les peuples soumis et les colonies. Mais, plus tard, lorsque la civilisation se fût développée, que le peuple-roi se fût livré à ces constructions gigantesques qui font encore notre admiration, que le luxe eût pris une forme plus raffinée, les ressources primitives ne purent suffire, et l'on s'adressa à tous pour former le revenu public. Les impôts furent alors établis dans toute l'étendue de la domination romaine.

Les revenus de la Perse consistaient en deniers imposés aux nations conquises, et en denrées ou produits en nature que devaient fournir toutes les provinces. Les unes remettaient des grains et des fourrages, les autres des chevaux et des chameaux, d'autres enfin avaient à leur charge l'entretien d'une partie des troupes et s'occupaient soit de la remonte de la cavalerie, soit de l'habillement des fantassins. C'est ainsi que le satrape d'Arménie envoyait au roi vingt mille poulains par an.

Nos pères, les Gaulois et les Francs, même au milieu de leurs luttes intestines et de leurs courses vagabondes à travers l'Europe, entretenaient la fortune de leurs chefs ou rois et partageaient avec eux les dépouilles des ennemis vaincus.

Ainsi, à toutes les époques et sous toutes les formes de la civilisation, les sociétés ont reconnu la nécessité de s'imposer une contribution sur leurs revenus ou leur travail au bénéfice de l'État chargé de veiller à leur sûreté ou à leurs intérêts.

Que de fois, cependant, avons-nous entendu maudire l'impôt et contester sa légitimité !

Aux yeux de certains sectaires ou ignorants, le gouvernement puise à volonté et arbitrairement dans la poche de tous ceux qu'il administre et prélève ainsi sur le travail, sur le nécessaire des contribuables, des revenus qu'il gaspille ensuite à son profit.

Comment de pareilles erreurs peuvent-elles encore trouver créance en présence des merveilles qui nous environnent et dont la source est dans l'impôt ?

Pour permettre à chacun de nous de travailler avec fruit, sans être inquiété dans sa personne, dans sa liberté, dans sa fortune, le gouvernement est obligé d'entretenir une force armée suffisante pour défendre le pays contre les ennemis de l'extérieur et pour protéger contre les atteintes des malfaiteurs notre vie et nos biens ; il lui faut construire des flottes et payer en tous pays des agents, des consuls et des ambassadeurs chargés de prendre soin de nos intérêts et de faire respecter nos personnes en tous lieux et en tout temps.

Pour vous permettre de voyager avec facilité et sûreté, ne doit-il pas construire des routes, des canaux, des ports, des phares et des ponts ? Et pour que vos voyages s'exécutent sans danger, ne lui faut-il pas équiper des gendarmes et payer des fonctionnaires spéciaux ?

Dans l'intérieur de vos départements, de vos

communes, l'ordre public n'exige-t-il pas des magistrats destinés à rendre la justice et à faire exécuter la loi?

Où vos enfants apprendraient-ils à devenir des hommes instruits et honnêtes, respectueux envers leurs parents et leurs supérieurs, et capables de faire plus tard de bons citoyens, si l'État ne faisait pas élever des écoles, des bibliothèques et des églises?

Où les vieillards et les infirmes sans ressources achèveraient-ils leur longue ou douloureuse carrière si le gouvernement qui doit sa sollicitude à tous ne pouvait construire des hospices et des lieux de refuge?

Ces créations multiples exigent des revenus certains et considérables. Avec quoi voudriez-vous que le gouvernement pût faire face à tant de dépenses!

Pas plus que vous et moi, il n'a le privilége de créer de rien des richesses, et il ne possède pas davantage la pierre philosophale.

Il lui faut par conséquent s'adresser à ceux qu'il représente, à ceux qui usent de ses services, c'est-à-dire à tous les citoyens, et, en échange de ces services, leur demander une rémunération, un impôt, en rapport avec les avantages qu'il leur procure.

L'impôt est donc ainsi le *prix d'un service.*

Et d'ailleurs cet impôt que vous prélevez sur votre revenu ou sur votre travail n'est pas perdu pour vous, car chacun de vous en profite à l'égal de tous les autres.

Vous le retrouvez sous forme d'instruction à vos enfants et de garantie pour vos personnes et vos propriétés, car il sert à payer l'instituteur de vos communes et le garde champêtre du moindre de vos hameaux. Vous le retrouvez également dans l'assainissement de vos marais, dans la construction et l'entretien de vos routes.

Tandis que vous vaquez, chacun dans la sphère de vos moyens, aux mille occupations qui remplissent votre vie, que vous gagnez, les uns dans un état, les autres dans un autre, l'argent nécessaire à votre subsistance, le soldat garde la frontière et vous garantit de l'invasion étrangère, le prêtre enseigne la morale à vos fils et le garde champêtre veille à la conservation de vos récoltes et de vos fruits.

Et puis mettez, en face des petites privations que vous impose cette modeste retenue sur vos revenus, les immenses avantages qu'elle vous donne, et si vous êtes justes, comme j'en suis convaincu, vous acquitterez sans murmure la redevance que la société et les lois exigent de vous.

Autrefois, pour aller de Paris à Marseille, on mettait quinze grandes journées, juste le temps qu'on met aujourd'hui pour traverser l'Océan et franchir la distance qui sépare le Havre de New-York. Et Dieu sait quelles fatigues il fallait éprouver, par quelles péripéties on était obligé de passer !

Grâce aux voies de communication faciles et bien entretenues, aux chemins de fer solidement établis et merveilleusement organisés, on peut maintenant déterminer exactement pour de grandes distances, de Londres à Paris, de Saint-Pétersbourg à Bruxelles, par exemple, l'heure de l'arrivée et celle du départ. Il est facile de déjeuner à Dieppe et de revenir dans la même journée dîner à Paris; c'est une course devenue insignifiante et que, sous le règne de Louis XV, on n'eût osé entreprendre sans de grandes précautions et sans faire son testament.

Quel est donc le résultat immédiat que vous retirez de ces améliorations?

C'est que voyageant plus facilement et avec plus de promptitude, vous faites aussi plus d'affaires et acquérez, par conséquent, plus de bénéfices.

Il est juste que tout cela se paye, et c'est par l'impôt que vous vous acquittez de votre dette envers l'État qui vous procure de si précieux avantages.

VIII

Encore l'impôt. — Les impôts de l'ancienne France. — La taille et les gabelles. — La manne céleste. — Les impôts directs et les impôts indirects. — Les impôts de consommation. — La haine contre les riches. — L'impôt somptuaire. — Les riches payent des impôts qui ne profitent qu'aux pauvres. — L'impôt est un mal nécessaire. — Qualités de l'impôt. — Les impôts improductifs. — Le lundi et le cabaret.

La forme et la matière de l'impôt ont souvent varié en France.

Autrefois, sous les premiers rois, l'impôt consistait en certaines redevances en nature que le vassal remettait à son suzerain, et en subsides que le peuple devait fournir en temps de guerre.

Le roi vivait des revenus de ses domaines, et toutes les ressources dont il disposait lui appartenaient en propre, sans qu'il dût les affecter à des besoins déterminés ou à des œuvres d'intérêt général. Les impôts qu'il prélevait n'avaient donc pas le caractère d'utilité publique qu'ils possèdent aujourd'hui et ne représentaient véritablement que les revenus d'un domaine livré à l'exploitation.

Mais plus tard, quand la société française se fut formée et fortifiée, quand une notion plus exacte de la politique eut permis de ne voir dans le roi que le représentant de la nation chargé de veiller à la conservation de son honneur, à sa prospérité et à sa défense, le domaine du roi disparut pour faire place au domaine public, et l'impôt devint, non plus le revenu du prince, mais la ressource de l'État.

Son importance, d'abord restreinte, s'accrut avec le progrès de la civilisation, et bientôt, se divisant à l'infini, il atteignit le travail ou la fortune dans un certain nombre de produits et sous des formes variées. C'est ainsi qu'au siècle dernier on comptait une multitude d'impôts dont la plupart différaient peu des nôtres. Les uns frappaient sur les personnes comme la capitation, les autres sur la propriété comme la dîme et la taille, d'autres enfin sur les objets de consommation, comme les gabelles et les aides.

La taxe la plus impopulaire était sans contredit la gabelle ou l'impôt du sel dont le monopole appartenait à l'État et qui rapportait au Trésor des sommes immenses. On exigeait de chaque famille qu'elle tirât des greniers publics, à un prix souvent exorbitant, une quantité fixe de sel par chaque tête d'individu, sans que nul pût revendre la portion qui excédait sa consommation personnelle.

A certaines époques, cette denrée de première nécessité, « cette manne céleste », comme l'appelait un écrivain du dix-septième siècle, était si chère que peu de personnes pouvaient s'en procurer. « La cherté du sel le rend si rare, disait Vauban en 1646, qu'elle cause une espèce de famine dans le royaume, très-sensible au menu peuple qui ne peut faire ainsi salaison de viande pour son usage, faute de sel. Il n'y a pas de ménage qui ne puisse nourrir un cochon, ce qu'il ne fait pas, parce qu'il n'a pas de quoi avoir pour le saler; ils ne salent même leur pot qu'à demi et souvent point du tout. »

Aussi cet impôt soulevait-il une réprobation générale. Demandez aux rares survivants du siècle passé ce que leurs pères pensaient de la gabelle, et ils vous diront que ce seul mot leur causait une irritation profonde et une terreur indéfinissable.

De nos jours, la loi seule règle l'importance, la valeur et la source de l'impôt. Les exemptions qu'on remarquait autrefois n'existent plus : grands et petits, riches ou pauvres, tous sont soumis à la loi commune. En outre, l'impôt est réparti, autant que possible, selon les fortunes ou selon les avantages dont jouissent les contribuables. C'est pour atteindre ce résultat que la loi l'a divisé en deux classes distinctes : l'*impôt direct* et l'*impôt indirect*.

Les *impôts directs* sont ceux que les citoyens payent directement en raison de leur fortune. Ces impôts comprennent : la *contribution foncière*, qui ne frappe que ceux qui possèdent des propriétés et des terres, et qui les frappe d'autant plus qu'ils en possèdent davantage; la *contribution personnelle*, dont sont exceptés les pauvres; l'*impôt mobilier* et celui des portes et fenêtres, qui sont établis en raison de l'étendue et de la valeur des logements, et enfin l'*impôt des patentes*, qui prélève sur le revenu des commerçants ou des industriels une part proportionnelle au chiffre de leurs affaires. Or, tous ces impôts atteignent principalement la richesse.

Les *impôts indirects* sont ainsi nommés parce que ceux qui les supportent ne les payent qu'indirectement à l'État, selon la quantité d'objets qu'ils achètent ou consomment. Parmi ces impôts sont les droits de *douane* que le gouvernement perçoit à la frontière sur les produits qui entrent dans le pays ou en sortent; l'*enregistrement* et le *timbre* ou droits sur les actes que les citoyens font entre eux pour constater leurs arrangements et garantir leurs intérêts, et droits sur les héritages ou la transmission des successions; les *postes*, et enfin les impôts de *consommation* ou droits sur les denrées telles que le vin, le cidre, l'eau-de-vie, les liqueurs, la viande, le sucre, le tabac, etc...

Ces impôts sont volontaires et ne frappent le consommateur qu'au fur et à mesure de ses achats et dans la proportion même des achats. Ils ne sont pas payés directement par ceux qui les supportent, puisqu'ils consistent en droits acquittés par les producteurs et les vendeurs ; mais ceux-ci les comprennent dans leurs frais et les font ainsi rembourser par les acheteurs. De la sorte, les impôts indirects atteignent tout le monde sans distinction.

Ils ont, à la vérité, l'inconvénient d'être plus lourds pour le pauvre que pour le riche, car ce que le pauvre consomme paye autant que ce que consomme le riche ; mais il faut aussi remarquer que si le riche ne paye pas plus que le pauvre pour chaque objet qu'il consomme, il paye, en fin de compte, beaucoup plus parce qu'il consomme davantage : il paye pour la consommation des domestiques qu'il emploie à son service et pour l'acquisition de certains objets que lui seul achète.

Bien souvent, nous avons entendu émettre des idées irréfléchies, révolutionnaires même, au sujet de l'impôt. Des hommes de désordre, comme on en rencontre malheureusement trop à toutes les époques, des déclassés que l'inconduite, pour la plupart du temps, a fait sortir du chemin droit inventent et propagent à plaisir des systèmes d'impôts où percent la haine et l'envie. A leurs yeux, les riches ne payent pas assez et les pauvres sont écrasés ; ils voudraient que les premiers fussent surchargés de contributions, tandis que les autres en seraient exempts.

Quoi de plus injuste qu'une telle prétention et qu'une telle doctrine ! Car enfin l'impôt, avons-nous déjà dit, n'est que le payement des services rendus par l'État. Or, tous tant que nous sommes, riches ou pauvres, nous profitons des avantages que donne l'État, et il est juste que tous nous contribuions à son entretien et à sa conservation.

D'autres *socialistes*, ainsi qu'ils se nomment, voudraient voir établir des impôts sur le luxe, autrement dits *somptuaires*, et avec le revenu qu'on en retirerait, on pourrait, prétendent-ils, alléger les classes indigentes des charges qui pèsent sur elles.

C'est là un rêve creux comme en peuvent faire des estomacs vides et des têtes sans cervelle, car les riches sont moins nombreux qu'on le suppose, et les ressources qu'on retirerait d'un impôt somptuaire seraient peu importantes. Et puis, qu'est-ce que le luxe et où s'arrête-t-il ?

Nul ne peut le dire.

Considérera-t-on comme objet de luxe la laine ou la soie, le coton ou le fil ?

Il est de coutume de regarder la soie et le velours comme les tissus des riches ; cependant on en fait à tout prix, et il est certaines étoffes de laine ou même de fil qui coûtent plus cher que la soie et le velours.

Et d'ailleurs ne savons-nous pas, par l'expérience de tous les jours, que le luxe ne se confine pas absolument chez les riches ? Ne voyons-nous pas à chaque instant de simples ouvrières qui n'ont que leur travail pour vivre, vêtues d'étoffes de soie ou de velours et parées de broderies ? Ne savons-nous pas qu'il en est dont, non-seulement les économies, mais encore une partie du nécessaire, sont consacrées à l'achat de rubans, de chapeaux ou de toilettes peu en rapport avec leur position ?

Repoussez donc loin de vous toutes ces utopies, toutes ces propositions absurdes qui n'ont d'autre but que celui d'exciter les citoyens les uns contre les autres et de favoriser les mauvaises passions.

L'envie est mauvaise conseillère, et, en matière d'impôt surtout, elle ferait commettre bien des fautes et bien des injustices.

Il est incontestable que les personnes aisées contribuent proportionnellement plus que les autres aux charges publiques. Elles payent d'abord leur part des impôts de consommation, puis la plus grande partie des impôts directs, des droits de timbre et d'enregistrement, tandis que les classes ouvrières ne supportent guère que leur part des impôts indirects.

De plus, les riches acquittent des dépenses dont ils n'ont pas le bénéfice et qui profitent exclusivement aux pauvres. Ne payent-ils pas, en effet, comme tout le monde, les centimes que réclame l'État pour répandre l'instruction, pour entretenir les hospices et les bureaux de bienfaisance? Cependant leurs enfants ne vont pas à l'école primaire et ils ne se font pas soigner dans les hôpitaux. C'est donc à tort qu'on dit que les riches payent moins qu'ils ne devraient, et qu'on excite contre eux la jalousie de ceux qui ne possèdent pas.

Assurément, toutes les taxes ont des inconvénients; les meilleures sont onéreuses; c'est une gêne pour le contribuable, et l'on voit toujours d'un mauvais œil ce qui gêne. L'impôt est un mal, mais c'est un mal nécessaire, puisqu'on ne saurait autrement pourvoir aux dépenses publiques. Ce qu'on est en droit d'exiger, c'est qu'il soit réparti aussi équitablement que possible, qu'il ne nuise pas à l'existence de ceux qui le payent, et qu'il soit employé rigoureusement en vue de l'intérêt général.

Mais à côté de ces impôts nécessaires, dont la perception nous irrite, combien nous en créons-nous d'inutiles contre lesquels nous n'élevons pas la voix! Que de dépenses vaines, que de prélèvements regrettables faisons-nous sur nos modestes revenus, et dont le total pèse lourdement sur notre existence!

Combien d'ouvriers, par exemple, ignorent le mal produit par le chômage du lundi. Nous ne parlons pas des habitudes déplorables qu'ils contractent loin de l'atelier, des mauvaises pensées qu'ils puisent au fond de leurs libations dégradantes; nous nous bornerons à constater la perte matérielle qui résulte de leur inconduite.

Chaque lundi passé ainsi leur fait perdre le prix d'une journée de travail, ce qui, à raison de 3 francs par jour, fera, à la fin de l'année, une somme de cent 56 francs. Or, ajoutez à cette somme l'argent dépensé au cabaret pendant ces cinquante-deux lundis de l'année, et vous arriverez sans peine à former environ 300 francs.

Avez-vous jamais calculé ce que le cabaret pouvait engloutir de salaires, de quel poids il surchargeait le budget des familles ouvrières? Eh bien! il ressort de statistiques récentes qu'il y a en France environ 400,000 cabarets, dans lesquels se consomment pour près de 400 millions de francs de liquides de toute sorte. Ainsi, le cabaret à lui seul prélève sur le revenu des classes nécessiteuses autant que la contribution foncière et celle des portes et fenêtres sur tout le pays.

Voilà réellement des dépenses improductives, nuisibles et onéreuses, dont la privation, en augmentant sensiblement le revenu des ouvriers, améliorerait leur sort plus que ne le pourrait faire la suppression de tous les impôts publics.

IX

L'emprunt. — Souscriptions publiques. — Association de capitaux. — Les petites sommes font les gros capitaux. — Les travaux de Paris. — Les chemins de fer. — Les petites économies. — Avantages de l'association des capitaux. — Les tirages d'obligations. — La roue de la fortune. — Le gros lot. — Avantages et inconvénients des emprunts publics. — La solidarité humaine. — Les bienfaits de la civilisation doivent être acquittés par tous.

Il vous est souvent arrivé, chers lecteurs, surtout dans ces dernières années, de voir les murs tapissés d'affiches, la quatrième page des journaux remplie d'avis, tous annonçant des emprunts nouveaux, des souscriptions prochaines dont le produit devait être employé, soit à établir des voies ferrées, soit à monter des usines ou des manufactures, soit enfin à construire un canal.

D'une part, c'est un gouvernement qui s'adressait au crédit de l'Europe pour entreprendre chez lui des travaux de chemins de fer considérables; d'autre part, c'est une société privée qui faisait appel aux capitaux disponibles pour mener à bonne fin la canalisation d'une rivière ou l'exploitation d'une mine.

Mais, me direz-vous, pourquoi ce gouvernement ou cette société ne se contentent-ils pas, le premier du revenu des impôts et la seconde de son capital, et viennent-ils ainsi s'adresser au public et demander à l'épargne les sommes qu'ils désirent obtenir?

En un mot, pourquoi *empruntent-ils?*

En voici la raison :

Dans la vie d'une nation, il survient parfois des événements inattendus, tels que des guerres suivies de revers, ou bien il se produit des besoins impérieux auxquels on n'est pas préparé et qui exigent des sacrifices considérables et des ressources immenses. Or, ces ressources, la nation ne les possède pas, puisqu'elle n'a pas de capital proprement dit et que le revenu des impôts, destiné à couvrir des dépenses prévues, n'excède pas ces dépenses. Il lui faut donc recourir au crédit et emprunter, soit pour un temps, soit pour toujours, une somme déterminée dont elle sert l'intérêt au moyen d'un accroissement des impôts existants.

C'est ce qu'a fait la France à différentes époques; c'est ce que nous avons été appelés à voir, en 1871 et en 1872, pour acquitter la rançon écrasante que nous réclamait l'Allemagne. De là, la création des rentes 5, 4 1/2 et 3 pour 100 dont nous avons déjà exposé le mécanisme.

Mais, en dehors des gouvernements, il est d'autres personnes morales, d'autres administrations publiques pour lesquelles l'emprunt est une nécessité et qui lui doivent leur transformation et leur prospérité. Tels sont les départements, les communes et les villes.

Supposez qu'une commune ait l'intention de

faire bâtir une maison d'école, un hospice ou une route qui doit relier entre eux plusieurs hameaux éloignés. Pour exécuter cette œuvre reconnue nécessaire, il lui faut 50,000 francs : or, elle ne possède en caisse que quelques milliers de francs, produits par son octroi et par les impôts qui lui sont attribués.

Que fera-t-elle?

Après avoir scrupuleusement rempli toutes les formalités administratives exigées par la loi, elle se procurera des fonds, soit au moyen d'une souscription publique, soit par un traité spécial avec une société financière; elle donnera, en échange des sommes qui lui seront avancées, des titres ou obligations remboursables et portant intérêt, et elle affectera au payement de cet intérêt et au remboursement de ce prêt une partie de ses revenus. De la sorte, une œuvre d'intérêt général, qui n'aurait pu être entreprise par des moyens ordinaires, s'effectuera au grand profit de tous.

Que de conceptions sublimes, que d'ouvrages immortels doivent leur création à ce système économique! Paris, cette capitale unique, qui fait l'admiration du monde, lui doit ses avenues larges et aérées où la lumière et la vie circulent sans obstacles, ses squares ombragés et coquets, véritables jardins publics où l'ouvrier et l'artisan peuvent, les jours de repos, se délasser loin de la poussière et du bruit; par lui, la grande ville a pu métamorphoser des cloaques infects en quartiers salubres, des rues impraticables en boulevards spacieux; des débouchés immenses ont été ouverts au commerce et des quais plus abordables permettent à la Seine de transporter au loin les produits de l'industrie parisienne.

Certainement, ces avantages inappréciables n'ont été acquis que par de nouveaux sacrifices. En empruntant l'argent nécessaire à ce gigantesque travail, l'administration municipale s'est engagée à faire honneur à sa signature, et elle a dû se créer par l'impôt de nouvelles ressources. Il eût fallu des siècles pour obtenir autrement de semblables résultats, et nous pouvons affirmer que les fruits récoltés sont plus abondants et plus doux que le sacrifice demandé n'est amer.

Si maintenant, laissant pour un instant les emprunts d'État, nous envisageons les entreprises privées, que verrons-nous?

Des ingénieurs habiles, des savants éprouvés ont trouvé une mine de charbon d'une grande richesse, dont l'exploitation donnerait des revenus considérables. Mais pour opérer ce travail d'extraction, des machines sont nécessaires, il faut ouvrir des routes, creuser des puits, acheter des chevaux et des voitures pour le transport des matériaux et des charbons. Tout cela exige des capitaux énormes dont les inventeurs de la mine ne peuvent disposer.

Alors ils s'adressent au public, lui font entrevoir les avantages de leur entreprise, lui offrent des garanties sérieuses et font appel à ses épargnes pour constituer un capital. Les capitalistes accourent à cet appel, donnent leur argent en échange de valeurs qu'on appelle actions ou obligations, et la société organisée se met à l'œuvre, réalisant alors les prodiges des mines d'Anzin, de Saint-Étienne ou du Creusot.

On ne sait pas assez combien est puissante l'association des capitaux.

Il est des travaux pour l'exécution desquels la fortune d'un seul individu ne pourrait suffire et qui ne peuvent réussir qu'à la condition d'être largement entretenus et alimentés. On n'arrive à ce résultat qu'en réunissant toutes les petites épargnes disséminées, en les attirant par des avantages réels. Les petites sommes font les gros capitaux, et ce n'est qu'avec les gros capitaux qu'il est possible de poursuivre certaines entreprises.

Vous savez tous comment ont été créés nos chemins de fer. Un semblable travail n'eût certainement pu être fait par la même personne; il a coûté plusieurs milliards.

Il s'est formé des comités composés de personnes notables et compétentes, qui ont étudié le tracé et la longueur des voies ferrées, ont dressé un devis des dépenses, et ensuite, avec l'appui du gouvernement, ont ouvert des souscriptions publiques.

Peu à peu le capital, dont ces comités avaient besoin, s'est trouvé réalisé, et le pays a été sillonné de voies de communication. Or, ce gros capital, que représente l'ensemble de nos compagnies de chemins de fer, est composé de petites et de grosses sommes confondues dans un même intérêt. Tous les actionnaires de ces compagnies, grands ou petits, possèdent une part de cette richesse collective dans la mesure des sommes qu'ils y ont consacrées, et ils en reçoivent un intérêt proportionnel à l'importance de leurs capitaux engagés.

Le public trouve dans ces souscriptions l'avantage d'un placement solide ; il peut en échanger facilement les titres, les vendre ou les aliéner sans qu'il en résulte beaucoup de frais.

Et puis, en dehors de la sécurité dans le placement, des avantages attachés à la possession de ces valeurs d'État ou de ces titres industriels, il est un autre attrait bien puissant, qui exerce sur les imaginations un empire irrésistible, c'est celui de la prime affectée à certaines valeurs, telles que celles de la ville de Paris, du Crédit foncier, etc.

Beaucoup parmi vous, chers lecteurs, ont éprouvé ce sentiment. Bien certainement, l'espoir de captiver la Fortune, d'attirer les regards de cette capricieuse déesse, est entré dans votre esprit et a déterminé votre choix dans le placement de vos épargnes.

Qui n'a fait ce rêve enchanteur? Qui de nous n'a calculé, par la pensée, ce qu'une fortune subite apporterait de modifications à son existence? Qui de nous n'a fait le songe de Perrette, la laitière de la Fontaine? Songez donc à ce qu'il faut pour opérer cette transformation : un simple effet du hasard combinant plusieurs chiffres et formant de la sorte le numéro fatidique.

Avez-vous assisté parfois au tirage des obligations de la Ville de Paris? Une roue confond les numéros et les amène ensuite aux regards du scrutateur qui proclame celui que le sort a déterminé; les oreilles sont tendues, les yeux brillent de toutes parts, le silence le plus absolu règne dans la salle, et une foule émue attend, dans le recueillement le plus complet, l'arrêt du destin.

Cet amour de l'imprévu, ce besoin d'émotions font partie de notre nature, et on les retrouve à d'autres époques. Sous l'ancienne monarchie, lorsque le gouvernement établissait des loteries, sortes d'emprunts à primes, on s'en disputait les billets avec frénésie, et la police était obligée de placer des gardes aux guichets de versements pour éviter les conflits et le désordre.

Au point de vue économique, l'emprunt public ou privé a l'avantage d'offrir un encouragement et un placement facile aux petites épargnes et de leur donner avec la sécurité un intérêt rémunérateur.

Au point de vue social, le résultat n'est pas moins grand; l'emprunt intéresse tous les citoyens au développement national ainsi qu'au succès d'entreprises collectives, les habitue à compter les uns sur les autres et à réunir leurs forces vers un même but d'utilité.

En ce qui concerne les emprunts d'État, les avis sont très-partagés.

Tandis que certains économistes ou financiers, exagérant le rôle du crédit, considèrent l'emprunt comme un moyen d'attirer les capitaux, de leur trouver un emploi et de développer la richesse, d'autres au contraire lui reprochent de grever l'avenir et de laisser aux générations qui doivent suivre des charges qu'elles n'auront pas consenties et dont elles seront néanmoins obligées de supporter le poids.

Ce reproche, tout fondé qu'il puisse être en apparence, est très-exagéré.

N'est-il pas juste que nos descendants héritent du fardeau que nous avons porté, et qu'ils paient aussi leur part des plaisirs et des avantages que nous leur aurons préparés? Ne sommes-nous pas nous-mêmes solidaires des actes de nos pères, et les progrès que nous voyons s'accomplir de nos jours n'ont-ils pas été préparés ou ébauchés par eux?

C'est le présent qui se livre à toutes les expériences dont l'avenir aura le bénéfice, qui expose ses capitaux et la vie des hommes dans les chemins de fer ou dans les entreprises publiques, qui crée, au prix des sacrifices les plus lourds, une foule de biens destinés à devenir communs à tous et dont les générations futures profiteront. Sans nul doute, tous nos efforts doivent tendre à éviter à ces générations des embarras et des crises; mais ce serait un dévouement sans équité, une abnégation pleine de périls que ceux qui iraient jusqu'à faire peser toutes les charges sur le présent qui court les principaux risques et n'en recueille que peu de fruits.

Il ne faut pas pourtant engager aveuglément l'avenir, il y aurait là un grand danger, la France en a fait l'expérience à la fin du siècle dernier. Nous avons souvent entendu dire que plus un État empruntait, plus il était riche : c'est là une grave erreur. Pas plus qu'un particulier, un État ne s'enrichit en faisant des dettes; mais lorsque les emprunts publics ont pour but d'aider au développement des institutions, de favoriser l'extension des moyens de travail et d'apporter la richesse au sein de la nation qui les contracte, ils deviennent un élément de prospérité et de progrès.

X

A propos de l'emprunt Morgan. — Qu'est-ce qu'une conversion ? — Le remboursement de la rente est légal. — Comment s'opère la réduction de la rente. — Les réductions arbitraires. — Une satire de Boileau. — La banqueroute de 1798. — Le trois pour cent et la loi de 1825. — Conversions forcées de 1852 et 1862. — La soulte. — Résultats de ces conversions pour l'État et pour les rentiers.

Qui ne se souvient de la conversion, opérée en 1875, de l'emprunt Morgan? Personne n'ignore dans quelles conditions elle a été décidée et quelle en est l'origine.

Cet emprunt faisait partie de la dette de l'État, et avait été contracté par le gouvernement français pendant la désastreuse campagne de 1870-1871. L'intérêt qu'il rapportait était de *six pour cent;* or, une loi votée par l'Assemblée nationale, sur la proposition du ministre des finances, autorisa le Trésor à en opérer la conversion en cinq pour cent, laissant aux possesseurs de ces titres la facilité d'en réclamer le remboursement au pair.

Qu'entend-on, me direz-vous, par la conversion de la rente, et comment se fait cette opération?

Rien n'est plus facile à comprendre, et l'explication suivante en fera saisir, croyons-nous, la portée.

Quand un État emprunte, soit pour équilibrer ses budgets, soit pour entreprendre des travaux reconnus d'utilité publique, il est obligé de subir les exigences de ses prêteurs et d'offrir, en échange des sommes qu'il demande, des avantages qui varient suivant sa situation financière, la confiance qu'il inspire ou la quantité des capitaux disponibles.

Il en résulte qu'à certaines époques l'intérêt qu'il doit servir pour ses emprunts atteint des taux élevés, parfois fort onéreux pour les contribuables qui, en fin de compte, sont obligés d'y faire face par des augmentations d'impôts.

Mais aussi, en contractant ces dettes, le gouvernement se réserve le droit de les rembourser à son gré ou d'en diminuer l'intérêt quand il le juge convenable, c'est-à-dire lorsque la prospérité du pays, activée par un travail soutenu, est venue grossir les caisses du Trésor, lorsque le crédit public repose sur des bases solides et qu'une paix assurée et glorieuse permet à l'industrie et au commerce de s'étendre et de grandir.

Alors voici ce qui se passe : l'État s'adresse à ses créanciers et leur dit : « Quand j'ai fait appel à vos capitaux, j'ai dû, pour mériter votre confiance, vous offrir un intérêt rémunérateur, élevé même ; mais, aujourd'hui, par suite de la prospérité générale, les capitaux disponibles sont devenus considérables et l'intérêt de l'argent a baissé. Conserver le taux élevé que je vous ai servi jusqu'ici serait trop lourd pour nos budgets ; aussi viens-je vous proposer une réduction de l'intérêt ou, à votre choix, le remboursement de votre créance. »

C'est là ce qu'on nomme une conversion.

Eh bien, cette opération s'est reproduite à l'occasion de l'emprunt Morgan.

Ainsi que nous l'avons exposé plus haut, cet emprunt avait été contracté à six pour cent ; or, l'État profitant du rétablissement de son crédit, a proposé aux détenteurs de ces titres de ne leur plus servir qu'un intérêt de cinq francs par cent francs, ou de leur rembourser leur créance au pair, c'est-à-dire de leur donner cent francs par six francs de rente.

Mais, penserez-vous peut-être, cette opération n'était pas honnête, car elle a dû causer à un grand nombre de rentiers des pertes très-sensibles.

L'emprunt a, en effet, été émis au cours de 85 francs et, à l'heure où s'effectuait la conversion, il dépassait 106 francs. Si la conversion donnait un bénéfice à ceux qui avaient acheté de la rente à des prix inférieurs à 100 francs, elle causait aux autres qui avaient dépassé ce cours un déficit plus ou moins sensible. Était-il juste que ces derniers acheteurs fussent seuls victimes d'une mesure qui les appauvrissait, et pourquoi supportaient-ils une perte tandis que les premiers, au contraire, bénéficiaient d'une différence notable?

A cela, nous répondons que le Gouvernement qui opère cette conversion ne fait tort à personne. En empruntant, il ne s'est engagé que pour un capital déterminé au delà duquel il ne doit rien. Que, par suite de l'amélioration du crédit, de la confiance qu'inspirent les placements de ce genre, sa créance ait subi le sort de tous les objets soumis à la spéculation et ait atteint des prix supérieurs à sa valeur première, peu lui importe ; les fluctuations du marché ne lui créent aucune obligation et, lors du remboursement, il n'est tenu à payer que la somme consignée dans son contrat primitif.

Il résulte donc de ces dispositions que, pour que le *remboursement* de la rente, sa *réduction* ou sa *conversion*, toutes expressions équivalentes, soit acceptable, il faut que les possesseurs de cette rente aient le choix entre cette conversion ou le remboursement au pair.

Autrefois cette formalité était peu respectée, et l'histoire financière de l'ancienne monarchie nous donne de nombreux exemples de violations de contrats et de réductions de rentes effectuées par surprise, sans le consentement des parties intéressées. Lorsque le Trésor était obéré et que les caisses publiques ne pouvaient suffire aux dépenses énormes de l'État, une ordonnance intervenait soudain, frappant les rentes d'une réduction quelquefois très-sensible, et les rentiers apprenaient un beau jour que leur revenu était diminué d'un tiers ou d'un quart.

Ces cas étaient fréquents, et Boileau y faisait allusion quand il écrivait ces vers satiriques qui sont universellement connus :

Quel sujet inconnu vous trouble et vous altère?
D'où vous vient aujourd'hui cet air sombre et sévère,
Et ce visage enfin plus pâle qu'un rentier
A l'aspect d'un arrêt qui *retranche un quartier?*

Dans le cours du dix-huitième siècle, le gouvernement eut recours plusieurs fois à cet expédient contre lequel protestaient les économistes et les rentiers et dont l'abus contribua beaucoup à diminuer la confiance publique dans le crédit de l'Etat. Et enfin, après l'horrible désordre amené dans la richesse nationale par les émissions successives d'assignats, le gouvernement révolutionnaire décréta la conversion forcée des dettes de l'État en tiers consolidé.

Depuis le commencement du siècle ces faits ne se sont plus renouvelés. Une notion plus exacte des lois du crédit, jointe à une organisation plus régulière du système financier, a fait entrevoir les dangers de l'arbitraire.

La dette publique est respectée, mais l'État s'est réservé le droit de rachat, comme les particuliers, et ce principe a reçu à plusieurs reprises la consécration de la loi.

L'histoire de nos conversions de rentes ne remonte qu'à cinquante ans, et la première opération de ce genre a été exécutée, en 1825, sous le ministère de M. de Villèle. La loi, en autorisant cette conversion, la rendait purement facultative pour les rentiers, qui avaient le choix de demander du 3 pour cent ou du 4 1/2 à volonté, ce dernier au pair avec garantie contre le remboursement jusqu'en 1835.

Quels avantages résultait-il de cette mesure, pour l'État et pour les particuliers? Les voici :

La conversion ordonnée par la loi étant facultative pour les rentiers, il fallait, comme compensation à la perte qu'ils étaient appelés à subir sur leur revenu, leur présenter un avantage assez marqué pour les engager à demander eux-mêmes la conversion. Alors, au lieu de 5 fr. de rente pour un capital évalué à 100 francs, on leur offrit 3 fr. de rente pour un capital de 75 fr. Or, comme 75 fr. au taux de 5 0/0 auraient donné 3 fr. 75, et qu'ils ne devaient recevoir que 3 fr., il y avait à leur préjudice une diminution de 75 centimes, dont l'État bénéficiait; mais, d'un autre côté, l'État s'engageant à rembourser le 3 0/0 à 100 fr. dans le cas où il se libérerait, le rentier avait la perspective de voir son titre de 75 fr. monter progressivement au pair et de réaliser par conséquent un bénéfice sur le taux de la conversion.

Quant à ceux qui optaient pour le 4 1/2, la loi leur donnait l'avantage de recevoir 4 fr. 50 par 100 fr. alors que le taux de l'argent était descendu à 3 fr., et, de plus, ils étaient garantis pendant dix années contre tout remboursement.

La conséquence matérielle de la conversion facultative de 1825 fut que 24,459,035 fr. de rentes 3 p. 100 remplacèrent 30,574,116 fr. de 5 p. 100; d'autre part, 1,034,764 fr. de rentes 4 1/2 p. 100 remplacèrent 1,149, 840 fr. de 5 p. 100, ce qui donna comme résultat total une réduction annuelle de 6,230,157 fr. dans les charges du Trésor.

La conversion opérée en 1852 fut beaucoup plus simple. La confiance était plus grande, l'argent abondait sur le marché et le cours de l'intérêt était à 4 p. 100. Le gouvernement profita de la circonstance et décréta la conversion forcée du 5 p. 100 en 4 1/2, en garantissant les détenteurs de ces nouveaux titres contre tout remboursement pendant dix ans. L'économie annuelle qui en résulta pour l'État fut de 17,500,000 francs.

Enfin, en 1862, dix ans après la conversion du 5 0/0 en 4 1/2, ce dernier et le 4 0/0 furent convertis en 3 0/0.

Cette conversion s'opéra par l'échange de titres du nouveau 3 0/0 contre des titres de rente 4 1/2 et 4 0/0, revenu pour revenu ; le rentier dut verser au Trésor, comme indemnité, une soulte de 5,40 par 4,50 de rente 4 1/2 0/0 et de 1,20 pour 4 fr. de 4 0/0. Cette soulte, considérée comme la renonciation du gouvernement à l'exercice ultérieur de son droit de remboursement, produisit net au Trésor 157,600,000 francs, qui furent employés à diminuer la dette flottante.

On a souvent critiqué ce système d'amortissement de la dette publique, et nous avons nous-même entendu parfois blâmer un acte qui, au dire des mécontents, retirait aux petits rentiers une partie de leurs ressources, alors que la vie matérielle devenait chaque jour plus pénible et plus chère.

Il y a certainement du fondement dans ces plaintes, et il est certain que toute réduction de la rente porte atteinte à la fortune de ceux qui en sont détenteurs. Mais peut-on refuser à l'État, qui n'est que la représentation de tous les citoyens, le droit que possède chaque citoyen en particulier d'amortir sa dette et de se libérer vis-à-vis de ses créanciers?

Il est reconnu que de tous les moyens d'alléger les dettes publiques, la conversion est sans contredit le meilleur. En temps de prospérité, lorsque la richesse cherche des débouchés, va d'elle-même à l'État, il devient facile à celui-ci de réduire les intérêts qu'il acquitte, et c'est alors qu'il l'entreprend.

En effet, le gouvernement choisit toujours, pour faire cette opération, le moment où la rente qu'il veut réduire a dépassé le pair et où celle qu'il offre en échange atteint des cours avantageux. De la sorte il engage le public à préférer la conversion au remboursement, en lui laissant la perspective d'une hausse constante des fonds publics qui lui permettra de réparer la perte que la conversion lui fait subir.

C'est ce qui arrive, et si quelques-uns des souscripteurs primitifs préfèrent un remboursement qui leur donne sur les cours d'émission un bénéfice net et quelquefois très-important, le plus grand nombre acceptent volontiers les titres nouveaux d'un placement solide et d'un revenu assuré.

RÉSUMÉ

Ainsi qu'on a pu s'en convaincre par les causeries qui précèdent, l'Économie politique, prise au point de vue exclusivement scientifique, a pour but d'étudier la *richesse* sous ses différents aspects, de la suivre dans ses transformations, et, se fondant sur l'expérience ainsi que sur les faits généraux constants de la nature humaine et du monde extérieur, de fixer les rapports qui doivent exister entre les divers éléments dont elle se compose.

Mais là ne se borne pas son rôle; son objectif est plus élevé, et son influence, loin de se restreindre aux côtés essentiellement matériels de l'humanité, tend au contraire à élever le niveau moral de celle-ci par la connaissance des lois qui président au développement de la vie sociale.

Dans ce domaine, elle a obtenu des résultats heureux, et, malgré le reproche qu'on lui faisait, il y a un siècle, de courber les fronts vers la terre en s'occupant trop exclusivement de produits matériels, nul ne peut nier qu'elle n'ait contribué puissamment à adoucir les mœurs, en faisant, au moyen de l'échange, une loi de la sociabilité et en indiquant à l'homme la voie à suivre pour se mettre à l'abri du besoin, pour obtenir cette aisance qui relève sa dignité et lui permet de respirer librement, de jouir, en un mot, du fruit de son travail. C'est là un des bienfaits de l'Économie politique, qu'elle a le droit de revendiquer comme une des conséquences de ses doctrines : son but, en effet, n'a jamais varié, et, à toutes les époques, il a été de donner à l'homme plus de loisirs avec moins de fatigues, et par conséquent de favoriser le développement de son intelligence.

Par elle, les connaissances humaines ont quitté les sentiers battus pour atteindre des sphères plus élevées, et elles ont, dès lors, marché à pas de géant dans la voie du progrès. La géographie n'est plus restée à l'état de nomenclature (1) : elle s'est adjoint la topographie, l'hydrographie et l'astronomie ; elle a voulu savoir ce que valait l'embouchure du Rhin et celle du Danube ; elle a étudié leurs profondeurs pour y établir des relations commerciales, et bientôt les bâtiments à vapeur se substituant aux voiliers des temps antiques les ont sillonnés en tous sens, les reliant aux points les plus éloignés du globe et établissant entre eux un transit ininterrompu et rémunéra-

(1) Voir les magnifiques travaux de MM. E. Levasseur, de l'Institut, Élisée Reclus, Vivien-Saint-Martin et autres qui contribuent tant aujourd'hui à répandre la connaissance de la géographie et à faire mentir l'appréciation malheureusement si juste de l'illustre Gœthe « que l'on reconnaissait les Français à leur ignorance des langues et de la géographie. »

teur. Pendant ce temps, les chemins de fer, glissant comme de vastes serpents sur la surface des continents, se construisaient jusque dans les contrées les plus lointaines, les canaux conduisaient dans le sein même des terres les produits de l'industrie et de l'agriculture, et des travaux gigantesques mariaient entre elles les eaux de deux mers.

L'histoire elle-même qui, pendant des siècles, n'avait offert à l'étude des générations qu'un vaste tableau des misères humaines et des haines de races, sur lequel l'orgueil, la vanité, la flatterie s'étaient plu à ne retracer que des scènes de batailles et des triomphes sanglants où des peuples s'entr'égorgeaient pour le caprice et la satisfaction d'un amour-propre blessé ou d'un appétit déréglé, l'histoire s'est transformée. A côté des champs de bataille de la guerre, le penseur, l'écrivain, l'économiste ont représenté les champs de bataille de la paix, ces vastes arènes où les peuples laborieux et actifs rivalisent de talents et d'énergie pour vaincre la nature et travailler à l'amélioration comme au bien-être des races humaines.

Par les soins de l'Économie politique, la statistique, demeurée pour ainsi dire méconnue chez les anciens, est sortie des incertitudes et des hypothèses pour nous donner des résultats sérieux de nature à élucider les grands problèmes sociaux. Aujourd'hui nous connaissons d'une manière absolue le chiffre de la population du globe, le nombre d'hectares ensemencés dans chaque pays, le rapport de ces hectares, le produit en toute espèce de fruits de chacune des régions de la terre, et nous savons même, à un hectolitre près, ce qui se récolte et se consomme de blés dans le monde.

Or, de toutes ces créations du génie humain, de tous ces progrès accomplis par la civilisation, l'Économie politique a le droit de revendiquer la plus belle part. Grâce à elle, la puissance a passé du côté du travail et de la richesse, alors qu'autrefois elle appartenait à la barbarie et à l'esprit de conquête. A mesure qu'elle a pris possession du domaine matériel, l'idée du droit, de la justice et de la fraternité s'est implantée dans les rapports sociaux, et, malgré une réminiscence brutale, empruntée naguère aux théories barbares, le génie plane aujourd'hui au-dessus des vulgaires systèmes, la conscience l'emporte sur la passion, le travail domine la conquête, le moral et le droit priment la force.

L'influence de la science économique est également considérable sur le droit international, et, dans ce domaine, elle agit doublement. En effet, tandis que, d'une part, elle tient à consacrer l'autonomie nationale de chaque peuple ; d'autre part, elle multiplie entre les diversees races les relations et les échanges sous l'empire de la paix. Par elle, les barrières que les intérêts particuliers, les haines de races ou les ambitions privées élevaient aux frontières de toutes les nations, se sont abaissées pour laisser passage à la richesse. Si le projet de *paix universelle* qui était au dix-huitième siècle la chimère du bon abbé de Saint-Pierre est demeuré de nos jours, comme alors, irréalisable, on ne peut nier que les idées de l'innocent rêveur n'aient pris insensiblement corps. La guerre était autrefois l'état normal des peuples : aujourd'hui, avant de s'engager dans une lutte sanglante et inutile, on parlemente ; les idées de confédération se retrouvent au fond de toutes les grandes transactions diplomatiques, et l'on n'hésite pas à proposer de recourir, autant que les circonstances l'admettent, aux bons offices d'une puissance amie. On comprend, en effet, qu'avec la solidarité qui unit désormais tous les peuples de la terre, le malaise et l'appauvrissement de l'un se font vivement sentir chez tous les autres, et que le crédit d'une nation ne peut s'écrouler sans que celui de toutes les autres n'en soit ébranlé ou du moins vivement impressionné.

Or, cette solidarité que l'économie politique a créée entre les nations par le moyen de l'échange, elle l'a accrue encore considérablement en faisant proclamer par la voix de Turgot et de ses maîtres dans la science la nécessité de la *liberté commerciale*, dont l'application longtemps retardée sera l'éternel honneur de notre siècle et le plus glorieux titre du régime impérial. Avant cette époque « le commerce qui, pour les nations comme pour les individus, devrait être un lien d'union et d'amitié, (était) devenu la source la plus féconde des animosités et de la discorde. L'ambition capricieuse des rois et des ministres (n'était) pas plus fatale au repos de l'Europe que l'impertinente jalousie des commerçants et des manufacturiers. »

« La violence et l'injustice de ceux qui gouvernent le monde sont, ajoutait Turgot, un mal qui date de loin, et contre lequel la nature des affaires humaines laisse peu espérer un remède assuré. Mais la basse rapacité, le génie monopoleur des négociants et des manufacturiers qui ne sont et ne doivent être les maîtres du monde sont des vices, incorrigibles peut-être, mais qu'on peut empêcher de troubler le repos de tout autre que ceux qui s'y livrent. »

Le mal signalé par le ministre de Louis XVI a été combattu par la doctrine économique qui s'est efforcée d'effacer ces animosités, de mettre un terme à ces discordes qui, sous prétexte de bénéfices commerciaux, entraînaient à des luttes homicides, et qui, par l'adoption du principe de la liberté, a contribué le plus à faire prévaloir le sentiment de la paix. Montesquieu, l'un des grands esprits du dix-huitième siècle, comprenait l'importance de l'économie politique à ce point de vue élevé des rapports internationaux, quand il écrivait dans un chapitre de son immortel *Esprit des lois* (1) : « L'effet naturel du commerce est de porter à la paix. Deux nations qui négocient ensemble, se rendent réciproquement dépendantes : si l'une a intérêt d'acheter, l'autre a intérêt de vendre, et toutes les réunions sont fondées sur des besoins réciproques.... Lorsque vous imposez aux peuples, pendant la paix, l'isolement de la guerre, la paix ou la guerre ne leur importent plus. »

(1) Chapitre XIII.

A cette époque déjà, les hommes distingués de la société française pressentaient donc l'existence des règles fondamentales de la science des richesses, et, malgré les erreurs accréditées par le temps et la routine dans l'administration, dans l'industrie et dans le commerce, ils reconnaissaient une loi supérieure à tous les caprices des rois et des peuples et à toutes les rancunes des nationalités, loi qui reposait sur un besoin irrésistible de rapports et d'échanges, et dont l'application et la reconnaissance étaient destinées à renouveler la face de la terre.

L'utilité de cette science est incontestable, et les bienfaits dont l'humanité lui est redevable sont immenses. Où elle est en honneur, existent la moralité, la richesse, le développement des forces intellectuelles et matérielles, et le respect du droit et de la justice. Elle prévient, par l'explication des lois qui régissent la richesse, ces chocs terribles que les préjugés et les mauvaises passions provoquent, et elle enseigne l'union des diverses catégories sociales, en répudiant des théories qui établissent entre elles un antagonisme radical.

A ce sujet, nous ne saurions passer sous silence une anecdote que l'un de nos publicistes contemporains les plus connus et les plus estimés a rappelée dans une conférence faite il y a quelques années devant un auditoire ouvrier (1). C'était au lendemain de la lutte sanglante dont Paris avait

(1) *Économie politique populaire*, par H. Baudrillart, membre de l'Institut.

été le théâtre, pendant les sinistres journées de juin 1848. A la faveur de la révolution qui avait suivi le renversement du trône de Louis-Philippe, des clubs s'étaient organisés par centaines, et les discours les plus subversifs y étaient tenus. Dans presque tous on attaquait le capital, on avilissait le travail, et, aux applaudissements d'une foule misérable et ignorante, des orateurs d'estaminet et des individus déclassés ne proposaient rien moins que de détruire la société pour la reconstruire sur les bases du socialisme ou du communisme. Le résultat de cet abominable enseignement fut ce qu'il devait être, et, pendant plusieurs jours, la guerre civile s'étendit sur la capitale.

Quelque temps après, un de nos compatriotes, voyageant en Angleterre, s'avisa de demander à un homme d'État célèbre de ce pays s'il ne redoutait pas pour les ouvriers de la Grande-Bretagne la contagion des idées communistes qui avaient gagné les ouvriers français : « Non, répondit-il, nos ouvriers savent trop bien pour cela l'économie politique. »

C'est qu'en effet l'économie politique a eu ce résultat immense d'ennoblir le travail en en faisant la source unique du bien-être et de la considération, et de mettre en lumière les véritables bases de la démocratie. Elle a décrété, après la morale, dont elle est un puissant auxiliaire, que la véritable grandeur est la grandeur morale, celle qui s'acquiert par le travail, la conduite, la persévérance et l'économie, que l'homme ne vaut que ce qu'il vaut, et que, dans une société où la valeur personnelle prévaut, la richesse et le nom ne sont que de faibles appoints, qui rehaussent sans doute le personnage auquel ils appartiennent, mais n'ont sur ses qualités intimes aucune influence réelle.

« Chacun est fils de ses œuvres, » disait Napoléon Ier, en 1807, à la municipalité de Trévise, qui lui vantait ses aïeux. Or, nulle science mieux que l'économie politique n'a fait ressortir plus efficacement la vérité de cette maxime. Chacun est fils de ses œuvres, c'est-à-dire n'a de valeur qu'autant qu'il produit, et que, par sa production, il s'élève moralement et matériellement vers les sphères supérieures. Chacun est fils de ses œuvres, c'est-à-dire n'arrive à la fortune et aux avantages qu'elle procure qu'autant qu'il travaille, et par son travail arrive à l'économie et au capital.

Or, c'est là le point important qu'il faut prêcher à tous sans se lasser, sous peine de voir se perpétuer ces luttes stériles qui détruisent les fruits de la civilisation, et nous ramèneraient infailliblement aux plus mauvais jours de la barbarie.

Travail, capital, crédit, l'avenir économique du genre humain est contenu dans ces trois mots : toute théorie qui aurait pour but de détruire ces principes supérieurs, qui sont le fondement d'une société bien organisée, ne pourrait aboutir qu'à la décadence et à la mort.

Le jour où l'économie politique avec ses deux

bases fondamentales : la *liberté* et la *propriété*, sur lesquelles ses créateurs ont échafaudé la merveilleuse structure de nos sociétés modernes, sera répandue et vulgarisée, dissipant les préjugés grossiers que l'ignorance ou les passions ont fait naître dans un trop grand nombre d'âmes, l'esprit de la vieille France sera renouvelé, les intelligences dessillées par la vérité et par la justice comprendront leurs droits comme leurs devoirs, et nous marcherons d'un pas rapide et assuré dans la voie du progrès et du bonheur.

FIN.

TABLE DES MATIÈRES

DEUXIÈME PARTIE.

TROISIÈME PARTIE.

QUATRIÈME PARTIE.

FIN DE LA TABLE DES MATIÈRES.

CORBEIL, TYP. ET STÉR. CRÉTÉ.

www.ingramcontent.com/pod-product-compliance
Ingram Content Group UK Ltd.
Pitfield, Milton Keynes, MK11 3LW, UK
UKHW012150240726
13966UKWH00001B/232